Henriette Hufgard & Kristina Steimer

[ausgeklammert]

Henriette Hufgard & Kristina Steimer

[ausgeklammert]

Die Philosophinnen der Frankfurter Schule –
eine unerhörte Geschichte

Mit Illustrationen von Henriette Hufgard

GOLDMANN

In diesem Buch werden die Selbstbezeichnungen
Person of Color (PoC), Black, Indigenous Person of Color (BIPoC)
und Juden:Jüdinnen verwendet.
Gegendert wird mit dem Doppelpunkt.

Penguin Random House Verlagsgruppe FSC® N001967

1. Auflage
Originalausgabe September 2023

Illustrationen: Henriette Hufgard
Umschlag: UNO Werbeagentur, München,
Umschlagmotiv: Henriette Hufgard
Redaktion: Regina Carstensen
Satz: Mediengestaltung Vornehm GmbH, München
Druck und Bindung: GGP Media GmbH, Pößneck
Printed in Germany
SB · CF
ISBN 978-3-442- 31704-2

www.goldmann-verlag.de

Inhalt

Einleitung – Eine Spurensuche

»Gibt es eigentlich auch Frauen in der Kritischen Theorie? Irgendwie kennt man ja nur Adorno und Horkheimer, Habermas und Benjamin. Und das sind eben ... alles Männer.« Diese fast schon lapidar anmutende Feststellung war der Ausgangspunkt für unser Buch. Denn: Ja, es gab und gibt sie – auch im deutschsprachigen Raum. Aber ihre Namen und Werke sind in der breiten Öffentlichkeit und auch in philosophischen Fachdiskursen häufig so unbekannt, dass man fast annehmen könnte, Frauen hätten um die Kritische Theorie einen großen Bogen gemacht. Wie kommt das?

Wer jenseits von Feuilleton und Radiobeiträgen anfängt, in gängigen Lexika und Nachschlagewerken über die Kritische Theorie nach weiblichen Denkerinnen zu suchen, kann ihre Existenz nach einigem Suchen in den Fußnoten meist erahnen. Mit eigenen Beiträgen – wie ihre allseits bekannten Kollegen – werden sie jedoch selten bedacht. Und diejenigen, die es doch in manche Standardwerke schaffen – etwa Nancy Fraser, Seyla Benhabib, Else Frenkel-Brunswik oder Audre Lorde –, waren und sind fast ausschließlich im englischsprachigen Raum zu Hause. Aber gibt es im deutschsprachigen Raum wirklich keine nennenswerten kritischen Theoretikerinnen? Die deutschsprachige, bekannte Rahel Jaeggi ist hier eine seltene Ausnahme. Wir waren zwischenzeitlich selbst kurz verunsichert, denn auch wir konnten spontan kaum mehr Namen nennen: Was maßen wir uns hier eigentlich an –

wenn es da noch eine wichtige Person gäbe, hätten die klugen Autor:innen der vielen Bücher über die Kritische Theorie sie doch bestimmt erwähnt? Konnte eine Lücke so groß sein und trotzdem nahezu nicht erkennbar?

Fündig wurden wir erst, als wir Querverbindungen zu den Gender-Studies und zur Feministischen Theorie schlugen: Viele der Forscherinnen, denen wir nun begegnen, arbeiten an Themen, in denen sich Kritische Theorie und Gender-Studies überschneiden: Moral und Geschlecht, Patriarchat und Gesellschaft, Frauenfeindlichkeit und Antisemitismus. Schon tat sich die nächste Frage auf: Wieso werden Personen, die solche entscheidenden gesellschaftspolitischen Themen behandeln, auf Nebensätze reduziert und in Fußnoten ausgeklammert? Das irritierte und verärgerte uns. Augenblicklich wollten wir dieser Tatsache etwas entgegensetzen. Etwas entgegenschreiben.

Doch was ist eigentlich die Kritische Theorie, wie wir sie bisher kannten? Wir verbinden Verschiedenes mit ihr: zum einen die Stadt Frankfurt am Main, wo sie 1937 aus dem Institut für Sozialforschung an der Goethe-Universität entsteht. Frankfurt ist das erste und langjährigste Schaffenszentrum der Kritischen Theorie, weswegen sie auch oft »Frankfurter Schule« genannt wird. Zum anderen kennen wir bereits Werke vieler ihrer Autoren – sie tummeln sich in unseren Bücherregalen: *Die Dialektik der Aufklärung* von Theodor W. Adorno und Max Horkheimer – ein Grundlagenwerk der Kritischen Theorie –, das *Passagen-Werk* von Walter Benjamin und sein berühmter Aufsatz *Das Kunstwerk im Zeitalter seiner technischen Reproduzierbarkeit*, aber auch Texte von Siegfried Kracauer, Erich Fromm oder Herbert Marcuse.

Die genannten Theoretiker gelten als erste Generation der

Kritischen Theorie, weil sie es sind, die mit ihrem Denken seit den Dreißigerjahren das prägten, was diese Theorie so besonders macht: die Verbindung von Philosophie und Soziologie, um so grundlegend und schonungslos Gesellschaft und Ideologie zu kritisieren. Genauer gesagt: westliche Gesellschaften und die ihnen innewohnenden kapitalistischen, patriarchalen und kolonialen Machtstrukturen. Dabei bezieht sich die Kritische Theorie insbesondere auf vier Vordenker. Zuerst ist da der Philosoph Immanuel Kant und seine Methode der Kritik, wie er sie in der *Kritik der reinen Vernunft* oder dem Aufsatz *Kritik der Aufklärung* formuliert. In Auseinandersetzung mit der Dialektik von Georg Friedrich Wilhelm Hegel wiederum entwickelte Adorno die *Negative Dialektik* – ein weiteres Grundlagenwerk der Frankfurter Schule. Des Weiteren orientiert sich die Gesellschaftskritik der Kritischen Theorie an der Kapitalismus-Kritik des Ökonomen und Revolutionstheoretikers Karl Marx. Und unter Bezug auf Sigmund Freud, den Begründer der Psychoanalyse, analysiert sie Machtstrukturen auch mit Blick auf das Unbewusste der Einzelnen, wie zum Beispiel in Marcuses *Triebstruktur und Gesellschaft*.

Max Horkheimer leitete seit 1930 mit dieser Zielsetzung das Institut für Sozialforschung in Frankfurt, bis es nach der Machtergreifung der Nationalsozialisten geschlossen wurde und es erst nach Genf umzog, bis es 1934 ins Exil nach New York übersiedelte. Thematisch widmet sich die Kritische Theorie seit dem Zweiten Weltkrieg besonders dem Faschismus, dem Antisemitismus und dem Holocaust. Sie versuchten in *Studien zum autoritären Charakter* zu erfassen, weshalb sich Menschenverachtung so umfassend und brutal in einer Gesellschaft ausbreiten konnte – und was zu tun war, damit es sich nie wiederholen kann.

Während Adorno, Gretel Karplus-Adorno, seine Ehefrau und Mitarbeiterin, und Max Horkheimer in die USA ins Exil flüchten konnten, suizidierte sich ihr Freund und Kollege, Walter Benjamin, bei seiner Flucht über die Pyrenäen aus Verzweiflung. Nach Ende des Zweiten Weltkriegs wurde der Mittelpunkt der Kritischen Theorie wieder nach Frankfurt verlegt: Dort unterstand das Institut für Sozialforschung der Goethe-Universität bis 1964 der Leitung von Horkheimer und Adorno. Es sollte ein Ort der interdisziplinären Forschung werden: philosophisches Denken und empirische Sozialforschung gehen hier seither Hand in Hand. Die kritischen Theoretiker erhofften sich so eine neue, grundlegendere Form von Sozialphilosophie.

Auf die erste Generation folgten eine zweite, eine dritte, eine vierte – und vielleicht ist im Moment gar eine fünfte Generation im Entstehen begriffen. Zu den prominentesten Vertretern der zweiten Generation gehört unter anderem Jürgen Habermas, der Begründer der Diskurstheorie. Mit der dritten Generation verbindet man vor allem Axel Honneth – und eine Frau, die namentlich in den Lexika Erwähnung findet: die in New York an der New School for Social Research forschende US-Amerikanerin Nancy Fraser. Zur vierten Generation zählen Christoph Menke und Rahel Jaeggi, die derzeit eine Professur an der Humboldt-Universität in Berlin innehat.

Nach und nach nahmen wir mit verschiedenen Forscherinnen Kontakt auf, die wir recherchiert hatten: Gertrud Nunner-Winkler, Frigga Haug, Karin Stögner und Eva von Redecker – sie werden in diesem Buch vorgestellt. Aber auch Ingeborg Maus, Herta Nagl-Docekal, Regina Becker-Schmidt und Rahel Jaeggi baten wir um ein Gespräch, sie hatten aber aus verschiedenen Gründen keine Zeit dazu. Wir wollten mit diesen

Frauen sprechen und nicht nur über sie lesen, wollten versuchen, mithilfe ihrer eigenen Erzählungen den Problemen, die sie wissenschaftlich bewegt haben, etwas näher zu kommen. Was berichten uns diese Frauen aus ihrem persönlichen Werdegang, wie haben sie ihr Umfeld an den Universitäten und in der Forschung wahrgenommen – und haben sie vielleicht selbst Einsichten dazu, warum sie als hoch qualifizierte Forscherinnen nicht in ebenbürtiger Weise wie ihre männlichen Kollegen in die Rezeption und den Kanon der Frankfurter Schule Eingang gefunden haben?

Das interessierte uns auch aus einem persönlicheren Grund: Wir erlebten während des Studiums und bis heute viele Situationen in der Philosophie, in denen Menschen – auch wir – aufgrund ihres Nicht-Mann-Seins weniger akzeptiert wurden. Diese Situationen ließen uns aufgrund ihrer Uneindeutigkeit an uns selbst zweifeln, bis wir Rückhalt im Austausch mit anderen fanden, sodass sie verstehbarer wurden. Was wir am eigenen Leib erlebten, machte uns nicht zum Einzelfall, sondern verwies auf ein bestimmtes System, ebenjenes, das die Kritische Theorie seit ihrer Gründung so ausführlich analysierte. Es ist die Verschränkung von Macht und Ideologie, von Kapitalismus, Antisemitismus, Rassismus und Patriarchat. Seit der Gründung der Kritischen Theorie hat es viele Verbesserungen gegeben, trotzdem sind die Auswirkungen dieser Unterdrückungsmechanismen noch immer deutlich spürbar. Wir fanden bei unserer Recherche keine People of Color in der Kritischen Theorie, die im deutschsprachigen Raum eine Professur innehaben. Es ist eine Lücke, die bis zum Schluss offenbleibt. Jede der vier Frauen, die uns eine Zusage gaben, Nunner-Winkler, Haug, Stögner und von Redecker, ist ein Kapitel gewidmet, das auf unseren Interviews beruht.

Im Verlauf unseres Projekts entdeckten wir mehr als die Theorien und Lebenserfahrungen unserer Gesprächspartnerinnen. Viele Fragen tauchten auf: Welche unausgesprochenen Voranahmen lenken uns? Was, glauben wir, ist Philosophie? Wie denken wir, dass man sie praktiziert – und woran machen wir selbst fest, ob jemand eine ›echte‹ Philosophin ist?

Weiterhin dachten wir verstärkt über den Ausdruck ›die Frauen‹ nach, der lange Zeit in Abgrenzung zu ›dem Mann‹ zur Analyse patriarchaler Gesellschaftsstrukturen verwendet wurde. Um gewisse Mechanismen zu begreifen, war eine derart klare Zweiteilung einerseits aus rein politischen Gründen sehr wirksam, ungeachtet der Opfer und Diskriminierungen, die dies für gewisse Personengruppen – wie etwa transidente Personen – bis heute verschärft bedeutet.

Zum anderen zeichnet der Ausdruck ›die Frauen‹ nach, wie die Binarität der Geschlechter selbst zum Motor ihrer eigenen Infragestellung wurde. Dass die Kategorisierung aller Menschen in nur zwei Geschlechter heute in den verschiedensten Wissenschaften durch die fluidere Vorstellung eines Geschlechterspektrums ersetzt wurde und als ausgrenzendes Machtinstrument statt als Naturgegebenheit aufgeschlüsselt wird, lässt sich anhand der von uns hier vorgestellten vier Theoretikerinnen nachvollziehen.

Diese theoretische Arbeit am patriarchalen Kapitalismus als Ideologie, die alle Lebensbereiche durchwirkt, wurde für uns auch erstaunlich konkret: Denn insgeheim hatten wir am Anfang unseres Projekts wohl erwartet, Frauen vorzufinden, die unserem Philosophenbild entsprachen – und das war ausgesprochen stark von westlichen Männlichkeitsvorstellungen geprägt: Frauen, die von sich behaupten würden, vollkommen autark nach letzten Wahrheiten zu suchen. Warum? ›Der

Denker‹ ist – nicht nur für den Bildhauer Auguste Rodin – in dieser Vorstellung ein einsames Genie. Denken ist für ihn eine Zwiesprache zwischen sich selbst und seiner Vernunft. Das Bild war entstanden, weil uns in unserer Zeit an der Universität immer wieder subtil vermittelt worden war: Wer die geistige Größe des Genies nicht versteht, sollte sich lieber mit Dingen befassen, die näher an seiner:ihrer Wesens-Natur sind. Mit der Küche zum Beispiel.

Dieses implizite Verständnis vom philosophischen Genie macht sich in eleganter Weise Frigga Haug zunutze, indem sie es umkehrt und philosophische Konzepte erst einmal »durch die Küche« schickt, bevor sie sie als tragfähig anerkennt. Ähnlich geht Eva von Redecker vor, wenn sie das historisch gepflegte Vorurteil, dass weiblich gelesene Personen näher an der Natur und ferner vom Geist seien, als Basis ihres gesamten Denkens nimmt: Sie begreift ›die Natur‹ nicht länger als Abgrenzung von ›dem Menschen‹, sondern lässt alle Pflanzen, Tiere und Menschen als Welt zu ihrem denkerischen Fundament werden. Wie dieses Fundament, wenn es fehlt, an seiner Stelle einen Nährboden für Hass-Ideologien zutage befördert, zeigt Karin Stögner. In Auseinandersetzung mit der Suche der frühen Kritischen Theorie nach einer Erklärung dafür, wie sich aus der Tradition der Aufklärung die systematisierten Verbrechen der NS-Diktatur entwickeln konnten, faltet sie die Zusammenhänge zwischen Naturbeherrschung und Antisemitismus, zwischen Selbstzerstörung und Sexismus auf. Gertrud Nunner-Winkler richtet mit ihren Studien über Geschlecht und Moral das Brennglas auf den Graben, den die patriarchale Vergeschlechtlichung aller Dinge in das westliche Menschenbild geschlagen hat: Sie stellt unter Beweis, dass nicht nur die Moral unteilbar ist, sondern auch ›männlich‹

und ›weiblich‹ nur zwei von vielen möglichen Rollen einer tiefer liegenden Einheit sind – der Person.

Der Kritischen Theorie geht es bei der Beschreibung von gesellschaftlichen Machtmechanismen zudem ausdrücklich um einen gesellschaftspolitischen Wandel. Gesellschaftskritik muss immer auch Kapitalismus-Kritik sein. Und Kapitalismus-Kritik ist ohne eine Kritik patriarchaler Strukturen nicht denkbar. Dieses Ringen um Veränderung macht sich in der Vielfalt bemerkbar, mit der sich unsere Gesprächspartnerinnen dieses Themas angenommen haben: Sie schreiben und lehren, sind politisch aktiv, leiten Gruppen und demonstrieren, sie befragen Menschen, setzen sich streitbar mit der Öffentlichkeit auseinander und für sie ein.

Dadurch werfen wir hier eine neue Perspektive auf damals und auf heute: Was macht die Kritische Theorie aus, wenn man ihren Personenkreis um jene bisher ausgeklammerten Personen erweitert? Wie können uns die interviewten Frauen dabei helfen, uns in heutiger Zeit zu orientieren – wie dies eben echte Philosoph:innen tun?

Dieses Buch soll einen ersten Einblick gewähren. Es zielt nicht auf eine vollständige Darstellung ab – weder, was die Werke und Leben der einzelnen Wissenschaftlerinnen betrifft, noch was die Inhalte ihrer Theorien angeht –, sondern will zum kritischen Denken anregen. Es ist ein Blick in ein Forschungsgebiet, in dem es noch unendlich viel zu tun gibt. Und das heißt notgedrungen auch, dass wir auswählen und den Fokus auf gewisse Dinge legen mussten, während andere in den Hintergrund rücken. Das Buch ist ein Experiment und eine Perspektive unter vielen – es soll Fragen aufwerfen und dazu ermutigen, selbst Fragen zu stellen.

DAS GENIE IM AUSSERWELTLICHEN RAUM BEI DER ARBEIT.

Die Guten und die Gerechten – Vom Geschlechter-Zwiespalt der Moral

Prof. Dr. Gertrud Nunner-Winkler

Von Henriette Hufgard & Kristina Steimer

»16,50 Euro, bitte«, sagt der Taxifahrer und hält vor einer Hofeinfahrt. Das Haus, in dem Gertrud Nunner-Winkler lebt, steht in der kleinen Gemeinde Pullach bei München. Zwei der Orte, an denen Nunner-Winkler lange gearbeitet hat, befinden sich ganz in der Nähe: Über fünfunddreißig Jahre war sie an Max-Planck-Instituten in Starnberg und in München tätig – davon ein Jahrzehnt, von 1971 bis 1981, als wissenschaftliche Mitarbeiterin von Jürgen Habermas. Dieser ist Teil der zweiten Generation der Kritischen Theorie und gilt bis heute als bedeutende Figur innerhalb dieser philosophischen Richtung. Im Jahr 2001 erhält Nunner-Winkler, damals sechzigjährig, einen Professorinnentitel und eine Lehrerlaubnis von der Ludwig-Maximilians-Universität München, der LMU, während sie zugleich weiterhin am Max-Planck-Institut tätig war.

Was uns vor ihre Tür in Pullach im Isartal brachte, war jedoch nicht diese beeindruckende Karriere – die schon für sich genommen herausragend ist. Besonders, wenn man bedenkt, dass eine akademische Laufbahn für Frauen ihrer Generation – Nunner-Winkler ist 1941 geboren – in Deutschland fast noch unvorstellbar war. Es sind die Inhalte, mit denen sie sich auf ihrem langen Schaffensweg befasste: wie entwickelt sich bei Menschen die Motivation dafür, moralisch zu handeln – und wie wandeln sich die Moralvorstellungen selbst? Sie traf damit den Nerv der Zeit, denn sie verknüpfte das philosophische Thema Moral in ihrer soziologischen Forschung mit gesellschaftspolitischen und kulturellen Fragen nach Geschlechterrollen und Gender in einer Weise, die bis heute kaum an Virulenz verloren hat.

Wir klingeln. Gertrud Nunner-Winkler bittet uns sogleich an den Esstisch ihrer Wohnung. Dort liegt ein Stapel bleistiftbeschriebener DIN-A4-Blätter, daneben zwei Flaschen Wasser, drei Gläser und eine Vase mit rot-gelben Tulpen.

»Ich habe mal alles vom Tisch geräumt, damit wir Platz haben, aber dachte mir – Wasser brauchen wir schon!«, sagt sie und lächelt auffordernd. Das folgende dreistündige Gespräch beweist – nicht nur auf dem Tisch brauchten wir Platz: Die Themen, in die wir eintauchen, verlangen in ihrer Aktualität und Komplexität einen ebenso wachen wie weiten Geist.

Moral und Geschlecht: It's a match! Not

Wir befinden uns im Jahr 1982. Es ist das Jahr, in dem das erste *in vitro* gezeugte Baby geboren wird, Helmut Schmidt von der SPD wird durch ein konstruktives Misstrauensvotum als Bundeskanzler gestürzt und Helmut Kohl von der CDU zu seinem Nachfolger gewählt. In den Radios ersingt sich Nicole mit dem Lied *Ein bißchen Frieden* den Grand Prix Eurovision de la Chanson und *E. T. – Der Außerirdische* kommt mit durchschlagendem Erfolg in die Kinos. Vor allem aber ist es das Jahr, in dem sich eine hitzige feministische Debatte um die Moral entzündet. Eröffnet wurde diese von der US-amerikanischen Psychologin Carol Gilligan und ihrem Vorgesetzten Lawrence Kohlberg, Professor für Erziehungswissenschaften an der Harvard University School of Education. Und innerhalb kürzester Zeit knüpfte die Soziologin, Psychologin und kritische Theoretikerin Gertrud Nunner-Winkler daran an, ähnlich wie auch andere namhafte US-amerikanische Protagonist:innen wie die kritische Philosophin Seyla Benhabib. Auf dem Spiel stand nichts Geringeres als das Moralvermögen der halben Welt: die Moral der Frauen – eine ›weibliche Moral‹?

Alles nahm seinen Anfang darin, dass Kohlberg ein Modell entworfen hatte, das die Entwicklung des moralischen Empfindens von Kindern und jungen Erwachsenen in sechs Stufen rekonstruieren und darstellen konnte. Was Kohlbergs Kollegin Carol Gilligan an diesem Stufenmodell störte, war recht einfach ersichtlich: In den Erhebungen schienen Frauen in großer Zahl auf der dritten Stufe ihre Entwicklung zu beenden, während Männer es wie von Zauberhand fast immer auf Stufe vier schafften. Auch auf Stufe fünf und sechs, die nur sehr wenige Befragte erreichten, waren mit 78 Prozent vor allem Männer vertreten.[1]

Gilligan veröffentlichte daraufhin 1982 einen Gegenentwurf zu Kohlberg: *Die andere Stimme. Lebenskonflikte und Moral der Frau.*[2] Darin vertrat sie die These, dass Kohlberg die Besonderheiten weiblichen Moralempfindens außer Acht lasse. Er werte bei seinen Erhebungen die Antworten so aus, dass die Bezugnahme auf, von Gilligan als ›männlich‹ identifizierte, Aspekte der Moral – besser bewertet werden als die Berücksichtigung von interpersonellen – ›weiblichen‹ – Aspekten der Moral, wie Bindung und Fürsorge. Letztere sei aber schlicht das weibliche Pendant der Moral und nicht minderwertig gegenüber der männlichen Variante.

Die Kritik, die Gilligan an Kohlbergs Forschung übte, schlug in Windeseile erst in den USA und sehr bald auch im Rest der Welt große Wellen. So stieß sie, kaum ein Jahr nach ihrer Veröffentlichung, auch im Wirkens- und Schaffenskreis um Jürgen Habermas auf großes Interesse. Zu diesem Kreis gehörte auch Gertrud Nunner-Winkler.

Gemeinsam mit ihrem Kollegen, dem Soziologen Rainer Döbert, entwickelte sie, auf den philosophischen Thesen von Habermas aufbauend, einen ganz eigenen Zugriff auf die Frage nach dem Geschlecht (und) der Moral. Motivierend war für beide die Irritation darüber, dass die Moral auf einmal zwiegespalten sein sollte. »Warum«, erinnert sich Nunner-Winkler im Gespräch mit uns, »sollte es eine weibliche Moral der Fürsorge geben – aber keine Moral der Unbestechlichkeit für Finanzbeamte oder eine Sorgfaltsmoral der Brückenbauer?« Die Differenzen, die Gilligan in den Erhebungen zur Moral aufgedeckt hatte, führte sie auf Geschlechterrollen in der Gesellschaft zurück – nicht auf eine Art des ›Frau-Seins‹, in dem eine ganz eigene Form der Moral verborgen läge.

Nunner-Winkler suchte nach einer Antwort auf folgende Fragen: Unterscheiden sich Frauen in ihrem Moralempfinden von Männern? Sind sie gar, statistisch gesehen, weniger zu moralischen Urteilen fähig als ›der Mann‹? Oder ist doch anzunehmen, dass es eine Essenz des Weiblichen gibt, die in das universell, also allgemeingültig gedachte Konzept der Moral einen Graben schlug? Der Ausgangspunkt, gegen den sich ihre Bestimmung von Moral richtete, ist Gilligans

Annahme von zwei Moralen – einer fürsorglichkeitsorientierten flexiblen, also anpassungsfähigen, »weiblichen Moral« und einer gerechtigkeitsorientierten rigiden »männlichen Moral«. Flexibilität bedeutet übersetzt so etwas wie Biegsamkeit oder Dehnbarkeit. Bezogen auf moralische Urteile heißt Flexibilität, dass Gesetze der Auslegung bedürfen und Ausnahmen unter gewissen Umständen erlaubt sind – besonders, wenn abzusehen ist, dass aus dem Tun der gebotenen, also richtigen Handlungen schädliche Folgen für andere Menschen entstehen. Rigidität oder Starre hingegen bedeuten, dass Prinzipien uneingeschränkt Folge zu leisten ist.

Nunner-Winkler kritisierte an Gilligans Ansatz nicht nur die vergeschlechtlichte Zuteilung von Fürsorglichkeit und Prinzipientreue auf das binäre Geschlechtersystem von Mann und Frau. Sie wendete sich ebenfalls gegen die von Gilligan behauptete Annahme, dass ›die Frauen‹ aus ihrem innersten Wesen heraus eine flexible Moralität haben, während ›die Männer‹ generell und aufgrund ihres Mannseins eine rigide Moralvorstellung vertreten würden.

Die Schule der Moral?

Aber warum sollte dieses ganze Brimborium irgendjemanden außerhalb der Philosophie interessieren? Und warum ist es so wichtig, in diesem Kontext Gertrud Nunner-Winkler und ihre Forschung in den Blick zu nehmen? Gut, da haben sich in den Siebzigerjahren einige Soziolog:innen, Feminist:innen und Philosoph:innen in einem Fachdiskurs darüber aufgeregt, ob die Moral nun weiblich oder männlich ist. Sie haben dafür oder dagegen argumentiert, dass das Geschlecht, sei es nun biologisch oder sozial determiniert, ein wichtiger Faktor dafür ist, zu verstehen, wie wir Menschen zu moralischem Handeln in der Lage sind – und was eigentlich der mysteriöse Inhalt von Moral ist. Welche Rolle sollte das heute für Menschen spielen, die sich nicht zu der ausgesprochen kleinen Gruppe nerdiger Philosophie-Historiker:innen zählen? Wo sollte dieser Diskurs, der irgendwo in Zeitungen von damals sein Maximum an Öffentlichkeitswirksamkeit erreicht hatte, heute überhaupt noch eine Rolle spielen? Vergilbt dieser Streit nicht jenseits unserer heutigen Gesellschaft auf Dachböden und in Archiven?

Tun wir einen Moment so, als beschäftigten sich nicht nur alle Soziolog:innen und Philosoph:innen am liebsten mit feministischen Diskursen der Siebziger- und Achtzigerjahre. Über Moral. Innerhalb der Kritischen Theorie. Sagen wir gar – der statistischen Einfachheit halber –, alle Geisteswissenschaftler:innen Deutschlands kennen kein Thema, das sie mehr erfüllt: Wir kommen auf knapp 400 000 erwerbstätige Hochinteressierte.

Anders sieht es da an der Institution Schule aus: Mit rund 800 000 beschäftigten Lehrkräften und jährlich – ausgehend vom Schuljahr 2020/2021 – fast elf Millionen Schüler:innen bilden Lehrende und Beschulte einen doch recht beachtlichen Interessent:innenkreis. Aus eigener Erfahrung wissen wir, dass die Lehrpläne im Lehramtsstudium einen zentralen Baustein beinhalten, an dem es kein Vorbeikommen gibt: Neben dem Schweizer Entwicklungspsychologen Jean Piaget und Burrhus Frederic Skinner, einem US-amerikanischen Behavioristen, der für seine Experimente mit Ratten bekannt ist, steht Kohlberg auf dem Lehrplan.

Moral entwickelt sich an deutschen Universitäten demnach

ligan oder Nunner-Winkler im Lehrplan der Uni ausgetauscht werden sollte. Aber es macht deutlich, wie mächtig gewisse Vorstellungen von Moral immer noch sind.

Die Schule ist für die Kritische Theorie eine der zentralsten Institutionen, denn sie verfügt über das disziplinierende Instrument der *Bildung*. Eine Erkenntnis, die zahlreiche soziologische Studien bestätigen: Die Schule ist in einer Demokratie so schützenswert, weil sie einer der bestgeeigneten Orte ist, um junge Menschen und damit die Entwicklung der gesamten Gesellschaft zu beeinflussen.

DAS GENIE KURZ VORM ERKLIMMEN VON STUFE 6.

Das Kohlberg-Gilligan-Problem

Um zu verstehen, wie die diffizile Diskussion um dieses Thema sich über Jahrzehnte entfaltete, ist ein genauerer Blick auf den eigentlichen Streitpunkt nützlich: Kohlbergs Stufenmodell. Es gliedert das moralische Urteilen von Menschen in drei Ebenen. Diese sind wiederum in je zwei Stufen unterteilt, woraus sich insgesamt die sechs Stufen der Moralentwicklung ergeben: »präkonventionelles Urteilen« (Stufe eins & zwei), »konventionelles Urteilen« (Stufe drei & vier) und »postkonventionelles«, »autonomes« oder auch »prinzipiengeleitetes Urteilen« (Stufe fünf & sechs).

Kohlberg entwickelte seine Theorie anhand einer Längsschnittstudie, bei der Proband:innen von sechs Jahren bis ins junge Erwachsenenalter von etwa zwanzig Jahren, fiktive Geschichten über problematische moralische Situationen – sogenannte Dilemmata – vorgelegt bekamen, die sie beurteilen sollten. Anschließend wurden die Antworten nach folgenden Kriterien ausgewertet: Welchen Regeln folgten die moralischen Urteile der Proband:innen? Waren diese eher konkret oder sehr abstrakt? Kohlberg nannte dies die »Begründungsstruktur« eines Arguments.[4] Was er also *nicht* bewerten wollte, war, ob die Proband:innen eine moralisch richtige oder falsche Antwort gaben. Ihn interessierte die formale Struktur ihrer Antworten.

Eines der Dilemmata, vor die Kohlberg seine Proband:innen stellte, handelt von Heinz, dessen Ehefrau sehr krank ist. Es fehlt beiden das Geld, um ihr die lebensrettende Medizin zu kaufen. Was soll Heinz nun tun? Soll er die Medizin aus der Apotheke stehlen oder nicht – und warum?

Kinder im Alter von sechs bis neun Jahren beachteten,

so Kohlbergs Fazit, bei ihrer Entscheidung zumeist Regeln, die an Autorität und Gehorsam orientiert sind, und daran, wie sich Strafe vermeiden lässt: Sie argumentierten entweder dafür, das Medikament zu stehlen, weil man sich ja nicht erwischen lassen müsse, oder dagegen, weil beispielsweise ihre Eltern gesagt hatten, dass Dieb:innen ins Gefängnis kommen. Kohlberg klassifizierte diese Antworten als Stufe eins. Auf Stufe zwei zogen die Kinder, meist im Alter von neun bis vierzehn Jahren, bereits individuelle Interessen mit in die Entscheidungsfindung ein. Es wurde anerkannt, dass andere Menschen auch Bedürfnisse haben. Sie überlegten, ob sie selbst für eine andere Person ins Gefängnis gehen würden, oder wer für Heinz kochen könnte, wenn seine Frau tot ist.

Nunner-Winkler interpretierte die Befunde Kohlbergs, basierend auf ihren eigenen Ergebnissen zur Moralentwicklung von Kindern und Jugendlichen anders: Bevor Kinder moralische Motivation aufgebaut haben, verstehen sie Kohlbergs Frage nach einer Handlungsempfehlung (Was soll Heinz tun?) als Klugheitsfrage und raten das zu tun, was am meisten nützt. Das Dilemma kann ihre bereits vorhandenen Vorstufen moralischer Fähigkeiten nicht abbilden, weil es sie nicht angemessen adressiert.

Im Alter von fünfzehn bis zwanzig Jahren, also auf Stufe drei, kamen Fragen der sozialen Anerkennung und der Erwartungen anderer mit ins Spiel: Es wurde angeführt, dass niemand Diebe möge, oder aber, dass Heinz' Frau von seinem Verhalten enttäuscht sein könnte, wenn er sich dagegen entscheidet, sich das Medikament für sie widerrechtlich anzueignen. Im Erwachsenenalter, auf Stufe vier, wurde das Konzept der Pflicht relevant: »Pro Stehlen« bedeutete hier beispielsweise, dass Heinz seiner Frau ein Versprechen gegeben habe, stets für ihr Wohl zu sorgen, welches er nicht brechen dürfe.

Die beiden letzten Stufen werden dem Modell zufolge nicht immer zwingend von allen Menschen erreicht. Sie sind auch nicht mehr an Altersstufen gebunden. Auf Stufe fünf steht die Bedeutung des Gesetzes »Es ist verboten zu stehlen« als solche im Zentrum, auch deren Relativierung von übergeordneten Prinzipien: Wer für Heinz' Diebstahl argumentierte, erläuterte beispielsweise, dass die Umstände, unter denen Heinz handele, seine Bestrafung mildern würden. Und wer gegen den Diebstahl war, sah in einer Ausnahme vom Gesetz die Zerstörung seiner Allgemeingültigkeit. Auf Stufe sechs schließlich gab es für Kohlberg nur noch eine Antwort: Der Wert eines Menschenlebens ist höher als der von Eigentum.

Kohlberg nannte dies die Orientierung an universell gültigen Werten, die – im Sinne von Kants kategorischem Imperativ, der für sein Moralkonzept Pate zu stehen schien – keine Ambivalenzen mehr zulassen. Der Peak des »moralischen Niveau(s)«[5] ist also dort erreicht, wo universell geltende moralphilosophische Prinzipien wie Gerechtigkeit und Würde des Einzelnen in der Forderung »Leben ist wertvoller als Eigentum« zum Tragen kommen.

Die Auswertungen der Studienergebnisse ergaben, dass die Frauen, die befragt wurden, im Vergleich zu männlichen Probanden deutlich schlechter abschnitten: Von den »in der High School auf Stufe 3 stehenden Jungen (standen) nur 6 Prozent auch im frühen Erwachsenenalter auf Stufe 3«, »während die übrigen auf Stufe 4 wechseln« – hingegen »scheint die Stufe 3 bei Frauen eine stabile Erwachsenenstufe zu sein«.[6] Dieses Ergebnis wirft nicht nur aus heutiger Perspektive Fragen auf.

Schon Carol Gilligan fiel jene Differenz mit der markanten Lücke auf Stufe drei auf, deren Regelhaftigkeit sie nur mäßig überzeugte. Doch es ist nicht nur die Hierarchisierung zwischen den Geschlechtern, die Gilligan an Kohlbergs Modell störte. Es war auch der Inhalt dessen, was den Peak darstellen sollte, den sie kritisch infrage stellte.

Der Peak

Kohlberg geht davon aus, dass Menschen, die die sechste Stufe erreichen, in der Lage sind, sich, autonom und unabhängig von den Meinungen anderer Menschen, allgemeingültige Regeln – sogenannte Prinzipien – abzuleiten und diesen zu folgen, als seien sie ein Gesetz. Eine derartige Vorstellung von Moral ist stark von Immanuel Kants Moralphilosophie geprägt. In seinem berühmten kategorischen Imperativ verdichtet, besagt eine solche Moralvorstellung Folgendes: »Handle nur nach derjenigen Maxime, durch die du zugleich wollen kannst, dass sie ein allgemeines Gesetz werde.« Die sechste Stufe von Kohlbergs Stufenmodell beschreibt das, was Kant die Autonomie und die Selbstgesetzgebung des Willens nennt.[7]

Auf Stufe sechs angekommen, ist für die eigene Treffsicherheit bei der Urteilsfindung in moralischen Dilemma-Situationen allein die selbst gesetzgebende Vernunft der:des Einzelnen ausschlaggebend. Autonom heißt hier, dass die Ratio ihre:n Träger:in – wenn diese:r es nur *will* – zu einer Moralfähigkeit ermächtigt, die so unhinterfragbar ist, dass man sie für die ganze Welt verallgemeinern kann. Der:die Einzelne kann in einer solchen Vorstellung theoretisch die Gesamtheit an Lebensrichtlinien ›der‹ gesamten Gesellschaft entwerfen. Zumindest ist er:sie in der Lage, bei wirklich jedem Präzedenzfall die einzig ›richtige‹ Entscheidung zu fällen.

Gleichzeitig fällt bei einer Auslegung von Moral, die vorher festgelegte Regeln als Entscheidungskriterium ansieht, nicht ins Gewicht, was aus der jeweiligen Handlung folgt – welche Resultate sich aus ihr ergeben. Moralisch ist eine Handlung in diesem sogenannten deontologischen Ansatz allein dann, wenn sie sich aus dem Gefühl der Achtung für die jeweilige Regel notwendig ergibt, die er:sie dafür empfindet. Eine Regel wird notwendig – und damit zwingendermaßen einzuhalten –, wenn sie dem Menschen nicht mehr wie eine bloße Regel erscheint. Sie wird zu einem Gesetz – oder auch Prinzip –, das man unmöglich brechen könnte. Das Prinzip muss so klar sein, dass an seiner Richtigkeit kein Zweifel bleibt – es muss zur Gewissheit werden.

Eine so formulierte Moral, welcher auch Kohlberg folgt, gibt dem schwankenden Fundament, auf dem die moralische Urteilsfähigkeit von Menschen erfahrungsgemäß steht, neue Stabilität. Gewissheit meint hier nicht unbedingt Wissensinhalte. Die Gewissheit ist vielmehr eine Selbstgewissheit der urteilenden Person: Die Person weiß, dass sie im Besitz dessen ist, was es für ein moralisches Urteilen, für Unterscheidungen in Richtig und Falsch braucht.

Laut Kohlbergs statistischen Erhebungen scheint es nun leider so, dass einem Großteil der Frauen auf dieser Welt sowohl die Gewissheit über die eigene Urteilsfähigkeit fehlt, als auch die Gabe, sich selbst und anderen unumstößliche Gesetze zu geben. Ihr Weg nach oben endet auf Stufe drei – gerade einmal auf der Hälfte des Weges von insgesamt sechs Stufen. Wieso ist das so? Stimmt vielleicht etwas mit ihrem moralischen Gefühl nicht? Oder fehlt ihnen gar ein wichtiges ›Moral‹-Organ?

Kohlberg wäre nicht der Erste, der universelle menschliche Fähigkeiten wie die Moral mit einem Organ in Verbindung brächte. Bereits im 17. Jahrhundert ging der französische Philosoph und Mathematiker René Descartes davon aus, dass man das rätselhafte Merkmal des Menschen, vernünftig und moralisch urteilen zu können, anatomisch erklären könne. Er war der Begründer des Rationalismus, also der Philosophie, die sich ganz und gar auf die Vernunftfähigkeit des Menschen fokussiert, und vermutete den Ort hierfür im Gehirn der Menschen, genauer gesagt in der Zirbeldrüse. Diese Vermutung erwies sich jedoch als falsch. Kohlberg selbst vermutete den Unterschied jedoch nicht in einer anatomischen Ausprägung menschlicher Körper. Bis heute ist nicht klar, ob – und wenn ja, wo – die Vernunft oder auch das Moralempfinden im Körper zu lokalisieren wäre. Oder wie es dort hingekommen wäre. Was bleibt, ist also die Tatsache, dass Frauen in Kohlbergs Studie nicht erreichen können, was den Männern offenzustehen scheint.

Was geschieht mit dem kohlbergschen Moralkonstrukt, wenn man versuchsweise einschließt, was zuvor ausgeschlossen war. Zum Beispiel vorausschauende Umsicht, die mögliche Konsequenzen von Handlungen miteinbezieht. Sie lässt sich zwar – da sie auf die Zukunft blickt – nicht als Regel aus dem Gegebenen formulieren, ist jedoch ebenso von einem Willen zum richtigen und gerechten Handeln gelenkt und darin moralisch. Genau das zu tun – anzutesten, wie unumstößlich der Moraluniversalismus in dieser Form wirklich ist –, war Ziel der Kritik Gilligans.

Moralische Defizite weiblicher Urteilskompetenz und ein Gegenentwurf dazu

Nicht nur Mädchen und Frauen blieben häufig auf niedrigen Stufen zurück, auch Kinder und Erwachsene aus sozioökonomisch schwachen Schichten erreichten die fünfte und sechste Stufe deutlich seltener als Proband:innen aus ›gutem Hause‹. Kohlberg, der davon ausging, dass in allen Menschen gleichermaßen das Potenzial zur Moral angelegt sei, erklärte die Differenz damit, dass diesen Personengruppen etwas in ihrem Sozialisationsprozess fehle – er legte es als einen Mangel, als ein Defizit der Proband:innen und ihrem Umfeld aus, wenn diese auf seinen Stufen weit vor der letzten Stufe zurückblieben.

Das ist insofern interessant, als Entscheidungen auf der dritten Stufe, auf der diese Personengruppe laut Kohlbergs Erhebungen häufig verblieb, sich ausdrücklich noch an »personengebundener Zustimmung« orientiert: Als »richtiges Verhalten« sollte auf dieser Stufe das angesehen werden, »was anderen gefällt«.[8] Diese Orientierung widerspricht dem höchsten Ziel der Kohlbergschen Moral: ihrer Universalisierbarkeit. Urteile, die sich an den Erwartungen anderer orientieren, unterliegen zeitlichen Veränderungen. Sie sind von Bedingungen abhängig, die eine Person allein nie unter Kontrolle haben kann. Dieses Verhalten ist dafür jedoch erstaunlich kongruent mit dem, was gesellschaftlich häufig von Mädchen und Frauen erwartet wird: nicht durch eigene Meinungen störend auffallen und allen Anwesenden ein möglichst einvernehmliches Klima garantieren.

Kohlberg fand in seinen Daten also etwas vor, das sich nicht mit einer seiner Hauptthesen vereinbaren ließ: Wenn

Moral in allen Menschen gleichermaßen angelegt ist, warum gibt es dann statistisch relevante geschlechtsspezifische Unterschiede im Ergebnis seiner Erhebung? Normalerweise würde man in der Wissenschaft neue Daten, die nicht in das Konzept einer vorliegenden Theorie integriert werden können, zum Anlass dafür nehmen, die Theorie zu überarbeiten und zu korrigieren. Anstatt jedoch ihre eigene Theorie zu hinterfragen, haben Kohlberg und seine Kollegen die Diskrepanz zwischen den Proband:innen mit dem durchschnittlich deutlich niedrigeren Bildungsniveau und der geringeren Berufstätigkeit von Frauen erklärt. Diese Faktoren benennen also keine personen- oder geschlechtsbezogenen Defizite, sondern können als gesellschaftliche Versäumnisse dargestellt werden. Offen bleibt dabei jedoch die Frage, wie Moral universell und zugleich von einer Teilhabe an der freien Marktwirtschaft abhängig sein soll – es impliziert hingegen, dass *bezahlte* Berufstätigkeit anspruchsvoller sei als *unbezahlte* Fürsorgearbeit. Indem Kohlbergs Erklärungsansatz die Diskrepanz nur durch Mangel in der weiblichen Entwicklung und Bildung erklärt, bewahrt er das Weltbild, das Lohnarbeit für höherwertig hält als Fürsorgearbeit, vor tiefgreifenderen Zweifeln an patriarchalen und kapitalistischen Gesellschaftsstrukturen.

Anders als Kohlberg interpretierte Gilligan den statistisch auffällig häufigen Verbleib von Frauen auf der Stufe drei nicht als Zeichen der moralischen Unterentwicklung von Mädchen und Frauen: Ihrer Vermutung nach wies das Ergebnis vielmehr auf bezweifelbare Vorannahmen im theoretischen Ansatz hin. Und so drehte sie den Spieß um: Statt den Fehler als geschlechtsspezifisches Defizit bei den Proband:innen zu suchen, legte sie nahe, dass Kohlbergs Entwicklungsmodell gar nicht so universell und allgemeingültig sei, wie dieser es darstellte. Stattdessen, so Gilligan, erfasse sein Stufenmodell primär einen männlichen Blick auf Moral. Damit steht er – wie so viele Forschende in diesem zu dieser Zeit überwältigend männlich dominierten Feld – in einer Denklinie mit den Moralbegriffen Sigmund Freuds und Jean Piagets, die ebenfalls aufgrund ihrer androzentrischen Forschungsansätze und -aufbauten kritisiert wurden.[9] Androzentrisch heißt, dass Vorannahmen über die Welt von einem sehr spezifischen Blickpunkt aus getroffen werden: von der Position eines Mannes, der in einem Patriarchat lebt und daher sehr viele Privilegien innehat. Alle anderen Blickwinkel und Perspektiven – aber auch alle Fragestellungen, die außerhalb dieses Erfahrungsbereichs liegen – werden in einem androzentrischen Weltbild weitestgehend ausgeblendet. Und ausgehend von einem so stark beschnittenen Sichtfeld konnte laut Gilligan auch die Studie nur verzerrte Ergebnisse produzieren.

Ist die Wegscheide vor den obersten Stufen der Moral also Ausdruck von einem sexistischen Weltbild? Dass Wissenschaft selbst die angestrebte Objektivität nicht immer erzielt, sondern – auch im Einklang mit ihrem Selbstverständnis – stets neue Korrektive braucht, um die Vorurteile der Forschenden immerfort auszugleichen, ist nichts Skandalöses. Es ist der Tatsache geschuldet, dass sie von Menschen gemacht wird – und nicht von einem außerweltlichen Wesen. Wäre Kohlberg eine Frau gewesen, wären es vielleicht auffällig viele Männer gewesen, die sich statistisch nur bis zur Hälfte des Moralbewusstseins entwickelt hätten. Doch Spekulationen dieser Art sind nur bis zu einem gewissen Grad hilfreich.

Mit *Die andere Stimme* legte Gilligan jedenfalls einen Entwurf vor, der in dieser Hinsicht ein Gegenentwurf zu Kohlberg war: In ihm hatte beim Blick auf die Moral eine Frau das Wort. Ihre Studie sorgte für viel Aufsehen, denn sie verschob den Fokus vom *Ergebnis* der Begründungsstrukturen hin zu den *Vorannahmen*. Gilligan postulierte mit dieser Verschiebung all jene Forschenden, die sich selbstsicher auf diese Vorannahmen stützten, als Anhänger eines androzentrischen Menschenbilds enttarnt zu haben, das eigentlich nur Jungen und Männer im Kontext einer patriarchal strukturierten Gesellschaft wahrnimmt und widerspiegelt.

Ihr Vorwurf lautete konkret: Dinge, die eigentlich sehr spezifisch für Jungen und Männer in einer westlich-patriarchalen Gesellschaft sind – wie das große Streben nach Autonomie und Unabhängigkeit –, werden als etwas für den moralisch fähigen Menschen Allgemeines hingestellt. Für Mädchen und Frauen spezifische Fähigkeiten hingegen – wie Fürsorge, Verantwortung und Anteilnahme – würden als Fehleranzeigen gedeutet, als Zeichen einer mangelhaft entwickelten Moral.

So zeichne Kohlberg mit seiner Studie ein Bild von Moral, das gewisse Aspekte moralischen Handelns ausschließe und sie als Abweichungen vom »idealen Menschen« darstelle: weibliche Aspekte eben.[10]

Gilligan argumentierte weiter, dass zum Überwinden dieser Asymmetrie des männlich-zentrierten Blicks nicht nur kühle Individual-Vernunft, sondern auch Fürsorglichkeit als Ausdruck von Moral erfasst werden sollte. So würden auch Frauen bei einer Wiederholung der Studie besser abschneiden. Konkret schlug sie vor, zwischen einer gerechtigkeitsorientierten Moral und einer fürsorglichkeitsorientierten Moral zu unterscheiden. Es sollte einen zweiten Weg geben, alle sechs Stufen der Moral zu erklimmen – gleichberechtigt neben dem vom kohlbergschen Stufenmodell.

Kritik an der Kritik: Die Reaktion auf Gilligans Gegenentwurf

Gilligans Entwurf von einer geschlechtsspezifischen Moral erzeugte jedoch auch erheblichen Gegenwind: Man verliere mit Gilligans »weiblicher Moral« nicht nur die Universalität der Moral. Man lege damit zugleich Frauen aufgrund ihres Geschlechts auf ein Schicksal fest, in dem ihnen eigentlich keine Handlungs- und Entscheidungsfreiheit mehr verbleibt.

Von diesen schwerwiegenden Problemen ausgehend, machte sich Gertrud Nunner-Winkler im Jahr 1984 daran, im Kontext einer großen Längsschnittstudie unter dem Namen »LOGIK – Longitudinalstudie zur Genese individueller Kompetenzen« am Max-Planck-Institut unter der Leitung von Franz Weinert diesen Fragen auf den Grund zu gehen.[11] Dazu verknüpfte sie zwei zutiefst philosophische Fragen: die nach der Allgemeingültigkeit von Moral und die nach der Handlungsfreiheit. Im Jahr 1984 – das ist das Jahr, in dem Herbert Grönemeier mit seinem Song *Männer* fragt: »Wann ist ein Mann ein Mann?« – trifft Nunner-Winkler mit ihrer Studie entsprechend voll ins Schwarze. Und sie kam zu einem klaren Ergebnis: So etwas wie eine weibliche Moral gibt es nicht. Aber auch keine männliche. Und damit ist Moral auch wieder zwingend universell. Denn unabhängig vom Kulturkreis gelten zwei Prinzipien: Schaden muss vermieden werden und übernommene Pflichten müssen erfüllt werden, soweit sie nicht schädliches und damit unmoralisches Handeln fordern, wie etwa die Pflichterfüllung von Wächter:innen in den NS-Konzentrationslagern. Wie eine Schädigung auszulegen ist, kann sich von Kultur zu Kultur unterscheiden, ähnlich wie eine Pflicht von unterschiedlich definierten Rollen abhängig ist – ist eine Kränkung Gottes oder der Götter eine Schädigung oder nicht? Und ist die Sorge für die Aufzucht von Kindern von einzelnen Frauen in Kernfamilien zu tragen oder ist diese Pflicht geschlechterunabhängig einer größeren Gemeinschaft zugeteilt?[12]

Gilligans Ansatz stößt noch auf ein weiteres Problem: Spätestens mit Blick auf non-binäre Geschlechterordnungen kommt ihre Theorie von den zwei Moralen in Erklärungsnot: Um ihre Moralbestimmung aufrechterhalten zu können, müssten alle Geschlechter, die jenseits der Binarität von ›Mann‹ und ›Frau‹ liegen, als aus der Moral herausfallend interpretiert werden.

Zwei Moralen?

»Den Männern die Vernunft, den Frauen das Gefühl?« Der Titel eines Vortrags, den Gertrud Nunner-Winkler mehr als zwanzig Jahre nach ihrem Start an der LMU in München hielt, bringt das Programm ihrer Forschungsstudie auf den Punkt.[13]

Sie entwarf ihre Gegenstudie zu Gilligans Ansatz und befragte 200 Kinder, die sie von ihrem vierten bis zum zweiundzwanzigsten Lebensjahr begleitete und alle zwei Jahre. In ihren Resultaten gab es keine statistischen Unterschiede zwischen den Moralvermögen der Geschlechter mehr. Und damit war der Moral, wie es 1991 in der *taz* hieß, der »geschlechterspezifische Stachel«[14] gezogen, den Kohlberg und Gilligan dort eingefügt hatten. Auf unsere Frage, was durch ihre Studie bei ihren Vorgänger:innen zum Vorschein gekommen sei, antwortet sie: »Unreflektierte moralphilosophische Konzeptionen. Und schlechte empirische Forschung.«

Nunner-Winklers Studie hatte etwas Drittes in Erwägung gezogen, was für die Unterschiede in den Antworten zwischen männlich und weiblich sozialisierten Proband:innen verantwortlich sein könnte: die soziale Rolle. Während Gilligan dafür plädierte, dass es zwei Moralen geben solle – eine weibliche, die sich durch Flexibilität und Fürsorge auszeichnet, und eine männliche, die starr und prinzipiengebunden ist –, entkräftete Nunner-Winkler nacheinander beide Aspekte: Weder ist der Inhalt einer Moralvorstellung – wie etwa Fürsorge und Gerechtigkeitsorientierung – durch das Geschlecht der handelnden Person vorbestimmt. Noch sind Flexibilität und Rigidität in der Urteilsfindung etwas, das sich evolutionsbiologisch in die Wesen von ›den Männern‹ und ›den Frauen‹ eingeschlichen hatte.

Gemeinsam mit ihrem Kollegen Rainer Döbert bestimmte sie anhand eigener Erhebungen sowie durch Neuinterpretationen von Gilligans Materialien die unterschiedlichen Ausprägungen neu, die moralisches Handeln bei Männern und Frauen annehmen konnte. Nunner-Winkler und Döbert konnten nachweisen, dass sowohl rigides, abstraktes Urteilen – von Gilligan als ›männlich‹ beschrieben – als auch flexibles, kontextbezogenes Urteilen – das ›weibliche‹ Pendant zum abstrakt-›männlichen‹ Urteilen – bei beiden Geschlechtern angelegt sei. Sie erklärten das damit, dass im christlich geprägten Deutschland lange eine Moralvorstellung vorherrschte, wie sie besonders deutlich beim Philosophen der Aufklärung Immanuel Kant zu erkennen ist: Der Mensch hat das Richtige und Gerechte zu tun – für die Folgen ist Gott verantwortlich. Er ist es, der dafür sorgt, dass den Seinen alles zum Besten gerät. Selbst wenn sich ein:e Freund:in im eigenen Haus vor einer:m Mörder:in versteckt, ist man laut Kant moralisch zu einer wahrheitsgemäßen Antwort verpflichtet. Auch wenn das bedeutet, auf die Nachfrage der:des Mörder:in, ob sein:ihr potenzielles Opfer sich im eigenen Haus verstecke, mit »Ja« zu antworten und damit das potenzielle Opfer, das Zuflucht suchte, dem Tode näher zu bringen.

Mit der Säkularisierung, also der zunehmenden Trennung von Staat und Kirche – die in Deutschland bis zum heutigen Tag deutlich unabgeschlossener ist als beispielsweise in Frankreich –, werden die Folgen des eigenen Tuns relevanter für den moralischen Entscheidungsprozess, da Gott diese schwer lastende Verantwortung nicht mehr übernimmt. Hier lehnt sich Nunner-Winkler an die Theorie des Soziologen Max Weber an und verweist darauf, dass ein Wandel von einer Gesinnungsethik hin zu einer Verantwortungsethik stattgefunden habe. Dass also nicht mehr nur das Ansinnen, das ein Mensch bei der Wahl seiner Handlung hatte, ausschlaggebend dafür ist, wie eine Handlung bewertet wird. Im Sinne einer vorausschauenden Verantwortung, welche die Perspektiven anderer Personen empathisch einzunehmen versucht – bestimmen jetzt auch die absehbaren Folgen des eigenen Handelns mit wie eine Handlung bewertet wird. Nunner-Winkler postuliert entsprechend, dass jeder Mensch sowohl zu rigideren als auch zu flexibleren Urteilen fähig sei – je nachdem, wie vertraut der:die Proband:in mit dem Kontext des moralischen Dilemmas sei.

So etwa begannen weibliche Probandinnen in einer Studie mit 200 Jugendlichen von Döbert und Nunner-Winkler auf die Frage, wie sie zu dem Recht auf Abtreibung stünden, einen sehr differenzierten moralischen Abwägungsprozess: »Das kommt auf die Umstände an: Wie alt ist die Schwangere? War die Zeugung eine Vergewaltigung?« Auf dieselbe

Frage gaben die männlichen Befragten eine deutlich rigidere kategorische Antwort: »Das Recht der körperlichen Selbstbestimmung ist unantastbar!« Oder: »Jedes Leben muss ab dem Moment der Zeugung höchsten Schutz erhalten!« Umgekehrt war es, wenn man die Proband:innen nach ihrer Meinung zur Wehrpflicht befragte. Hier argumentierten die weiblichen Teilnehmerinnen kategorisch: »Man soll nicht töten!«, oder: »Der Staat muss wehrhaft sein!«, während die männlichen Teilnehmer kontextsensibler, vielschichtiger – flexibler – abwogen. Je nachdem, mit welchen Kontexten ein:e Proband:in aufgrund seiner:ihrer Sozialisierung – oder eben Rolle – vertrauter war, änderte sich auch die Qualität des moralischen Urteils, das sie darüber fällen konnten.

Ein weiterer Faktor, der Einfluss darauf zu nehmen scheint, ob ein Mensch rigider oder flexibler zu urteilen geneigt ist, ist laut Nunner-Winklers Forschungsergebnissen gerade nicht das Geschlecht, sondern das Alter einer Person. Sie illustriert uns dies am Beispiel der Mülltrennung: Gerade ältere Menschen hätten eine Nichtbenutzung der Container fürs Mülltrennen durchweg abgelehnt, während jüngere Personen durchaus Ausnahmen vorstellbar fanden, welche die Nichtbenutzung der Container rechtfertigen würden. Etwa, wenn die Container so weit vom Wohnort stünden, dass der CO_2-Ausstoß des Autos bei der Fahrt dorthin den Nutzen der Mülltrennung obsolet machen und aufwiegen würde. Oder aber, wenn die Person zu alt und zu gebrechlich sei, um die Bürde, die die Mülltrennung dann bedeuten kann, auf sich zu nehmen.

Besonders deutlich wird die religiöse Komponente, die laut Nunner-Winkler für die Differenz zwischen Rigidität und Flexibilität verantwortlich zu sein scheint und die mit einer zunehmenden Säkularisierung der Gesellschaft an Wirkkraft verlor, aber an einem anderen Beispiel: Gerade ältere Frauen antworteten auf die Frage, wie sie zur Ehescheidung stünden, sehr rigide. Ein Versprechen, das man sich am Traualtar gegeben hat, ist zu halten – auch wenn der Partner die Frau schlägt oder ihr anderweitig Gewalt antut. Sie erklärt sich die Tatsache, dass besonders ältere Frauen so regelorientiert argumentierten, damit, dass weiblichen Personen früher der Zugang zu (weltlicher) Bildung deutlich erschwert war, weshalb den Regularien, die durch eine aktive religiöse Praxis von der Kirche im Alltag dieser Personen lebendig gehalten wurden, eine besondere Bedeutsamkeit zukam.

Damit spricht sie etwas an, das auch in der aktuellen Kapitalismuskritik häufig angesprochen wird: Man darf in der Aufarbeitung westlicher Herrschaft – in Form des Patriarchats ebenso wie durch koloniale Machtsysteme – nie vergessen, wie grundlegend in diese Systeme christliche Glaubenssätze als Motivation und als Legitimation eingebettet waren. Und dass das Christentum ebenfalls zentral für das ist, was jüdische Perspektiven als »Gojnormativität« kritisieren, also als beinahe unhinterfragbare Setzung nicht-jüdischer Praktiken und Normen in Deutschland.

Die Naturalisierung der Moral

Es war die geradezu schicksalhafte Bestimmung – der »deterministische Touch« jeglichen moralischen Handelns, der aus Gilligans Begründungsansatz folgte –, welche sich nicht mit Nunner-Winklers Moralverständnis vereinbaren ließ: »Wenn ich Urteile aus biologischen oder soziokulturellen Gegebenheiten ableite, und zwar so, dass ich diesen quasi ausgeliefert bin, dann zerstört das jenes, von dem ich denke, dass es das Genuine von Moral ist – von einer universellen vernunftorientierten Moral.«

Sie kritisiert bei Gilligan das, was man auch als evolutionsbiologistische Begründungsstrategie bezeichnet. Im Gespräch erklärt sie: Im Zentrum evolutionsbiologistischer Erklärungsansätze steht die Annahme, dass die biologischen Unterschiede in der Reproduktionsstrategie – also die Art und Weise oder den Mustern, denen Männer und Frauen bei der Fortpflanzung folgen – auch ihr sonstiges Handeln beeinflussen. Beide Geschlechter versuchen das Überleben der Spezies möglichst effizient zu gewährleisten, indem sie sich bemühen, ihre eigenen Gene möglichst erfolgreich in den Genpool einzubringen. Während Frauen nur eine limitierte Anzahl an Schwangerschaften im Leben ›vollenden‹ können, haben Männer die Fähigkeit, sehr viele Kinder kurz hintereinander und über einen langen Zeitraum hinweg zu zeugen – und das bis ins hohe Alter. Entsprechend sei in Männern das biologische Bedürfnis imprägniert, ihren Samen möglichst weit zu ›streuen‹. Frauen hingegen müssten sich um die wenigen Kinder, die sie bekommen, besonders fürsorglich bemühen wollen – und so wird in diesem theoretischen Narrativ Fürsorglichkeit zu einem biologischen und keinem moralischen Merkmal von Frauen.

Ähnlich wie unsere Interviewpartnerin, macht auch uns ein solcher Erklärungsversuch misstrauisch. Er klingt nach verwissenschaftlichtem Sexismus und Fünfzigerjahre-Mentalität: »Frauen gehören hinter den Herd in die Küche!« Warum? Wird Fürsorglichkeit etwa direkt mit den XX-Chromosomen mitgeliefert? Und wenn ja, wer hat den Lieferservice gerufen?

Was bereits in den Naturwissenschaften zu groben Fehlurteilen führen kann – etwa, als Archäologen so lange annahmen, Frauen seien durchgängig Sammlerinnen und Männer Jäger bis auch Archäologinnen in dieses Feld eintraten und einige der mit Jagdgegenständen beerdigten Skelette als weiblich reklassifizierten[15] –, hat mindestens so fatale Auswirkungen auf das Feld der Moralphilosophie. Das Geschlecht wird dann von einem vielschichtigen, uneindeutigen Merkmal – es gibt allein in der Biologie mittlerweile das chromosomale Geschlecht, das Keimdrüsengeschlecht, das hormonelle Geschlecht und das morphologische Geschlecht – zu etwas, das genauso unveränderlich sei wie »Wahrheit«, »Freiheit«, »Gerechtigkeit« oder »Vernunft«. Es wird in den Händen einiger Philosoph:innen zu etwas erhoben, anhand dessen sich vermeintlich letzte Wahrheiten über den Menschen und das Leben ableiten lassen. Es wird ideologisch instrumentalisiert – und zu zeigen, wie gefährlich Ideologien sind, ist eine der zentralen Bemühungen der Kritischen Theorie.

Die Soziologen und Philosophen Max Horkheimer, Erich Fromm und Herbert Marcuse – alle drei Teil der ersten Generation Kritischer Theoretiker:innen – sowie die österreichische Sozialforscherin Marie Jahoda untersuchten etwa bereits in den Dreißigerjahren, also deutlich vor Gilligans Kritik an Kohlberg, die bürgerliche Kleinfamilie als zentralen Ort, an dem sich die Unterdrückung von Frauen abspielt. 1936 erschienen die *Studien über Autorität und Familie,* die das gefährliche und unterdrückerische Zusammenspiel von Geschlechterdifferenzen erörtern – besonders dahingehend, welche gesamtgesellschaftlichen Auswirkungen es hat, wenn Frauen stets einer männlichen beziehungsweise väterlichen Autorität unterstellt sind.[16]

Nunner-Winkler führte diese Frage nach der Macht von

Geschlecht, Moral und Ideologie in ihrer LOGIK-Studie weiter und machte einen in der Moralentwicklungsforschung grundlegend neuen Vorschlag: die Rollenmoral. Damit widerspricht sie nicht nur Gilligan, sondern entwickelt auch einen Gegenentwurf zur Position der US-amerikanischen feministischen Psychiaterin und Soziologin Nancy Chodorow.

Rollenmoral – Eine richtige (!) Frau sein

Chodorow analysiert in ihrem Buch *The Reproduction of Mothering* die Identitätsbildung von Kindern hin zu Jungen und Mädchen als soziologisch-psychologischen Prozess einer frühkindlichen Prägung: Mädchen entwickeln ein Selbst, welches auf Identifikation mit der Mutter in ihrem ›mütterlichen‹, also von Verantwortungsübernahme und Verbundenheit bestimmten Verhalten, fußt.[17] Jungen hingegen begreifen sich nach und nach als verschieden von dem Selbst der Mutter und entwickeln daraufhin ein Selbst, das auf Abgrenzung, Eigenständigkeit und Trennung hin orientiert ist. Ihre Theorie ist eine Objektbeziehungstheorie, eine Theorie, die davon ausgeht, dass das Objekt – in dem Fall die Mutter –, zu dem eine Beziehung aufgebaut wird, ausschlaggebend dafür ist, wie sich ein geschlechtliches Selbst entwickelt.

Sogenannte geschlechterspezifische Differenzen entstehen also laut Chodorow gar nicht am oder in irgendeinem biologischen Sinne von Geschlecht. Stattdessen entscheidet sich, ob ein Mensch als Frau oder als Mann performt – performen heißt hier, im Alltag unbewusst und bewusst einer Vorgabe oder einem Bild entsprechend handeln, fast wie in einem Theaterstück –, daran, was Mann- oder Frau-Sein im jeweiligen soziokulturellen Kontext bedeutet. Chodorows Theorie ist also kein Evolutionsbiologismus, wie er von Nunner-Winkler bei Gilligan kritisiert wurde. Aber indem die Rollenbildung in der frühkindlichen Prägung verankert wird, bleibt das deterministische Element, das Nunner-Winkler auch bei Gilligan stört, ungebrochen: Wieder gibt es für die – nun von ihrer Objektbeziehung und nicht von ihren evolutionsbiologischen Anlagen geprägte – Moral vorgefertigte, zweigeschlechtliche Moral-Ausprägungen.

Nunner-Winkler sieht den Prozess der Rollenorientierung zwar ebenfalls als Produkt eines soziokulturellen Prozesses an – allerdings nicht im Sinne einer frühkindlichen Prägungserfahrung, sondern als Rollenorientierung, die besonders in der Jugend- oder Adoleszenzphase erworben wird.

Statt zwei Moralen der Geschlechter gibt es bei ihr Rollen – und in ihnen wird das verschiedentlich ausgeprägt, was wir universelle Moral nennen. Oder um es mit Herbert Grönemeyer zu singen: »Wie aber kommt nun die Moral in die Rolle und andersherum?«

Geht man von einer der zentralen Prämissen der Kritischen Theorie aus – nämlich, dass der Mensch immer schon gesellschaftlich bezogen ist –, klebt das Geschlecht und die Art und Weise, wie es gegenwärtig interpretiert wird, immer schon an jedem Rollenbezug, den ich eingehe, in dem ich mich vorfinde und den ich reflektiere. Ob man als männlich gelesene Person vorgeworfen bekommt, mit hochhackigen Schuhen und langen Röcken gegen soziale Konventionen zu verstoßen, kommt zum Beispiel ganz auf den Ort, die Kultur und das Jahrhundert an – der »Sonnenkönig« von Frankreich, Ludwig der XIV., wäre dem, was heute als »Crossdressing« oder »gender non-conforming« bezeichnet wird, vermutlich deutlich weniger abgeneigt gewesen als so manch rechtskonservative:r Männlichkeits-Hüter:in. Vielleicht wäre er sogar von Nagellack angetan gewesen.

Die Kritische Theorie findet, man darf sich über den Müll vor der eigenen Haustür beschweren, auch wenn man ihn dort nicht abgeladen hat. Nur weil man in ein System geboren wird, das Personen zu gewissen Handlungsformen erzieht und dieses Handeln wissenschaftlich absichert, heißt das nicht, dass man sich nicht darüber beschweren darf. Auch vermeintlich ›typische‹ Frauen dürfen sich im Sinne der Kritischen Theorie über das patriarchale System beschweren und es infrage stellen. Sie müssen sich nicht erst selbst final über jegliche hinderliche Geschlechterstereotype hinweggesetzt und ihre Rolle komplett abgestreift haben, bevor sie Kritik üben dürfen. Eine solche Messlatte, selbst erst frei von jedem Fehler zu sein, bevor man Widerstand leisten darf, dient letztlich dazu, Veränderung zu blockieren und Menschen das Gefühl zu geben, nicht zu kritischen Äußerungen berechtigt zu sein. Es ist eine Form der konservierenden Machtausübung. Moralische Rollen sind also nicht nur in und mit soziokulturellen Geschlechternarrativen verwoben. Sie beeinflussen und beschränken gegebenenfalls auch die Möglichkeiten einer Person, Moral zu reflektieren. Und an dieser Stelle wird die nicht als solche erkannte Rollenmoral dann zu dem, was laut der Kritischen Theorie eine Ideologie ist.

Mit dem Konzept der Rollenmoral erklärt Nunner-Winkler die unterschiedlichen Antwortstrukturen, die Kohlberg in seiner Studie vorgefunden hatte, weder in einer Weise, die Frauen als mangelhaft oder defizitär betrachtet, noch auf Gilligans Art, die einen essenziellen Unterschied zwischen ›der Frau‹ und ›dem Mann‹ postuliert.

Je nachdem, ob eine Person aufgrund ihrer gesellschaftlichen Rolle mit einem moralischen Problem mehr oder weniger vertraut ist, verändert sich die Präzision, mit der sie differenzierte moralische Abwägungen trifft. Damit entscheidet sich Nunner-Winkler dafür, der Objektbeziehungstheorie, der auch Chodorow folgte, einen Status zuzuschreiben, der erklärend, aber nicht alles erklärend ist. Zwar kann die Orientierung an Mutter oder Vater für Jungen und Mädchen in ihrer Moralentwicklung wichtig sein – aber sie ist nur ein Faktor von vielen.

Es ist klar, dass auch die Bestimmung von Moral als Rollenmoral an ihre Grenzen stößt. Wie schwierig sich soziale Machtstrukturen und Rollenbilder entzweien lassen, zeigte sich am Beispiel der ehemaligen Bundeskanzlerin Angela Merkel von der CDU, als sie – die sonst Tag für Tag im Hosenanzug auftrat – plötzlich Dekolleté trug. Unter dem Stichwort »Dekolleté-Debatte« wurde 2008 rege über ihre Garderobe bei der Eröffnung der Osloer Nationaloper diskutiert. Sogar von einem modischen »Coup d' Etat« war die Rede – einem Staatsstreich. Aber wer wurde abgesetzt? Sie selbst etwa – von ihrem eigenen Körper? Es scheint, als ließe sich die öffentliche Vorstellung von Macht nicht mit dem Busen einer Frau vereinbaren – auch nicht, wenn er zu einer mütterlichen Rolle wie der der »Mutti der Nation« gehört.

Die Kollision gewisser Rollenbilder in ein und derselben Person stellt ein großes Problem dar, das auch die Rollenmoral nicht zu lösen vermag – besonders für weiblich gelesene Menschen. Zwar lassen sich verschiedenste Rollen (Familien- und Berufsrollen) von den Einzelnen selbst mitgestalten. Die pandemiebedingte Veränderung der Arbeitswelt samt Homeoffice zum Beispiel scheiterte jedoch kläglich an der Chance, Kinderbetreuung und Arbeitsverpflichtungen in Heterobeziehungen gerechter aufzuteilen.

Dass und wie sich eine Person zunächst dem Mensch-Sein zuordnen kann, um das eigene Sein in einer Gesellschaft mitgestalten zu können, wird immer auch durch Dinge mitbestimmt, die nicht in der Hand der Einzelnen liegen – machtvolle Faktoren, die in der »Eigengesetzlichkeit« einer ganzen Gesellschaft zu suchen sind.[18]

Diese Gesellschaft entgegen ihrer Eigengesetzlichkeiten zu gestalten, kostet immens viel Kraft. Was bedeutet es da, dass bereits innerhalb der Forschungslandschaft der Kritischen Theorie ein Kraftakt erforderlich zu sein scheint, um der Theorie von den Moral- und Geschlechterverhältnissen Gehör zu verschaffen?

Kritik von allen Seiten – Eine Moralkeule für die Moral

Es war nicht nur Nunner-Winkler, die Gilligans Forschung kritisierte. Der Gegenwind kam aus allen – auch politischen – Richtungen. Zum einen sahen rechtskonservative Verfechter:innen der binär codierten Gesellschaftsordnung darin einen Angriff aufs Mannsein an sich. So die US-amerikanische Philosophin Christina Hoff Sommers, die in Gilligans Forschung eine unverblümte Kriegserklärung an eine von ihr klar eingrenzbar imaginierte Maskulinität hineinlas. Was sich hier zeigt, ist ein Machtkampf – in diesem Fall um gesellschaftliche Ordnungen und Diskurshoheit.[19]

Auch der kritische Theoretiker Jürgen Habermas argumentierte gegen Gilligan. Verantwortung und Gerechtigkeit seien laut seiner philosophischen Diskurstheorie bei Kohlberg schon gleichermaßen berücksichtigt: Diskursteilnehmer:innen – also alle vernünftigen Mitglieder der Gesellschaft – würden Normen nur dann zustimmen, wenn diese das Wohlergehen aller sichern. Und zwar, weil das Wohl aller etwas ist, das auch für ihr eigenes Wohl eine Grundvoraussetzung ist. Oder in konkretem Bezug auf Kohlbergs Stufenmodell formuliert: Ein reifes Moralverständnis (also das, wie es Kohlberg für die postkonventionellen Stufen fünf und sechs vorsieht) bedeutet, dass die urteilende Person die Umstände bei der Anwendung des Prinzips – also der Norm – bereits mitbedenkt.

Aus verschiedenen feministischen und soziologischen Perspektiven wird diese Argumentation von Habermas allerdings als Abwehr von Kritik am kohlbergschen Androzentrismus verstanden. Die Soziologinnen Karin Flaake und Andrea Maihofer etwa sehen in Habermas' Argumentation etwas aufscheinen, das über den fachlichen Inhalt der Debatte hinausgeht: Dass Habermas Gilligans Einwände rigoros zurückweise, sei Zeichen einer Abwehrhaltung gegenüber Kritiker:innen – besonders gegenüber Wissenschaftler*innen*, die auf Sexismus in der Theoriebildung hinweisen – und damit Ausdruck einer Machtfrage innerhalb einer männerdominierten Wissenschaftswelt.[20]

Weiterhin gab es auch aus verschiedenen linken und feministischen Kreisen Kritik an Gilligans Thesen. Forscherinnen wie Gudrun-Axeli Knapp (ebenfalls eine Theoretikerin in der Tradition der Kritischen Theorie) führten an, dass Gilligan eigentlich genau das in Grün wiederhole, was sie zu kritisieren suchte: eine universell gültige Moralvorstellung – nur dieses Mal eben in Weiblich. Ihre Perspektive transportiere ein konservatives Geschlechterbild weiter, und zwar eines, das um *weiße* Bildungsbürgerinnen aus der oberen Mittelschicht kreise.[21]

Unerhört?

Unabhängig davon, wie man die Debatte um Gilligans und Kohlbergs Moralbegriff entscheidet, sollte man meinen, dass das internationale Ausmaß der Streitfrage Anlass genug dafür wäre, sie in die Geschichtsschreibung der Kritischen Theorie eingehen zu lassen. Doch der Blick in entsprechende Grundlagenwerke lässt uns überrascht zurück. Obwohl sich mit Nunner-Winkler und ihrem Kollegen Rainer Döbert zwei exzellente Wissenschaftler:innen mit diesem so wichtigen philosophischen Begriff über Jahre beschäftigt haben, und obwohl Habermas selbst – er taucht in all diesen Grundlagenwerken sehr prominent auf – sich dem Problem verschiedentlich widmete, wird Nunner-Winklers global diskutierter Beitrag nicht als integraler Teil der Forschung in der Kritischen Theorie hervorgehoben. Was hat das zur Folge?

Die meisten Denker:innen, die sich aus dem Kontext der Kritischen Theorie heraus mit der Thematik beschäftigten, fanden sich statt in den Standardwerken der Kritischen Theorie in den neu entstehenden Genderstudies wieder, siedelten gewissermaßen in die Feministische Theorie über, die sich wissenschaftlich feministischen Themenfeldern widmet, oder in die Critical Race Studies, die sich auf vielfältige Weise mit den Auswirkungen und Entstehungsmechanismen von Rassismus und auch Sexismus beschäftigen.

Wagt man eine Beurteilung der Entwicklung, könnte man fast behaupten, die Kritische Theorie der zweiten Generation habe Schwierigkeiten, überhaupt anzuerkennen, dass die Frage nach strukturellen Machtungleichheiten zwischen den Geschlechtern nicht ›nur‹ ein gesellschaftspolitisches Problem ist. Die Tatsache, die die Existenz dieser globalen Debatte jedoch beweist, ist, dass die Gender-Forschung auch fundamentale Begriffe und Konzepte in vermeintlich abstrakteren Gebieten der Philosophie wie der Metaphysik oder der Moralphilosophie infrage stellt. Und davon ist die Kritische Theorie nicht ausgenommen. Auch sie muss ihre metaphysischen Grundlagen neu überdenken, seit die Frage des Geschlechts auch zu einer Frage der Moral wurde.

Konkret bedeutet das, dass strukturelle Ungleichheiten, wie sie die Feministische Theorie und die Gender-Studies hervorheben, nicht nur als Einfluss auf die *Umsetzung* von moralischen Prinzipien (Gerechtigkeit) in ethische Handlungen (gutes Leben) gedeutet werden können. Nicht nur die Spuren von Gender, sondern auch von Race und Class greifen bereits in der *Definition* der abstraktesten, vermeintlich selbstverständlichsten und universell geglaubten Grundkonzepte: Sie befinden sich an der Wurzel dessen, was unter Moral, Freiheit und Vernunft verstanden wird.

Wissenschaftliche Ansätze, die diese Grundbegriffe als kulturell gewachsen und historisch geformt in Zweifel ziehen, sind kein Einzelfall. Ähnlich wie die Kategorien »männlich« und »weiblich« auf einmal eine Rolle für die Moral spielten, hinterfragen Schwarze Autor:innen wie der US-amerikanische Historiker Tyler Stovall Begriffe wie »Freiheit« in Bezug auf rassifizierende Kategorien des Kolonialismus.

In seinem Buch *White Freedom* von 2021 formulierte Stovall die These, dass der europäische Freiheitsbegriff eindeutig von *weißer* Freiheit spricht – und dass es entsprechend mehr als einen Begriff von Freiheit gibt. Er greift – ähnlich wie Gilligan bei der Moral – Freiheit als etwas universell Gleichbedeutendes an. Er legte dar, dass *weiße* Freiheit ein Glaube und eine Praxis sei, die zentral für die Bildung und Aufrechterhaltung der *weißen* Identität sei. Das zeige sich besonders deutlich am Umgang *weißer* Gesellschaften mit Eigentum. Nur weiße Menschen sollen Eigentum *haben* und sich darüber als frei definieren können. Alle anderen sollen Eigentum *sein* und damit ohne Freiheit. Er nimmt dabei Bezug auf Adornos und Horkheimers *Dialektik der Aufklärung*, doch er geht in seiner Kritik über ihr Denken hinaus, indem er rassifizierende Strukturen deutlicher miteinbezieht.[22] An dieser Stelle muss ausdrücklich darauf hingewiesen werden, dass sich viele Erkenntnisse bezüglich der Verschränkung von Race und Geschlecht, auf die sich die Kritische Theorie ebenso wie westlich-*weiße* Frauenbewegungen stützen, aus Schwarzen Bürger:innenrechtsbewegungen und dem Wirken intersektional[23] denkender Aktivist:innen speist.

Auf körperbasierte Diskriminierung hinzuweisen ist also eine Erkenntnis, die über das vergangene Jahrhundert angesichts *weiß*-männlicher Unterdrückung vielerorts laut geworden ist: Der Körper spielt eine Rolle dafür, worüber wir wie nachdenken – ob wir Personen wie Merkel auch mit Dekolleté noch bruchlos in der Rolle der Mächtigen denken können oder ob wir verstehen, dass Freiheit im Angesicht der Geschichte von Sklaverei und Kolonialismus Unterschiedliches bedeuten kann. Wir *alle* laden, mit Stovall und der Kritischen Theorie gesprochen, gewisse Konzepte ideologisch auf und verbinden sie mit unserer Identität – und unserer Machtposition.

Auch die Theoretiker:innen der Kritischen Theorie agieren – wie das bei allen Menschen der Fall ist – aus einer spezifischen gesellschaftlichen Position heraus: Zum einen ist es eine Gesellschaft, die *weiße* und männliche Personen höher schätzt als PoC (People of Colour), jüdische Personen und Frauen – was ihnen zum Teil gewisse Privilegien einräumt. Und zum anderen ist es eine stark christlich geprägte Gesellschaft. In dieser sind sie selbst teilweise in schrecklichem Ausmaß antisemitischer Diskriminierung und Verfolgung zum Opfer gefallen. Dies alles ist gleichzeitig möglich und stellt keinen Widerspruch dar. Es heißt vielmehr, dass Antisemitismus sich nicht als Unterform von Rassismus erklären lässt – aber auch nicht ohne Bezug zu Rassismus: Es gibt Gemeinsamkeiten zwischen rassistischer und antisemitischer Unterdrückung. Und es gibt Juden:Jüdinnen, die PoC sind – in Deutschland, in Marokko, in den USA, überall auf der Welt. Jüdisch-Sein kann bedeuten, dass jemand nach den Regeln des anti-Schwarzen-Rassismus als *weiß* gelesen wird und zugleich Opfer von Antisemitismus werden kann. Und da Theorie nicht nur aus dem Geist entsteht, sondern auch aus dem Körper, in welchem der Geist wohnt, zeigt sich diese Asymmetrie der Privilegien auch in der Kritischen Theorie.

Es scheint aber, dass es in der Kritischen Theorie Schwierigkeiten damit gibt, anzuerkennen, welche Bedeutung Gender für das eigene Denken spielen könnte. Es scheint auch, dass Anmerkungen und Diskurse, die um die Bedeutung des Geschlechts für ihre Philosophie kreisen – und damit auch um die Beschaffenheit der Moral – auf unterschiedliche Weisen aus ihren Registern gedrängt werden.

Zum einen, indem Kritiker:innen in abwehrender Weise unterstellt wird, sie hätten kein philosophisches Problem aufgedeckt, sondern ihnen wäre lediglich ein formaler Fehler unterlaufen, wie das Flaake und Maihofer in Habermas' scharfer Kritik an Gilligan zu erkennen meinen.[24] Und zum anderen lässt eine Sichtung von Grundlagenwerken zur Kritischen Theorie den Eindruck entstehen, dass die Namen derjenigen – zumeist weiblichen Forschenden –, die sich aus den Reihen der Kritischen Theorie mit dem Problem »Geschlecht, Verantwortung und Moral« beschäftigten, häufig ausgeklammert werden. Sie werden kaum zitiert, und es wird wenig Bezug auf sie und ihr Forschungsfeld genommen.

Die Fragen, die Gertrud Nunner-Winkler stellte, waren für den damaligen Diskurs innerhalb der Kritischen Theorie und in den entstehenden Gender Studies von zentraler Bedeutung. Und sie sind bis zum heutigen Tag ein reicher Schatz für soziologische und philosophische Fragestellungen. Es war für die Kritische Theorie – nach ihren eigenen Grundsätzen – extrem wichtig, auf die Frage danach, ob Moral (zu) männlich gedacht werde, nicht nur philosophisch zu antworten, sondern dieser Antwort zugleich mit soziologischen Studien ein Fundament zu geben. Denn der Fall Kohlberg-Gilligan hatte in jedem Fall das Potenzial, einen empfindlichen Angriff auf das Selbstverständnis der Kritischen Theorie darzustellen. Man könnte sagen, es wurde ihr mit ihrem Festhalten an einer universellen Moral intellektueller Sexismus auf oberster Etage vorgeworfen.

Dabei hat Nunner-Winkler einen grundlegenden Beitrag zu der Debatte um die Moral und die Bedeutung von Geschlecht in westlichen Gesellschaften geleistet. Sie hat mit ihrer Rollenmoral späteren Wissenschaftler:innen eine argumentative wie datenbasierte Grundlage dafür gegeben, dem Differenzfeminismus Paroli zu bieten und diesen Ansatz zu erweitern – zugunsten einer Untersuchung des Moralbegriffs, der Frauen nicht abwertet, sie aber auch nicht zu einer eigenen Sorte Mensch erklärt.

Heute noch beziehen sich Forschende wie der Politologe Dirk Jörke auf diese international breit geführte Debatte. So schreibt er über Habermas und das Menschenbild, das seiner Philosophie zugrunde liegt: »Doch gerade die Universalität ... der Moralentwicklung ist zweifelhaft. Dies ist nirgends so deutlich geworden wie bei der Diskussion um die angeblich kulturübergreifenden Forschungen Kohlbergs. Vor allem der Verdacht, dass es sich bei den postkonventionellen Stufen der Moralentwicklung – den höchsten Stufen fünf und sechs – lediglich um eine spezifisch europäische und noch dazu männliche Errungenschaft handeln konnte, ist nicht ohne weiteres von der Hand zu weisen.«[25] Doch bei Jörke findet man keinen Verweis auf Namen und Werk von Gertrud Nunner-Winkler. Dabei wäre sie die perfekte Kandidatin, um nachzuweisen, *dass* sich jemand im deutschen Schaffenskreis der Kritischen Theorie des Themas angenommen hatte.

Es spricht einiges dafür, dass die vergebliche Suche nach dem Namen »Nunner-Winkler« unter den Begriffen »Moral« in Handbüchern zur Kritischen Theorie darauf zurückzuführen ist, dass es sich bei ihrer Forschungsfrage – egal wie Nunner-Winkler selbst sich positionierte – um eine Thematik handelt, die den Begriff der Moral zu nah am Thema »Feminismus« und »Gender« lagerte. Eva von Redecker, um deren Denken es in diesem Buch noch gehen wird, findet eine treffende Formulierung für inner-theoretische Verstummungs-Situationen wie diese: »Partiell optimistisch stimmende Momente wie die dekolonialen Selbstbefreiungen und die Frauenbewegung sind nur in seltenen Fällen und ansatzweise in die kanonische Theoriebildung eingeflossen. Das heißt natürlich nicht, dass hier eine Reflektion nicht stattgefunden hat – sie gehört nur einem Erbe an, über das testamentarisch kaum Buch geführt wird.«[26]

Die testamentarische, Zeugnis ablegende Buchführung der Kritischen Theorie lassen Nunner-Winklers Beitrag unter den Tisch fallen. Man könnte vermuten, die Tatsache, dass sie an der skandalösen Situation beteiligt war, das ehrwürdige Konzept der Moral mit dem unwürdigen Gerangel der Feministinnen in Verbindung zu bringen, war ein Grund dafür.

Wie so viele Skandale, denen ein Sexismus-Vorwurf anhaftet, sollte auch dieser Moral-Skandal so schnell wie möglich aus dem Fokus der Öffentlichkeit verschwinden – und damit eine tiefere Einprägung dieses Themas im Selbstbild der Theorie verhindert werden.

»Bin ich eine richtige Frau?« Von politischen und wissenschaftlichen Kämpfen ums Ich in der Moral

Dass man sich bei der Suche nach dem Namen »Nunner-Winkler« eher an Nachschlagewerke aus den Gender Studies oder der Feministischen Theorie halten sollte, entbehrt nicht einer gewissen Ironie, versteht sie selbst sich doch nicht als Feministin, nicht primär als Frau, wie sie uns im Gespräch erklärt: »Die Feministinnen haben gesagt, der Mann wird als Maß aller Dinge genommen. Das ist nicht unbedingt meine Definition. Ich sehe keine solche Differenz zwischen Mann und Frau, weil ich mich primär als Person verstehe.« Diese Position zeichnet sowohl ihren Forschungsansatz aus als auch ihre Haltung während des gesamten Gesprächs. Doch das sichere empirische wie theoretische Fundament, auf dem sie damit steht, hält sie nicht davon ab, ihre Haltung kontinuierlich zu reflektieren.

Unter Bezugnahme auf die Postcolonial Studies erläutert sie: »Die Rassismus-Debatte, also der Vorwurf von unserem strukturellen Rassismus, hat mir persönlich eine Einsicht gebracht, die die Feministinnen immer schon eingeklagt hatten – nämlich ein Verständnis dafür, was diesem abstrakten Universalismus, dem ich ja schon ein bisschen anhänge, fehlt: Ein Verständnis für das *embedded self*, das eingebettete Selbst. Und ich habe dann begriffen – ich konnte das bei der feministischen Debatte nicht begreifen, aber hier konnte ich es begreifen –, dass man sich natürlich leichter als Mensch oder als Person verstehen kann, wenn man dem Idealbild, das in der Standard-Kultur vorgelegt ist, entspricht.«

Im weiteren Verlauf unseres Gesprächs wird deutlich, welchen Konsequenzen sie mit ihrer Haltung innerhalb des feministischen Diskurses begegnete. Sie spricht von einer normativen Solidaritäts-Verpflichtung innerhalb feministischer Gruppen, die aus ihrer Sicht zwar durchaus verständlich sei, aber ihr selbst dank ihres Forschungsansatzes einiges an Konfrontation beigebracht habe. Bezogen auf die essenzialisierenden Interpretationen, die im Rahmen des Diskurses um die Moral als »weiblich« oder »männlich« vorgenommen wurden, erzählt sie: »Deswegen glaube ich auch, dass dieser essenzialistische Touch in der Debatte um die weibliche Moral natürlich die Wirksamkeit dieses Paradigmas noch mal unglaublich verschärfte. Denn es handelte sich bei den Feministinnen ja nicht um eine zufällig zusammengewürfelte Gruppe. Und da ich wesensmäßig Teil dieser Gruppe bin, bin ich quasi verpflichtet, mich auch für sie einzusetzen.«

Weiter berichtet sie von der Erfahrung, dass sie selbst

und andere Frauen, deren Haltung und Forschungsansätze nicht der politischen Schlagrichtung entsprachen, von einigen Feministinnen stark öffentlich angegriffen wurden. Sie sagt: »Ich dachte mir schon: Herrgott, was soll ich noch alles machen! Ich habe zwei Kinder, ich habe eine gute Ehe geführt. Ich habe ... Meine Eltern und meine Schwiegermutter sind alle im Haus gestorben. Ich habe alles gemacht, was man sozusagen als ›richtige Frau‹ zu tun hat. Warum soll ich mich nicht als richtige Frau fühlen?«

Keine ›richtige Frau‹ zu sein ist ein Vorwurf, der daran anschließt, dass andere Wissenschaftler:innen ihr eine männliche Fragestellung, eine männlich-individualistische Art von Forschungsansatz vorwarfen. Was in Gilligans Konzeption auch bedeutet: Wer männlich fragt, kann in seiner innersten Essenz keine Frau sein. Zumindest keine richtige. Aus soziologischer Sicht erkennt Nunner-Winkler den Nutzen einer solchen Solidaritäts- und Ausschlussstrategie als hilfreiches politisches Mittel an, obwohl sie selbst die Erfahrung als unangenehm und ausgrenzend empfunden haben muss. Und sie erläutert weiter: »Was ich damit sagen will, ich glaube schon, dass man so politischen Druck erzeugen kann – und dass man das auch muss, wenn man was durchsetzen will.«

In unserem dreistündigen Gespräch mit Nunner-Winkler gewährt sie uns nicht nur detaillierte Einsicht in ihre akademische Laufbahn und erklärt den Hergang ihrer Forschungsfragen. Das Gespräch an ihrem Wohnzimmertisch bei Kuchen und Kaffee steht in seiner inhaltlichen Intensität in starkem Kontrast zum ruhigen Setting. Es spiegelt die emotionale Aufgeladenheit der damaligen Debatte wider, und es wird eine Spannung vermittelt, die sich bis heute unverändert im öffentlichen Diskurs gehalten hat. Die Fragen nach dem Geschlecht und der Fähigkeit zur Moral samt dem Inhalt dessen, was eigentlich Moral ist und sein soll, wurde und wird erbittert umkämpft. Denn was ist der Mensch ohne eine universelle Moral? Und was ist ›die Frau‹, wenn nicht Mensch?

Geisterstunde in der Kritischen Theorie

In der Wissenschaft sind es jedenfalls lange Zeit – und in vielen Bereichen noch bis heute – nicht nur Fragen des Geschlechts oder der Rassifizierung, die darüber bestimmen, ob man ein forschender Mensch ist oder eben eine *weibliche* Wissenschaftlerin, ein:e jüdische:r Forschende:r oder ein:e Forschende:r of Color. Auch andere Strukturen innerhalb der universitären Landschaft können dafür sorgen, dass Menschen plötzlich zu ganz anderen werden. Nunner-Winkler berichtet uns von einer Situation, in der ihr das am eigenen Leib widerfahren ist.

»Du hast heute die Frau Nunner noch nicht kennengelernt, wie sie wirklich ist«, so habe es Habermas nach einer Einladung zum Abendessen bei Nunner-Winkler zu Hause gegenüber seiner Ehefrau Ute Wesselhoeft konstatiert. Nach dem Abend sei Habermas sichtlich irritiert über deren Verhalten gewesen. Grund für die nachträglich festgestellte Wesensveränderung war ein weiterer Gast gewesen, Renate Mayntz, ebenfalls Soziologin und Doktormutter von Gertrud Nunner-Winkler.

Doch was könnte vorgefallen sein, um diese Beobachtung auszulösen? Hatte etwa ein Gespenst von ihrem Körper Besitz ergriffen und ihren Geist dazu bewegt, diesen vorübergehend zu verlassen und sie in Habermas' Augen zu einer Fremden werden zu lassen? War am besagten Tag Vollmond oder gar Föhn gewesen (der warme Fallwind ist eine für Bewohner:innen des bayerischen Voralpenlands wichtige Variable, wenn es zu spontanen Charakterauffälligkeiten kommt)?

Nichts dergleichen geht aus Nunner-Winklers Anekdote hervor. Es scheint vielmehr, als sei die reine Anwesenheit ihrer Doktormutter Mayntz ausschlaggebend für Nunner-Winklers temporäre Charakterveränderung gewesen. Sie selbst vermutet den Grund in einem Phänomen, das sie auch bei vielen ihrer Kolleg:innen am Max-Planck-Institut in Starnberg beobachtet hat, an dem sie von 1971 bis 1981 unter der Leitung von Habermas tätig war. Viele der damals am Institut Beschäftigten hätten nach erfolgreichem Abschluss ihrer Promotion direkt weiter mit ihrem Doktorvater zusammengearbeitet, und daraus seien spannungsreiche Situationen entstanden. Nunner-Winkler hingegen, die neu in die Gruppe kam, während ihre Doktormutter Mayntz von Berlin nach Speyer wechselte, erlebte das Arbeiten in Starnberg als große Freiheitserfahrung und Bereicherung: »Es gab damals im Institut viele heftige Konflikte. Die anderen hatten alle bei Habermas promoviert, aber ich kam von außen. Ich glaube, dass meine Kollegen zum Teil noch die Ablösungsprobleme vom Doktorvater Habermas hatten. Ich hingegen – obwohl für mich Habermas der Größte ist – habe mich ihm gegenüber als Person relativ frei gefühlt.« Doch was meint sie mit Ablösungsproblemen?

Das Verhältnis von Doktormutter beziehungsweise -vater und Doktorand:in ist ein besonderes. Im Falle von Nunner-Winkler jedenfalls zeigte sich in der Anekdote vom Abendessen mit Habermas und Mayntz, dass sie durch die Anwesenheit ihrer ehemaligen Betreuerin zurück in die Rolle einer hierarchisch Abhängigen rutschte. Von Redecker beschreibt dieses wissenschaftlich gestiftete Verwandtschaftsverhältnis in der Einleitung ihrer Doktorarbeit als symbolischen Zeremonie der Eheschließung, mit welcher die Nonnen nach bestandenem Noviziat zum Teil der Klostergemeinschaft gemacht werden. Und bezeichnend für eine solche Gemeinschaft ist, wie man weiß, die Tugend des Gehorsams.

Universitäten zeichnen sich häufig durch geradezu feudalistische Arbeitsstrukturen aus, die jedoch ihre ehemals schützende Funktion vermissen lassen. An die Stelle des Behütens durch den intellektuellen Lehnsherrn – den Doktorvater oder die Doktourmutter – sind neoliberale Sachzwänge und Exzellenzkriterien getreten. Was entsteht, ist ein immenser, undurchsichtiger Leistungsdruck. Die Universität wird dadurch zu einem sehr schwer bewohnbaren Ort, der autoritäre und unkritische Strukturen begünstigt und dabei zugleich große Prekarität erzeugt.

Auch in Nunner-Winklers Körper macht an diesem Abend ihr eigener, klarer und selbstbewusster Geist Platz für den Geist der wissenschaftlichen Familienverhältnisse – samt klarer Platzierung im hierarchischen Gefüge.

Das Verhältnis zwischen Doktoreltern und ihren geistigen Kindern ist nicht mit einer Arbeitsbeziehung zum:zur Chef:in zu vergleichen, wie man sie aus einschlägigen Fernsehserien kennt. Es steht kein trotteliger, unsensibler Typ an der Spitze, den man weitestgehend ignorieren kann, während man auf den Gehaltsscheck am Ende des Monats wartet und seine Zeit mit möglichst geringem Arbeitsaufwand und dünnem Filterkaffee in der Tasse im Bürostuhl absitzt. Nicht dass es an der Uni nicht auch schlechten Kaffee gäbe. Der Unterschied ist ein anderer. Die Universität ist in ihren Strukturen von einer ungesunden Mischung aus neoliberaler Leistungsmentalität und feudalistischem Hierarchiegefüge geprägt. Das Machtgefälle ist groß und der ökonomische Druck zugleich derart hoch, dass diese Orte im schlimmsten Fall Abhängigkeitsverhältnisse schaffen, die existenzbedrohend sind.

Wie existenzbedrohend, führt die Diskussion vor Augen, die seit 2020 auf Twitter unter dem Hashtag #IchbinHanna geführt wird. Auslöser der Kritik war ein Video, das das Bundesbildungsministerium veröffentlichte und in dem eine fiktive wissenschaftliche Mitarbeiterin namens »Hanna« angepriesen wurde – und erklärte, warum die permanente Unsicherheit ständig aneinandergereihter Jahresverträge ein einziger Traum für junge Wissenschaftler:innen sei. Daraufhin revoltierten die Betroffenen des WissZeitVG, des Wissenschaftszeitvertragsgesetzes. Die schiere Unmöglichkeit, eine Festanstellung im universitären Betrieb zu bekommen, geschweige denn eine Professur, wurde durch zahllose persönliche Berichte als brachiale Arbeitsausbeutung enttarnt, die aus einer unternehmensberaterischen Sicht wohl sinnvoll erscheinen mag, für die darin Arbeitenden aber absolute Planungsunsicherheit, Existenzängste und Prekariat bedeutet.[27]

Die zunehmende Neoliberalisierung – oder wie der Kollege Nunner-Winklers, Rainer Döbert, es fasste: die Verbetriebswirtschaftlichung – des Universitätsbetriebs bei gleichzeitig starren Hierarchien aus früheren Zeiten bedeutet weder, dass Doktorväter und -mütter ihren Schützlingen gegenüber stets von übelstem Charakter auftreten, noch, dass Professor:innen stets ihre Doktorand:innen ausbeuten – im Gegenteil. Ohne ein Bemühen der Doktormütter und -väter um die ihnen Anvertrauten, das über ihre offiziellen Pflichten hinausgeht, wäre für viele junge Wissenschaftler:innen oft kein

Fortkommen. Auch diese groteske Angewiesenheit auf die wohltätige Gunst des:der Vorgesetzten ist Zeichen eines auf prekären Verhältnissen aufgebauten Systems.

Die konstante Prekarität bedeutet, dass die Arbeit an der Universität – und somit auch in der Philosophie und der Soziologie – von geringem Lohn, wenig Jobsicherheit und dafür unverhältnismäßig viel Eigenverantwortung vorgepflügt ist. Es bedeutet außerdem, dass der hohe Leistungsdruck, der durch ein extrem wettbewerbsorientiertes Arbeitsklima erzeugt wird, dieses bereits asymmetrische Verhältnis mit mehr emotionaler Abhängigkeit und Vulnerabilität verschränkt als in manch anderen Berufen in der freien Wirtschaft. Denn wie die Worte »Mutter« und »Vater« bereits anklingen lassen, gibt es geradezu Geistes-Stammbäume – und eine Erbfolge, von der der eigene akademische Erfolg abhängt.

Leaky Pipelines in der Philosophie

Die feudale Struktur, die dieser Arbeitsbeziehung innewohnt, ist umso wichtiger hervorzuheben, als in den Siebziger- und Achtzigerjahren, der Zeit, in der Nunner-Winkler, aber auch Frigga Haug tätig waren, die große Mehrheit aller Professuren von Männern besetzt war. Auch unter den Studierenden herrschte im Vergleich zu heute noch eine deutliche Geschlechter-Ungleichverteilung. Und je höher der akademische Grad war, den die weiblichen Studierenden zu erreichen suchten, desto stärker war diese Ungleichheit spürbar.

Dieses Phänomen wird im englischen Sprachgebrauch »Leaky Pipeline« genannt – leckes Rohr. Mit jedem Meter, den die Karriereleiter an Höhe gewinnt, verliert sie, wie ein leckes Wasserrohr: Frauen. Oben im Waschbecken sprudelte – in manchen Studiengängen noch immer – ein beinahe reines Männergebräu aus der Wand. Zur Zeit des Abendessens bei Nunner-Winkler, an dem die physische Anwesenheit ihrer Doktormutter bei ihr eine so deutliche Wesensveränderung hervorrief, war Renate Mayntz in der deutschen Universitätslandschaft noch in etwa so selten wie ein Mensch mit der Blutgruppe AB+: Die haben nur circa fünf Prozent aller Menschen.

Während der Anteil der weiblichen Studierenden sich zwischen 1950 und 1975 – also zur Studienzeit von Nunner-Winkler – von 17,2 Prozent auf 33,74 Prozent fast verdoppelte, sah es bei den Professor:innen immer noch sehr düster aus: zwischen 1963 und 1977 stieg ihr Anteil von 0,8 Prozent auf 5,5 Prozent. Dass es sich dabei um eine Versiebenfachung handelt, sollte nicht darüber hinwegtrösten, dass diese Verteilung bei Weitem nicht dem Frauenanteil der Studierendenschaft entsprach. Nicht außer Acht zu lassen ist dabei außerdem, dass der deutliche Zuwachs an Professorinnen nicht allein der Tatsache geschuldet ist, dass mehr Frauen habilitierten, sondern vor allem dadurch zu verzeichnen ist, dass die Pädagogischen Hochschulen in das deutsche Universitätssystem mit eingegliedert wurden – die in der Zeit stärker weiblich besetzt war als andere Fächer. Jene Professorinnen waren zuvor nicht als ›echte‹ Professorinnen mitgezählt worden – was auch veranschaulicht, dass die Pädagogik als eher weibliches Fach in den Wissenschaften nicht besonders hochgeschätzt war.[28]

Heute haben sich die Rohre der Universitäten zwar weiter verbessert, doch es ist nicht zu leugnen, dass auf der obersten Etage die Klempnerin noch bitter nötig ist: Der Frauenanteil von 48 Prozent bei den Doktorandinnen aller Fächer trocknet noch im Jahr 2021 bei den Professuren zu betrüblichen 28 Prozent weg.[29] Ist die geistige Arbeit einfach nichts für Frauen? Fällt ihnen bei zu hoher mentaler Anstrengung die Gebärmutter aus dem Körper? Oder kann man gar von einem dezidiert weiblichen Denk- und Urteilsvermögen sprechen, das nicht für die Universität geeignet ist? Diese Fragen stellen sich nicht erst jetzt – sie existieren seit den ersten Tagen des Patriarchats.

Verantwortung – Eine Frage der Moral oder bloße Atomspalterei?

Von welch weitreichender Bedeutung die Überlegungen Nunner-Winklers zu Verantwortung, Geschlechterrollen und Moral innerhalb der Philosophie und der Kritischen Theorie eigentlich sind, zeigt sich auch daran, wie Habermas sich bei einer Gelegenheit zum Thema äußerte.

»Die diskursethische Fassung des Moralprinzips ... bedarf keiner *zusätzlichen* verantwortungsethischen Gesichtspunkte.«[30] Verantwortung hat nichts mit Moral zu tun – sie sei Teil der Frage nach dem guten Leben, der Ethik und damit wandelbar. Habermas' Verständnis von Moral mache jedoch nur unveränderbare Prinzipien aus. So lautet ein erstes Fazit aus der Debatte um die »weibliche Moral« und fasst die Haltung der Kritischen Theorie zusammen, wie sie von ihm bezüglich der Moral vertreten wird. Verantwortung sei eine Anwendungsfrage, die erst gestellt werden kann, wenn auf der Ebene der Gerechtigkeit (der Moral) entschieden wurde, ob eine Sache an sich gerecht und richtig ist. Verantwortung und Fürsorge hingegen seien an den Kontext der handelnden Person gebunden, weil sie nicht vom denkenden Geist allein erschlossen werden können. Um durchdacht und erfasst zu werden, brauchen Fürsorge und Verantwortung eine konkrete Welt um sich herum, während Fragen der Gerechtigkeit sich letztlich auf ein formelhaftes Gesetz wie den kategorischen Imperativ bringen lassen (oder die Feststellung, dass Menschenleben einen höheren Wert haben als Eigentum, um an Heinz, seine Frau und ihr Dilemma zu erinnern).

Nun ist es nicht so, dass Feministinnen in den späten Siebziger- und frühen Achtzigerjahren die Einzigen waren, die sich mit der Frage beschäftigten, ob Verantwortung ein integraler Teil moralischen Handelns sei. Hans Jonas, ein deutsch-US-amerikanischer Philosoph, hat sich damit in seinem Werk *Das Prinzip Verantwortung*[31] auseinandergesetzt. Es erschien bereits 1979, also drei Jahre vor Gilligans Studie *Die andere Stimme*.

Einen ersten Anlass zur Verwunderung bietet das Wort »Prinzip« im Titel von Jonas' Werk. Wie es da so direkt neben dem Wort »Verantwortung« steht. Ein Prinzip – oder auch Imperativ genannt, wie der Kantsche Imperativ – ist ein allgemeingültiges Gesetz. Es ist also etwas, das einen universellen Anspruch hat und folglich a priori – zuallererst und ohne Kontext – formuliert werden muss. Wie die Prinzipien der Moral zum Beispiel. Kann denn Verantwortung nun auf einmal doch Gegenstand eines solchen Imperativs, eines allgemeinen Gesetzes sein? Jonas formuliert sein Prinzip Verantwortung jedenfalls in Anlehnung an den Kantschen Imperativ, der bekanntermaßen ein moralisches Gesetz und kein Vorschlag zum ethisch guten Leben war: »Handle so, dass die

Wirkungen deiner Handlung verträglich sind mit der Permanenz echten menschlichen Lebens auf Erden.«[32]

In seinem Werk versuchte Jonas zu ergründen, welche Bedeutung den Folgen von Genmanipulation, Umweltzerstörung und Massenvernichtungswaffen aus moralphilosophischer Sicht zukommt. Aus einer großen Besorgnis über die schier grenzenlose Grausamkeit der Menschen fürchtete er darum, dass die Menschen durch ihre technischen Errungenschaften in der Lage sein könnten, das Leben zukünftiger Generationen und gar des gesamten Planeten zu gefährden. Er sah eine dunkle Zukunft auf die Menschen zukommen, sollten sich nicht alle an das Prinzip Verantwortung halten, und forderte, dass man zukünftigen Generationen eine Welt hinterlassen müsse, in der auch ihnen die Möglichkeit zur Verantwortungsübernahme gegeben ist. Ebenso verlangte er, dass man den künftigen Generationen eine Welt übrig lasse, die sich nicht in einem apokalyptischen Zustand befindet.

Klingt fast wie die Ziele der aktivistischen Umweltbewegung Fridays for Future. Anlass für seine Überlegungen war der zweifache Einsatz von Atombomben im Zweiten Weltkrieg. Durch den simplen Knopfdruck zweier US-amerikanischer Piloten waren die japanischen Städte Nagasaki und Hiroshima bis auf die Grundfesten zerstört und fast die gesamte Bewohner:innenschaft ermordet worden. Zugleich wurden in der Biologie große Fortschritte in der Genmanipulation gemacht, sodass Fragen danach, ob das Klonen von Menschen moralisch vertretbar sei, plötzlich zu einem außerordentlich virulenten Thema wurden. Jonas stellte also die Frage, welche moralischen Gesetze sich der Mensch selbst geben muss, um seinem schier unermesslichen Potenzial, Verwüstung auf der Erde anzurichten, nicht zum Opfer zu fallen. Er versuchte zu ergründen, wie man absichern könnte, dass der Mensch – trotz seiner grausamen Kapazitäten – auf Erden ein »echtes Leben« führen kann. Seine Antwort? Verantwortung. Ohne genauer darauf einzugehen, wie Jonas sein Verantwortungs-Prinzip ausformulierte, lässt sich festhalten, dass Habermas mit deutlich größerem Interesse und deutlich weniger Missgunst über Jonas' Bestrebungen um Verantwortung und Moral sprach als über die der Feministinnen nur wenige Jahre später.

Man könnte jetzt einwerfen, dass Jonas von einer Ethik und nicht von einer Moral der Verantwortung spricht – doch was ist dann mit dem Begriff »Prinzip«? Hat Jonas nun aus männlich-westlicher Theorie-Tradition einen Kategorienfehler begangen oder nicht? Wenn man sich die Philosophiegeschichte ansieht, ist die Genauigkeit, mit der zwischen Moral als Frage nach gerechten Grundprinzipien des Lebens und Ethik als Frage nach dem guten Leben unterschieden wird, selten so scharf gezogen – und wird auch von den Protagonisten selten so genau eingehalten. Jonas selbst jedenfalls differiert in seinem Verständnis von Moral und Verantwortung von jenem von Habermas. Er äußerte sehr deutlich: »Macht … ist ebendasselbe, was heute Verantwortung ins Zentrum der Moral rückt.«[33]

Und wie reagierte Habermas bei der Rezeption von Jonas' Theorie auf diese konzeptuelle Grenzüberschreitung? Statt Überlegungen Jonas' auf einen Kategorienfehler zu reduzieren, sah er in seinen Überlegungen zur Genmanipulation durchaus eine ernstzunehmende Infragestellung und Gefahr für das traditionelle Verständnis von Moral. Zunehmende Intervention in das menschliche Genom könnten sogar »notwendige Bedingungen für (eine) autonome Lebensführung und ein universalistisches Verständnis von Moral berühren«.[34]

Autonom. Universalistisch. So hieß doch auch die vor allem von *weißen* Männern erreichte dritte, postkonventionelle Ebene – dazu zählen Stufen fünf und sechs – im Stufenmodell von Kohlberg. Und universalistisch? Es klingt wie ein Wort, mit dem man Prinzipien der Moral beschreiben könnte. Da bleibt nur noch die offene Frage: Ist es eine Frage des Geschlechts, ob Verantwortung eine Frage der Moral ist? Oder spalten wir hier nur eitel die Haare unserer Föhnfrisuren, während *weiße* Männer ganz maskulin für die Allgemeinheit philosophieren und nebenbei Atome spalten?

Jonas sprach davon, dass Macht jenes sei, was »heute«, das heißt 1979, die Verantwortung ins Zentrum der Moral rücke. Macht. Ein großes Wort, an dem sich sowohl Philosoph:innen der Frankfurter Schule als auch Generationen von Denkenden vor ihnen die Zähne ausgebissen haben. Macht ist ein Faktum, um das Feminist:innen seit eh und je ringen. Macht – sie ist etwas, das unglaublich schnell ins Ungleichgewicht geraten kann. Sei es, weil man den Mund verboten bekommt, unmündig gemacht wird, nicht heiraten darf, wen man will, nicht über seinen Körper verfügen darf, nicht über die eigene Sexualität, nicht über eigenes Geld. Sei es, weil man nicht ernst genommen wird, kein Gehör findet, ausgeblendet wird oder gar als Negativ-Vorlage des vermeintlich Idealen herhalten muss. Macht ist etwas, das einem zu- und abgesprochen werden kann, etwas, das man sich nehmen und von dem man etwas abgeben kann.

Um einem so auf Macht zentrierten Welt- und Selbstverständnis etwas entgegenzusetzen, formulierte Gilligan einen Moralentwurf gegen Kohlberg, der die Moral zu spalten versuchte wie ein Atom. Sie tat dies, indem sie Verantwortungsvermögen als Teil der Moral verstanden wissen wollte und damit als Stärke und Vorteil, sich als Teil eines Gefüges zu verstehen. Bei diesem Versuch explodierte leider das binäre Geschlechtersystem und flog dem Gleichheitsfeminismus, der auf einer klaren Trennung der Geschlechter besteht, um die Ohren. Und die Lunte hatte keine Geringere gezündet als Gertrud Nunner-Winkler, indem sie der Moral ihren geschlechterspezifischen Stachel zog.

Dennoch bleibt die Frage von Gilligan und Jonas offen: Wie erreicht man, dass es kein Zeichen eines Mangels ist, die eigene Verbundenheit zu anderen – seien sie zeitgenössische oder zukünftige Generationen – als fundamentales und durch Prinzipien zu schützendes Gut anzuerkennen?[35]

VORBEREITUNGSKURS FÜR
DIE ROLLE DEINES LEBENS.
NACH DER BEWÄHRTEN
METHODE VON MARTHA ROSLER.

MAN NEHME DIE KÜCHE
SEINER WAHL UND EINE
PRISE VERANTWORTUNG.

Und ist es nicht vielmehr so, dass wir nur an die zukünftigen Generationen denken können, wenn wir wissen, wie ein Miteinander schon im Hier und Jetzt funktioniert? Wie sollen wir uns Verbundenheit und den Willen, diese Erde so zu schützen, dass sie für unsere Nachfahren bewohnbar und schön bleibt, im Sinne einer Pflicht zur Verantwortung vorstellen können, wenn wir dies nicht einmal gegenüber denen umsetzen können, mit denen wir heute hier sind?

Nunner-Winkler beobachtet bei ihren Enkel:innen jedenfalls schon eine deutliche Veränderung beim Thema Umweltschutz und globale Gefährdung durch atomare Aufrüstung. »In meiner Kindheit war man von politischen Fragen, aber auch von Themen wie Sex und Geld sehr viel abgeschotteter. Man sagte uns: ›Darüber redet man nicht.‹« Ihre Enkelin hingegen sei über das politische Weltgeschehen sehr viel aufgeklärter als sie einst, stelle Fragen danach, wie viele Länder auf der Welt Atomwaffen hätten und wie es um den nordkoreanischen Diktator Kim Jong-un stehe.

Warum es diesen Generationenkonflikt gibt, den man in besonderer Intensität anhand Fridays for Future beobachten kann, erklärt sie sich daraus, dass die enorme Bedrohlichkeit der Klimakatastrophe sehr präsent sei. Dass die Jungen Protest organisieren, liegt ihrer Meinung nach an der Tatsache, dass Schule-Schwänzen weniger existenzbedrohend sei als den Job zu ›schwänzen‹. Aber dieser Grund muss damit zusammengedacht werden, dass viele ältere Menschen die Bedrohlichkeit des nahenden Klimakollapses schlicht ignorieren. »Die Alten blenden zum Teil aus, wie schlimm es tatsächlich ist, und können sich schlechter aus ihren Zwängen befreien.«

Es ist interessant, dass Nunner-Winkler in ihrer Erklärung anspricht, dass man nicht nur über Politisches in ihrer Generation nicht sprechen sollte, sondern auch Sex und Geld tabuisiert wurden. Darin klingt an, dass das Politische in unserer Welt – auch bezüglich der Klimakatastrophe – nicht ohne die Faktoren des Geschlechts, der Reproduktion und des Kapitalismus gedacht werden können.

Man könnte durchaus den Vorwurf erheben, dass mit Jonas, Gilligan und Nunner-Winkler Äpfel mit Birnen verglichen werden. Schließlich sei doch die Frage nach der Bedeutung des Geschlechts für die Moral eine, die nur die Hälfte der Menschheit betreffe, während die Frage nach einer im weitesten Sinne technisierten Verantwortung die gesamte Menschheit und ihre gesamte Zukunft angehe? Statt einer Antwort hierzu, eine Gegenfrage: Ist die Menschheit eigentlich eine ohne Frauen? Ist die Menschheit in ihrer Essenz oder auch in ihrer Existenz überhaupt *denkbar* ohne Frauen?

Die Kritische Theorie und die Erziehung zur Kritik

Bildungsinstitutionen wie Schule und Universität stehen für die erste Generation der Kritischen Theorie in direktem Bezug zu Herrschaft und Gewalt, insbesondere zur grausamen Unrechtsherrschaft des Nationalsozialismus. Bildung als Erziehung zu Mündigkeit und Verantwortung sind, besonders bei Adorno, immer im Kontext des Holocaust, des austro-deutschen Antisemitismus und den gewaltsamen Verformungen von Gesellschaft und Mitmenschlichkeit durch den Kapitalismus zu sehen. Im Nachkriegsdeutschland wurde ähnlich wie im öffentlichen Diskurs auch im Bildungswesen die Frage nach der eigenen Schuld lange nicht gestellt, während zugleich der Kapitalismus die Kauflust der Leute befeuerte und ihre Erinnerung an die grausame Vergangenheit mit einem anwachsenden »Warenfetischismus« – einem Begriff des Philosophen und Ökonomen Karl Marx – betäubte.

Statt sich um eine genuine Aufarbeitung zu bemühen, suchte man in einem traditionellen geistesgeschichtlichen

Kanon Zuflucht. Der Kanon der deutschen Nachkriegszeit speiste sich aus einer viel weiter entfernten deutsch-nationalen Vergangenheit, lange vor der Machtergreifung der Nationalsozialist:innen, und bot einen mühelosen Anschluss an das neu gezeichnete Selbstbild wohlhabender rechtschaffener Bürger:innen. Und in dieser Art und Weise die Barbarei des Nationalsozialismus auszublenden, sah Adorno eine große Gefahr. Bildung musste seiner Meinung nach genau an dem jüngst vergangenen Schrecken ansetzen: »Die Forderung, dass Auschwitz nicht noch einmal sei, ist die allererste an Erziehung.«[36] Eine Wiederholung von Auschwitz muss *verhindert* werden – mit diesem Ausspruch setzt Adorno einen negativen, moralischen Grundsatz ins Zentrum seiner Überlegungen. Negativ heißt hier, dass das Ziel nicht inhaltlich von »innen« gefüllt wird, sondern vom »außen« her beschreibt, was vermieden werden soll.

Er sah besonders Schulen und Universitäten als Schlüssel dazu, die Gesellschaft zu entbarbarisieren – allerdings nicht ohne Vorbehalte. Denn es handelt sich bei Schulen und Universitäten nicht nur um Orte der Bildung und der Erziehung – sie sind auch Zwangsinstitutionen. Zwangsinstitution meint nicht unbedingt die Schulpflicht, also die Pflicht, allen Kindern und Jugendlichen ein Bildungsangebot zu machen, das diese auch wahrnehmen müssen. Vielmehr besteht der Zwang der Schule in den ihr innewohnenden hierarchischen Machtgefällen, die wiederum an staatliche Ziele rückgekoppelt sind: Die Schüler:innen müssen in die Schule gehen, den Lehrenden gehorchen und den behandelten Lehrstoff so akzeptieren, wie er ist. Aber auch die Lehrenden sind mit einem Schwur dem Staat verpflichtet und haben – bis heute – das Unmögliche möglich zu machen: Getrieben von Ganzheitsidealen eines vermeintlich perfekten Kanons, sollen sie eine so hohe Dichte an Lehrstoff an die Schüler:innen weitergeben, dass eine Umsetzung von vornherein zum Scheitern verurteilt scheint.

Das mag auch daran liegen, dass die Auswahl der Inhalte häufig eher einer Selbstbespiegelung des Bildungsbürgertums dient als auf eine genuine, kritische Auseinandersetzung mit ihnen abzuzielen. Und das kann wiederum zu einer gefährlichen Veränderung von Bildung beitragen, die Horkheimer und Adorno in der *Dialektik der Aufklärung* als »Halbbildung« beschreiben.[37] Halbbildung meint ausdrücklich nicht den Mangel an lexikalischem Wissen oder zu oberflächlich behandelten Inhalten. Mit Halbwissen beschreiben Horkheimer und Adorno einen Zustand, bei dem der Geist »vom Fetischcharakter der Ware«[38] – ein Konzept, das sie der Kapitalismusanalyse von Karl Marx entleihen – ergriffen ist.

Der Begriff der Halbbildung soll Herrschaft und Zwangsmechanismen kritisieren, die zutiefst in eine industrialisierte Konsumgesellschaft eingebettet sind. Eine Erziehung, die aufgrund ihrer ökonomisch verblendeten Wettbewerbsorientierung das wahre Ziel von Bildung verfehlt: Mündigkeit. Selbstreflexion und ein empathisches Verantwortungsgefühl werden in ihr von handhabbaren Bildungsgütern ersetzt, die erworben und bewertet werden können. »Setzen, sechs!« – warum sollte dieser Satz sonst so sehr mit Ausgrenzung und Ent-Wertung verbunden sein?

Halbbildung macht Mündigkeit skalierbar wie ein Kochrezept. Und anschließend wird auf dem Arbeitsmarkt, der eigentlich ein Ringen um Aufstieg ist, aussortiert: »Die Guten ins Töpfchen, die Setzen-Sechser ins Kröpfchen.« Aus einem humanistischen Bildungsverständnis wird ein auf Konsum und Produktion ausgerichtetes Gerangel um Qualifikationen.

Was also sollte man tun? Alle Lehrpläne über den Haufen werfen und jedem Minimalkonsens über Inhalte entsagen? Es ist komplizierter. Denn Bildungsinstitutionen konsolidieren und bestätigen in einer Gesellschaft – ganz gleich welcher Art – immer ihre eigene Macht und ihren eigenen Herrschaftsanspruch. Sie sind dazu da, die Bürger:innen so zur Moral zu erziehen, dass sie aus eigenem Willen die jeweilige Herrschaftsform erhalten. Entsprechend ist das Zusammenspiel aus Gehorsam und staatlich vorgewählten Bildungsinhalten, das die Schule zur Zwangsinstitution macht, nicht nur für faschistische und totalitäre Herrschaftssysteme von Interesse.

Auch aus der Perspektive eines demokratischen Staates sind diese beiden Faktoren durchaus gewollt und sinnvoll: Die Schüler:innen sollen zu verantwortungsfreudigen Mitgliedern der Gesellschaft erzogen werden. In einem demokratischen Staat also dazu, sich aus eigenem Antrieb in ihrem Handeln nach demokratischen Werten zu richten. Zu diesen Werten gehört die Wahrung einer unabhängigen Rechtsstaatlichkeit in Form des Grundgesetzes ebenso wie der Wille zu Verantwortungsübernahme, zur aktiven Partizipation und zu Gewährleistung von Teilhabe und Chancengleichheit.

Nur braucht es dazu etwas, das Adorno scherzhaft eine »Erziehung des ›Madigmachens‹«[39] nannte: Eine Erziehung, die dazu anleitet, auch Liebgewonnenes und allzu Vertrautes kritisch infrage zu stellen. Adorno bediente sich mit »Madigmachen« eines Ausdrucks, der zum Zeitpunkt seiner Äußerung 1969 zur Jugendsprache gehört. Er selbst war damals bereits über sechzig und zeigte sich mehr als skeptisch gegenüber vielen Trends und Vorlieben der ihm nachfolgenden Generationen. Man kann ihn – trotz seiner kritischen Haltung gegenüber dem Umgang der älteren Generationen mit dem klassischen philosophischen und literarischen Kanon – mit gutem Recht als Kulturpessimisten bezeichnen, der weder den Beatles noch anderen popkulturellen Neuerungen wie dem Unterhaltungsfernsehen viel abgewinnen konnte. Aber auch Adorno war – wie jeder Mensch – nicht frei von Widersprüchen, derer man sich gewahr werden sollte, ohne ihn deswegen komplett diskreditieren oder sich seiner Ansicht anpassen zu müssen.

In der Reihe *Bildungsfragen der Gegenwart*, die zwischen 1960 und 1969 im Hessischen Rundfunk ausgestrahlt wurde, sprach er ausführlich über die Verschränkung von Herrschaft und Erziehung, Bildung, Faschismus, Warenfetischismus – und den Lehrberuf.[40] Alle acht Gespräche kreisten dabei um einen zentralen, schmerzlichen Kern: die Barbarei des Nationalsozialismus, die nur überwunden und für alle Zukunft unmöglich gemacht werden kann, wenn die Bevölkerung über das Geschehene aufgeklärt wird, sich mit ihrer eigenen Rolle und Schuld während dieser Schreckensherrschaft konfrontiert und zu Widerständigkeit und Selbstkritik erzogen wird. Kurz: Das erklärte Bildungsziel ist moralische Mündigkeit.

Die Erziehung zur Mündigkeit kann jedoch leicht verfehlt werden, was sich auch an den Zuständen in den Schulen zeigt, die Adorno herrschaftskritisch und kapitalismuskritisch beschrieb: Zum einen wird von den Kindern verlangt, möglichst autonom und selbstständig zu werden. Diese Autonomie-Anforderung kollidiert aber im selben Moment mit der Ausrichtung von Schule hin auf eine ökonomische Welt von Aufstiegsversprechen und Marktlogik. So wachsen die Kinder und Jugendlichen in eine Welt hinein, in der die beinahe mechanische Ausbeutung von Mensch und Natur sie in

Abhängigkeiten zwingt und sie dazu nötigt, sich anzupassen und zu gehorchen.

Abhängigkeit und Autonomie schließen sich jedoch gegenseitig aus und führen vielmehr zu einer Überforderung, die Individuen vereinzelt und einsam am kapitalistischen System scheitern lässt. Und das macht sie anfällig für faschistische und totalitäre Machtstrukturen. Wer wenig Geld verdient, kann weniger über seine Zeit verfügen – er:sie ist permanent mit der Sicherung seines:ihres Überlebens beschäftigt. Und wer nicht konsumieren kann, ist vom gesellschaftlichen Leben nahezu vollständig ausgeschlossen.

Erziehung muss also in einer Welt, die von finanziellen Ängsten und einer alles durchdringenden Marktlogik geprägt ist, Raum für Mündigkeit schaffen. Raum dafür, dass Kinder und junge Erwachsene einen Schritt zurücktreten und angeleitet überlegen können, wie sie zu den Dingen stehen.[41] Dieses Innehalten, um zu reflektieren, ist für Adorno ein fundamentales Element einer demokratischen Erziehung.

Mündigkeit zeigt sich im Widerwort ebenso wie im Widerstand. Sie zeigt sich im Nicht-so-handeln-wie-Verlangt, im Infrage-Stellen dessen, wie es gerade ist, und im protestierenden Hinweis darauf, wie es sein könnte. Sein sollte. Mündigkeit zeigt sich in der steten Bereitschaft, sowohl sich selbst zu prüfen als auch Kritik an den Umständen zu artikulieren. Sie ist eine moralische Haltung, die sich nicht (nur!) in kunstvoll formulierten Worten und brillant vorgetragenen Argumenten manifestiert – sie zeigt sich auch im Handeln: im Widerstand genauso wie in emotionalem Einfühlungsvermögen und der Fähigkeit zur Empathie. Zwar ist in einer demokratischen Erziehung ein gewisses Anpassungsvermögen zugunsten eines Gemeinschaftssinns notwendig. Doch dieses Anpassungsvermögen darf niemals den Raum in sich aufsaugen, der für Selbstreflexion und Kritik notwendig ist: für Emanzipation.

Bevor das Wort »Emanzipation« im 20. Jahrhundert von der umgangssprachlich erschaffenen »Emanze« seinen geringschätzigen Beiklang erhielt und fast ausschließlich mit feministisch widerständigen Frauen assoziiert wurde, bedeutete es »Selbstbestimmung«. Das oberste Ziel einer Bildungseinrichtung sollte nicht das Schüren eines Wettbewerbsgedankens sein. Denn was als Noten in den Zeugnissen und den verschiedenen Schulformen sichtbar wird, basiert oft auf einer völlig verfehlten Vorstellung von Begabung und Leistung. Ein Satz wie: »Der:die wird nie was!« verschleiert, dass in einer Klassen- beziehungsweise Schichtengesellschaft der eigene schulische Erfolg von weit mehr abhängt als von der eigenen Leistung und Begabung.

Vielmehr kann demokratische Erziehung nur in einem sicheren Raum entstehen, der Vulnerabilität und Verletzlichkeit zulässt. Die eigenen Ängste und Schwächen sind wichtige Momente von Bildung: Sie ermöglichen es, sich selbst in Beziehung zu und in Abhängigkeit von anderen zu verstehen. Man könnte sagen, Adorno schlug das vor, was heute unter einem Safe Space verstanden wird: ein Raum, in dem fürsorglich und verantwortungsvoll Respekt und Kompromissbereitschaft herrschen und in dem sichergestellt ist, dass Schwächen und Ängste nicht instrumentalisiert werden. Ein Raum, in dem Kritik in konstruktiver Weise geäußert, gehört und umgesetzt werden kann. Ein Raum, der zum Grenzen setzen einlädt, und in dem das Akzeptieren einer Grenze – sei es die eigene oder die einer:s anderen – keine Schwäche bedeutet, die mit Dominanz, Disziplin oder Härte beantwortet werden sollte.

Doch was bedeutet das für den Moralbegriff, wie er von Nunner-Winkler verhandelt wird? Spannenderweise baut ihre Forschung zwar auf einem Moralverständnis auf, das Moral als universell versteht und als ihren Inhalt Gerechtigkeit benennt. Ihre extensiven Forschungsergebnisse zeigen aber nicht nur, dass Gilligans Annahme von zwei Moralen unhaltbar ist.

Moral, so scheint es, ist laut Nunner-Winkler auch nicht nur die Frage nach dem Gerechten, wie Kohlberg sie analysiert und dabei die Dimensionen von Inhalts- und Erfahrungslernen ignoriert.[42] Sie ist ebenso von Expertise durch Lebenserfahrungen wie von Bildung im Sinne Adornos abhängig. Sie zeichnet sich durch ebenjene Fähigkeit zur widerständigen Reflexion aus, die Adorno ins Zentrum seines Mündigkeits-Begriffs stellte. Die Fähigkeit zur Moral bedarf, wenn man Adornos Grundsatz mit Nunner-Winklers Studienergebnissen ins Einvernehmen setzt, einer Mündigkeit, die nur durch eine Erziehung zu Kritik, Autonomie, Selbstreflexion und Vulnerabilität erreicht und aufrechterhalten werden kann.

Die Selbst-Befreiung der Frau: Eine skandalöse Utopie?

Prof. Dr. Frigga Haug

Von Henriette Hufgard & Kristina Steimer

Für unser Gespräch lädt Frigga Haug uns in ihr Zuhause nach Esslingen ein, eine am Neckar gelegene mittelalterliche Stadt in der Nähe von Stuttgart. Wir klingeln an der Haustür und werden von ihrem Ehemann Wolfgang Fritz Haug hereingebeten. In einer farbenfroh gemusterten Bluse, die langen weißgrauen Haare locker zu einem tiefen Pferdeschwanz gebunden, empfängt uns die fünfundachtzigjährige Soziologin in ihrem Arbeitszimmer im Obergeschoss des Hauses.

Überall im Raum stapeln sich Bücher: auf dem Schreibtisch, in den zahlreichen Regalen und auf den Stufen der offenen Wendeltreppe, die bis unter den Dachstuhl führt. An der Wand hängt ein Bild der kommunistischen Theoretikerin und Aktivistin Rosa Luxemburg. Auch unser Gespräch hat seine Dreh- und Angelpunkte gleichermaßen in gelebten Erfahrungen und in den theoretischen Abhandlungen der uns umgebenden Bücher: Es geht um Politik und Theorie, um Freiheit und Veränderung, um Körper und um Denken.

Haug erläutert uns die theoretischen Grundsätze ihrer feministischen Forschung – und erzählt uns von ihrer Tochter, die, noch »ein kleines Mädchen mit Zöpfen«, für die

Abschaffung des Paragrafen 218 demonstrierte. Sie spricht von dem Problem der Unterrepräsentation von Frauen in politischen Bewegungen – und davon, wie sie 1980 auf einem internationalen Kongress der Sozialist:innen und Kommunist:innen mit der US-amerikanischen feministischen Theoretikerin Donna Haraway an der damals noch jugoslawischen Adriaküste schwamm.[43] Haraway war, neben ihr, die einzige Frau dort: Haug beschreibt das Gefühl augenblicklicher Solidarität, das bei diesem Treffen entstand, eindringlich: »Wenn man unter lauter Männern sitzt und plötzlich eine Frau sieht, sagt man: ›Komm, Schwester! Lass uns zusammen überlegen, was wir aus der Situation machen. Eine allein kann gar nichts tun. Aber zu zweit – zu zweit ist man ganz schön stark.‹«

Sie spricht von ihrem Ehemann, der Philosoph ist, und davon, wie sich ihre Arbeitsweisen unterscheiden. Aber auch von ihrer »Studentenehe« und wie existenziell die Herausforderungen waren, vor die die Geburt ihrer Tochter sie und ihren Mann stellte.

Sie berichtet davon, wie sie versuchte, gemeinsam mit anderen Mitstreiterinnen in selbst gegründeten Frauengruppen eine Sprache für alltägliche Gewalterfahrungen zu finden, um das Erinnern zu lernen – das Erinnern wider die patriarchale Gewalt.[44] Sie zeigt uns das Foto einer Abstimmung von Student:innen im Audimax der Freien Universität Berlin: Ziel war es, den in der Universität damals in der Nachkriegszeit noch tief verankerten Faschismus zu überwinden – durch selbstbestimmte Lerninhalte und eine Neubesetzung des Lehrpersonals. Haug ist zu diesem Zeitpunkt die fünfunddreißigste Studierende des noch sehr neuen Fachs Soziologie. Nach ihrem Diplom in Soziologie 1970, erhielt sie 1976 ihren Doktor in Psychologie. Zwei Jahre später, im Jahr

1978, war sie bereits in Sozialpsychologie habilitiert. Später wurde sie auf eine Professur an die Hamburger Universität für Wirtschaft und Politik berufen, die sie bis 2001 innehatte.

Ihre gesamte wissenschaftliche und persönliche Biografie hindurch verbinden sich Aktivismus und Forschung, verflechten sich marxistische Ziele mit feministischen: Haug war sowohl Mitglied im Sozialistischen Deutschen Studentenbund (SDS) als auch im Aktionsrat zur Befreiung der Frauen – die Gründung des Letzteren im Jahr 1968 gilt allgemein als Beginn der Frauenbewegung in der Bundesrepublik. Ab 1970 wurde sie zudem zu einer führenden Persönlichkeit im Sozialistischen Frauenbund Westberlin. Und um 1980 gründete sie zusammen mit Wolfgang Fritz Haug, den sie 1965 geheiratet hatte, die Berliner Volksuniversität: Das Ziel der Volksuniversität war die Zusammenführung von Universität und Bevölkerung – und wurde ein großer Erfolg. Über viele Jahre hinweg kamen zu Pfingsten mehr als 1000 Besucher:innen aus dem ganzen Land und auch aus dem Ausland, um daran teilzunehmen.

Zwei ihrer wichtigsten Schaffensorte sind die 1959 von ihrem Ehemann gegründete marxistische Zeitschrift *Das Argument*, bei der sie bis heute als Mitherausgeberin und Redakteurin tätig ist, und das Berliner Institut für kritische Theorie (InkriT) mit jährlichen mehrtägigen Konferenzen. Dieses wurde 1996 ebenfalls von Haugs Ehemann etabliert. Das von Frigga Haug entwickelte Projekt »Automation und Qualifikation« ist mittlerweile als Forschungsprojekt der Freien Universität Berlin anerkannt. Beide Haugs widmen sich dort der Organisation von Tagungen und arbeiten daran, ein *Historisch-kritisches Wörterbuch des Marxismus* zu erstellen. Bislang sind neun des auf fünfzehn Bände ausgelegten Wörterbuchs erschienen – von den Buchstaben A wie »Abbau des Staates – Avantgarde« bis M wie »Maschinerie – Mitbestimmung«. Frigga Haug stellte daraus zudem ein dreibändiges *Historisch-kritisches Wörterbuch des Feminismus* zusammen. Ihr politisches Engagement erstreckt sich aber auch auf die globalisierungskritische Nichtregierungsorganisation Attac, zu deren wissenschaftlichem Beirat sie zählt.

Haugs politischer wie akademischer Werdegang zeichnet sich von Anfang an dadurch aus, dass sie die »Arbeiterfrage« und die »Frauenfrage« zusammendenkt. Am Anfang steht für sie dabei, wer wen »befreien« soll – und wovon. Reicht es für die Utopie einer besseren Gesellschaft aus, dass sich die arbeitende Klasse gegen die ausbeuterischen Verhältnisse der Lohnarbeit auflehnt? Oder ist eine für all ihre Mitglieder freiere Gemeinschaft nur denkbar und umsetzbar, wenn der Kampf gegen patriarchale Gesellschaftsstrukturen als vom Klassenkampf nicht bereits umfasstes Unterfangen angesehen wird? Dieser Kampf, der mehr wäre als eine vermeintliche »Unterkategorie« der Revolution der arbeitenden Klasse, müsste ihr zufolge dann auch von denjenigen Personen gefochten werden, die betroffen sind – den Frauen selbst.

Die Frage nach Freiheit und Veränderung, wie Haug sie mit ihrer Verbindung von Sozialismus mit Feminismus damals aufbrachte, stellt sich heute noch: Was und wie ist Freiheit, die es als Befreiung erst zu erlangen gilt? Kann Freiheit wirklich nur durch Selbst-Befreiung erlangt werden – und wenn ja, wie? Und welche Rolle spielt dabei die Moral?

Weiblichkeit als Superheilkraft?

Frigga Haug äußerte sich mehrfach zu der Debatte um Gilligan, Kohlberg und die Beziehung von Geschlecht(ern) und Moral.[45] Allerdings ist ihre Einschätzung von Kohlbergs Stufenmodell der Moralentwicklung bei Kindern und deren Auswertung eine andere – auch als die Nunner-Winklers. Während die Mehrzahl an Forscher:innen sich vor allem darüber empörte, dass in den Statistiken von Kohlbergs Studie Frauen auffällig oft auf den Stufen drei und vier stehen bleiben, während die höchsten beiden Stufen, fünf und sechs, den männlichen Teilnehmern vorbehalten zu bleiben schienen, kritisiert Haug weniger die Ergebnisse der Studie, als deren Ausgangsfrage.

Kohlberg hatte die moralische Entwicklung seiner Proband:innen anhand eines moralischen Dilemmas erforscht: Soll eine mittellose Person namens Heinz Medizin bei einem Apotheker stehlen, um das Leben seiner Frau zu retten? Anders als ihre Zeitgenossinnen Carol Gilligan und Gertrud Nunner-Winkler, stört Frigga Haug an der Debatte um den potenziellen Sexismus von Kohlbergs Studie und – daran anschließend – um die Moralfähigkeit von Frauen nicht primär, dass damit vielleicht spezifisch weibliche Qualitäten von Moral nicht einbezogen wurden. Sie ist vor allem von der Tatsache erschüttert, dass sich niemand an dem aufhält, was Kohlberg in seinem Beispiel wie selbstverständlich als Grundlage von Moral festlegt: das neoliberale Setting des Szenarios. Für sie besteht der eigentliche Skandal des Dilemmas darin: Warum gibt es weder eine Krankenkasse noch eine Sozialversicherung, die Heinz davor bewahren, diese Entscheidung, die Medizin zu stehlen, überhaupt treffen zu müssen? Warum also wird ein Beispiel gewählt, das die Verantwortung für eine angemessene Gesundheitsversorgung als etwas behandelt, mit dem ein Individuum wie selbstverständlich alleingelassen wird? War das für all diese Moral-Interessierten so eingängig und selbstverständlich?

Das kohlbergsche Dilemma von »Heinz« ist nur ein Gedankenexperiment – aber es ist eines, das die Moral infrage stellen soll. Stattdessen setzt es die Moral als etwas fest, das als Bindemittel einer andernfalls in sich zusammenbrechenden neoliberalen Gesellschaft zu wirken hat. Denn warum ist es in einer so abstrahierten Gesellschaft – die als Wohlstandsgesellschaft zu bezeichnen ist, wenn ein lebensrettendes Mittel für eine sterbende Person an der nächsten Ecke erworben werden kann – ausgerechnet die (mangelnde) Kaufkraft, die das Zentrum einer genuinen Frage der Moral auszufüllen scheint? Die moralische Urteilskraft eines Menschen wird, wie es scheint, bei Kohlberg daran bemessen, wie gut er:sie mit den Grausamkeiten des sie:ihn ausbeutenden Systems umgehen kann. Und wer daran scheitert, ist nicht Opfer systemischer Strukturen – sondern selbst schuld und damit im wörtlichen Sinne amoralisch durch Arm-Sein. Eine Frage, die im Kontext der Covid-19-Pandemie und dem globalen Ringen um die Verteilung von lebensrettenden Impfstoffen in erschütternder Weise von einem Gedankenexperiment zu Realpolitik wurde.

Lässt sich am Beispiel von Heinz etwa weniger ablesen, wie sich Moral entwickelt – in Stufen? Führt es nicht vielmehr vor Augen, wie katastrophale soziale Missstände zum Problem Einzelner und ihrer finanziellen Situation gemacht werden? Das Beispiel illustriert eine perfide Instrumentalisierung von Moral für den Erhalt einer kapitalistischen Gesellschaftsordnung – in Schichten. Oder, im Fall von Covid-19 – in neokolonialen Be- und Abwertungen ganzer Kontinente.

Entsprechend wird Gilligans Kritik an Kohlberg von Haug als unzureichend angesehen und als eine Verfehlung des eigentlichen Problems: Statt das zugrundeliegende System infrage zu stellen und Misogynie und Kapitalismus als Ursprung eines so formulierten Moralbegriffs zu identifizieren, kämpfe Gilligan lediglich dafür, Frauen durch mehr symbolische Anerkennung einen besseren Posten innerhalb der großen Maschinerie des patriarchalen Kapitalismus zu verschaffen, und gegen das eigentliche Problem anzugehen.

Haug bleibt jedoch nicht bei dieser Beobachtung stehen, sondern versucht zudem zu begreifen, warum ausgerechnet diese Debatte international eine so große Anziehungskraft hat. Was sagt es über die Elite der Wissenschaft aus, wenn sie diese neoliberale Weltsicht im Fundament einer Studie für so selbstverständlich hält, dass sie sie nicht einmal bemerkt – geschweige denn als willkürlich und gefährlich kritisiert?

Indem Gilligan im Versuch, Kohlbergs Studie zu verbessern, das Prinzip Gerechtigkeit als männlich codiert herausstellt und um ein weiblich codiertes Prinzip der Gewaltlosigkeit ergänzt – der Fürsorge und Aufopferungsbereitschaft –, setzt sie eine ausbleibende Gleichberechtigung mit der Ausübung von Gewalt gleich. Dagegen ist per se nichts einzuwenden, doch Gilligan bleibt bei der Forderung stehen, Gerechtigkeit und Fürsorge als ebenbürtige Inhalte von Moral zu benennen, ohne zugleich – jenseits dieser Anerkennung und Aufwertung von Weiblichkeit – eine materielle Umverteilung von Geldern und Ressourcen zu fordern. Eine Aufwertung von weiblich konnotierten Eigenschaften allein reicht nicht aus, um das Patriarchat zu überwinden. Wenn nicht mitbedacht wird, dass die sexistische Unterdrückung von Frauen immer auch an eine ökonomische Ausbeutung – und damit an kapitalistische Strukturen – geknüpft ist, gleiten Kritiken wie die Gilligans in eine reaktionäre Bewegung ab. Sie laufen Gefahr, die Verwobenheit von Sexismus und Kapitalismus zu missachten.

Und genau diese Kombination aus Aufwertung von Weiblichkeit und einem gleichzeitigen Ausbleiben von ökonomischen Konsequenzen macht ihren Ansatz für zwei große politische Akteur:innen dieser Zeit attraktiv: Der Entwurf ihrer weiblichen Moral schließt zum einen sehr gut an wichtige Ziele der (vor allem *weißen*) differenzfeministischen Frauenbewegung an, deren Fokus primär auf einer Aufwertung von Weiblichkeit durch öffentliche Anerkennung liegt. Und Gilligans Gegenentwurf ist zugleich relativ akzeptabel für die (*weiße*) etablierte Männerriege und deren bis dahin existente Vorstellung von Moral. Da ihr Ansatz die bereits bestehenden männlich vorgeprägten Vorstellungen von Moral lediglich ergänzt, statt sie gänzlich über Bord zu werfen, lassen sich ihre Forderungen an die Forschung gut integrieren – viel leichter als eine tatsächliche grundlegende Neustrukturierung der Gesellschaft.

Was aus diesem Diskurs, der die kapitalistische Frage fast komplett ausblendet, entsteht, ist eine neue Form von Weiblichkeit, die dem System, wie es ist, geradezu nützlich ist. Weiblichkeit scheint plötzlich eine bis dahin unbekannte Super(heil)kraft für die ganz großen Probleme der Menschheit in einer kapitalistischen Gesellschaft zu sein: Moral wird in Verbindung mit Weiblichkeit zur Lösung für soziale Desaster (zum Beispiel Krieg) und zum Ausweg aus dem ökologischen Kollaps (der Ausbeutung und Zerstörung der Natur). Wenn es nur mehr Mitgefühl und Fürsorge gäbe, könne der Kapitalismus seine eigenen Probleme lösen – statt selbst durch eine Revolution abgeschafft zu werden. Und all das, wie Haug Gilligan liest, durch eine Umetikettierung der Moral in zwei Moralen und ganz ohne grundlegende politische Veränderungen.

Die Entwicklung von Moralität als einen rein innerlichen Prozess darzustellen und Wertorientierung mit tatsächlichem Handeln gleichzusetzen, wie dies laut Haug sowohl Kohlberg als auch Gilligan tun, kann ihr zufolge nur auf Kosten einer Verdrängung von höchst virulenten sozialen Missständen aus dem öffentlichen Diskurs geschehen. Armut, Arbeitslosigkeit, verwehrter Zugang zu Verhütungsmitteln und Abtreibungen, Suchtverhalten, Obdachlosigkeit, die Institution der Ehe und die damit verbundenen Abhängigkeitsverhältnisse, mangelnde Kinderbetreuung, Leistungsdruck und Versagensängste in Schule und Universität werden zu reinen Privatproblemen. Und daran, wie gut man sie als Einzelperson lösen kann, bemisst sich auch noch deren moralische Entwicklungsstufe. Wer also an systemischen Problemen des Kapitalismus zugrunde geht, wurde von seinem eigenen Mangel an Moral aussortiert. Das kohlbergsche Dilemma verdrängt dabei, Haug zufolge, beinahe vollständig den Einfluss und die Bedeutung, die Politik und finanzielle Abhängigkeiten von anderen daran haben, dass die von Kohlberg und Gilligan skizzierten moralischen Dilemmata überhaupt erst entstehen.

Denn all diese Aspekte sind bei dem Beispiel »Heinz« aus marxistischer wie feministischer Perspektive bereits eingebettet. Die Kapitalisierung von Leben und Tod unterstellt unverblümt den Wert, der eigentlich das Zentrum der Moral auskleiden soll, ohne selbst vor Augen zu treten – Eigentum. Eigentum als ökonomisches Kapital und als Arbeitskraft. Aber auch Eigentum am weiblichen Körper als Reproduktionskraft. Haug plädiert dafür, diese ökonomischen und politischen Inhalte, die der Debatte um Geschlecht und Moral zugrunde liegen, klar zu benennen, um sich nicht in philosophische Scheindebatten eines kapitalistischen Systems zu versteigen. Denn kapitalistische Strukturen erscheinen schnell wie die einzige, ausweglose und alternativlose Option, eine Gesellschaft zu organisieren. Sie werden zum Spiegelkabinett, das in jede Richtung sich selbst in endloser Folge zeigt und dabei den Weg zum Ausgang verbirgt.

Herrschaftskritik bei Haug, Horkheimer & Adorno als Kritik am Patriarchat

Im Kern der Kritischen Theorie steht als verbindendes Element eine Herrschaftskritik, die von Erfahrungen von Gewalt, Kriegen und Krisen geprägt ist. Für die erste Generation der Kritischen Theorie sind das insbesondere die Schrecken des Zweiten Weltkriegs, die systematische Vernichtung von Juden:Jüdinnen und anderen Bevölkerungsgruppen sowie die technisierte Zerstörung von Natur und Umwelt. Im Versuch, diesen Erfahrungen zu begegnen, sie zu begreifen und ihnen widerständig entgegenzutreten, stützt sich ihr Denken zum einen kritisch auf bürgerliche Ideale der Aufklärung, etwa auf Immanuel Kants Aufsatz *Was ist Aufklärung?* von 1784, aus dem auch folgendes berühmte Zitat stammt: »Aufklärung ist der Ausgang des Menschen aus seiner selbst verschuldeten Unmündigkeit.«[46]

Zum anderen ist die Kritische Theorie auf marxistischen

Erkenntnissen und einer tiefgreifenden Kapitalismuskritik begründet, die von dem:der Arbeiter:in aus gedacht wird und dem aufgeklärten Bürgertum diametral gegenüberzustehen scheint. Während das Bürgertum auf einen Ausgang aus der Unmündigkeit durch vereinzeltes Nachdenken eines jeden Individuums setzt, begreift der Marxismus sich als kollektiv agierende politische Bewegung der arbeitenden Bevölkerung, deren Ziel es ist, durch Revolution gerade dem Bürgertum seine Privilegien in Form von Macht und finanziellen Mitteln abspenstig zu machen. Diese Verbindung aus aufklärerischer Emanzipation und kapitalismuskritischer Grundhaltung spiegelt sich auch in den von der Kritischen Theorie geprägten Begriffen wie der »Kulturindustrie« oder der »instrumentellen Vernunft« wider.

»Instrumentell« und »Industrie« legen den Bezug zu Mechanisierung, Produktion, Fließband und Ware bereits sprachlich an. Damit werden Verbindungen zu Wirtschaftszweigen und Produktionsverfahren wachgerufen, die auf einer zunehmend industrialisierten Ausbeutung von Menschen, Tieren und Umwelt beruhen. Aber »industriell« und »instrumentell« waren und sind auch Begriffe, die die Effizienz und Kälte einer beinahe vollendeten Verwaltbarkeit des Tötens in nationalsozialistischen Konzentrationslagern beschreiben.

Die Nähe der philosophischen Begriffe in der Kritischen Theorie zur gelebten, politisierten Erfahrungswelt und zu – damals wie heute – tagesaktuellen Themen ist kein Zufall. In seinem Aufsatz *Traditionelle und kritische Theorie* von 1937 begründet Max Horkheimer, warum die von ihm entworfene Theorie stets interdisziplinär und der Erfahrung verpflichtet sein muss. Damit die Philosophie nicht zur Verwalterin eines großen Ordnungs- und Begriffssystems oder zur kunstvollen Gedankenakrobatik verkommt, muss das kritische Denken das Risiko der Verbindung von Theorie und Erfahrung eingehen. Sonst läuft sie Gefahr, entweder den Naturwissenschaften hinterherzuhecheln oder sie wird zur beschreibenden Stütze der bestehenden Verhältnisse. Mit anderen Worten: Die Kritische Theorie muss werten und politisch Position beziehen. Sie ist eine Theorie, die Veränderlichkeit beschreibt, um Wahrheiten erahnen zu können. Sie geht von den Missständen der Gegenwart aus, ohne bereits einen Plan zu haben, wie diese beseitigt werden können. »Die Theorie, die es (das kritische Denken) entwirft, arbeitet nicht im Dienst einer schon vorhandenen Realität; sie spricht nur ihr Geheimnis aus.«[47]

Eines der großen Geheimnisse, das die Kritische Theorie bereits in der ersten Generation anspricht, ist das grausame, wechselseitige Verhältnis, in dem die Unterwerfung der Natur mit der Ausbeutung von Frauen beziehungsweise Frauenkörpern steht. Zwar ist die Kritische Theorie in ihren Anfängen keine namentlich feministische Theorie. Aber in der *Dialektik der Aufklärung* – die Schrift, die zum Schlüsselwerk Kritischer Theorie werden sollte, und in den Jahren 1942 bis 1944 im Exil in den USA von Horkheimer und Adorno unter Mitarbeit von Adornos Frau Gretel verfasst wurde – wird Herrschaftskritik immer wieder als Machtfrage aufgegriffen, die sich besonders in der Gewaltausübung gegenüber Schwächeren zeigt: Juden:Jüdinnen, Frauen jedweder Herkunft und Tieren, aber auch Kolonisierten und Versklavten. »Als Repräsentantin der Natur ist die Frau in der bürgerlichen Gesellschaft zum Rätselbild von Unwiderstehlichkeit und Ohnmacht geworden. So spiegelt sie der Herrschaft die eitle Lüge wider, die anstelle der Versöhnung der Natur deren

Überwindung setzt. Die Ehe ist der mittlere Weg der Gesellschaft, sich damit abzufinden: Die Frau bleibt die Ohnmächtige, indem ihr die Macht nur vermittelt durch den Mann zufällt.«[48]

Besonders deutlich wird die Verbindungslinie, die Adorno und Horkheimer für ihren Herrschaftsbegriff zwischen Tieren und Frauen ziehen, im Unterkapitel »Mensch und Tier«. Zunächst wird beschrieben, wie die instrumentelle Vernunft die ›Vernunft-Menschen‹ vom Tier abgrenzt – und in direktem Anschluss wird sodann die Frau aufgrund ihrer ›Naturnähe‹ zur Vernunftlosen erklärt: »Die Frau ist nicht Subjekt. Sie produziert nicht, sondern pflegt die Produzierenden.«[49] Frauen reproduzieren nur, und zwar nicht geistig, sondern körperlich: indem sie neue kleine Menschen ›herstellen‹, indem sie das Heim – Hort der Erholung des Mannes – immer wieder in seinen Ursprungszustand zurückversetzen und indem sie besagtem Mann – natürlich – durch den Genuss ihrer Geschlechtsorgane regenerative Kraft einflößen. Die instrumentelle Vernunft erkennt Frauen – ebenso wenig wie versklavten Personen und Tieren – nicht den Status des ebenbürtigen, unverfügbaren Gegenübers zu.

Während sich Männer ihre Fähigkeit zur Vernunft durch einen empathielosen und zerstörerischen Umgang mit Tieren bei der Produktion von Wissen gegenseitig unter Beweis stellen (etwa in der Forschung), überlassen sie die konstruktive Arbeit des Fürsorgens und Wiederherstellens abschätzig den Frauen: »Die Sorge ums vernunftlose Tier aber ist dem Vernünftigen müßig. Die westliche Zivilisation hat sie den Frauen überlassen« – da die »Vernünftigen« sie aufgrund ihrer vermeintlichen Vernunftferne als den Tieren und ihrer Pflege näher begreifen.[50]

Reproduktionsarbeit ist die Hauptaufgabe der Frauen. Sie wurden so über Jahrtausende hinweg mit ihren biologischen Funktionen gleichgesetzt – sie wurden »zum Bild der Natur«.[51] Besonders innerhalb einer Zivilisation, deren größter Traum es ist, die Natur vollkommen zu beherrschen, und die den Sinn der Vernunft darin sieht, mit ihrer Hilfe die Natur ganz und gar unter die eigene Gewalt zu bringen, bedeutet eine Gleichsetzung des Wesens der Frau mit der Natur wenig Gutes für sie. Indem die Frau als ihrem Geschlecht nach Schwächere betrachtet wird und man ihr die Arbeit und die Sorge ums Tier und ums Kind zuschreibt, wird sie selbst zum Teil dessen, was beherrscht werden muss. Dass sie in ihrem biologischen Erscheinungsbild vom Topos ›Mann‹ abweicht, wird ihr als moralische und als biologische Schwäche ausgelegt. Und Schwäche an sich ist das am meisten Beschämende, was es in einer androzentrischen Gesellschaft gibt. Aber nicht nur Frauen müssen diese Erfahrung machen – in *Erziehung nach Auschwitz*, einem Radiobeitrag, sagt Adorno: »Ein Schema, das in der Geschichte aller Verfolgungen sich bestätigt hat, ist, dass die Wut gegen die Schwachen sich richtet, vor allem gegen die, welche man als gesellschaftlich schwach und zugleich – mit Recht oder Unrecht – als glücklich empfindet.«[52]

Pflegearbeit – Care-Arbeit – zu leisten, leisten zu müssen, ist also zu einem Ausdruck von Schwäche und letztlich von Vernunftlosigkeit gemacht worden. Doch statt ihre Analysen hier fortzusetzen, führen Adorno und Horkheimer ihre Gedanken in der *Dialektik der Aufklärung* in eine andere Richtung weiter: Nachdem die Frau im kapitalistischen Weltkonzept als Konsumentin aufgeführt wurde, als Präsentable, die sich Kosmetika und adretter Kleidung bedient, um das

Ansehen ihres Mannes zu steigern, endet die Analyse der Verschränkung von Naturunterwerfung und Patriarchat. Der Text widmet sich nun faschistischen und totalitären Entwürfen und Konzeptualisierungen von Natur.

Frigga Haugs Theorie und Wirken ist als Fortsetzung dieser Kritik am kapitalistischen Menschen- beziehungsweise Frauenbild zu sehen. Auch sie bedient sich der beiden Grundsätze der Kritischen Theorie – dem aufklärerischen Anspruch der Mündigkeit und der Emanzipation und den gesellschafts- und kapitalismuskritischen Erkenntnissen des Marxismus, Veränderung stets kollektiv und anhand der ökonomischen und materiellen Umverteilung zu denken. Sie verknüpft beides mit realen lebensweltlichen Erfahrungen, namentlich von Frauen.

Ähnlich wie bei Horkheimer und Adorno sind Frauen für sie der Inbegriff von sichtbar gewordener Naturbeherrschung im Kapitalismus. Zum einen, weil Frauen aufgrund ihrer biologischen Fähigkeiten und Voraussetzungen – ihrer potenziellen Fähigkeit Kinder zu gebären und der statistischen Wahrscheinlichkeit, einem Mann in physischer Kraft unterlegen zu sein – in nächste Nähe zum Naturbegriff gerückt werden und sich in ihrer Beherrschung die Vernunft des Mannes ausdrückt. Zum anderen, weil Frauen bis zur Erfindung der Pille von ihrer Natur, so Haug, beherrscht waren, insofern sie diejenigen sind, die Kinder bekommen und sie – bis zur Erfindung der industriell gefertigten Babynahrung – stillen und ernähren mussten. Die Antibabypille – in Deutschland ab dem Jahr 1961 käuflich erwerbbar – durfte allerdings zunächst nur an verheiratete Frauen mit mehreren Kindern verschrieben werden. An Frauen also, die ihrer »Pflicht« zur Reproduktion in jeder Hinsicht Genüge getan haben. »Die

Frage, ob ich ein Kind bekomme und wenn ja, wann, die stellte sich den Frauen damals nicht«, sagt uns Haug.

GOTTGESANDTE TEUFELSBRUT? VON DER VERTREIBUNG DES KAPITALISMUS AUS DEM UNTERLEIB.

Die »sexuelle Revolution« der Achtundsechziger allerdings veränderte die zuvor rigide Sexualmoral, nach der Sex nur innerhalb der Ehe anständig war. Indem es nun – ganz offiziell – Sex für Frauen auch ohne Ehe gab, schwebte die Frage nach einer gesellschaftlichen Einordnung der Kindszeugung, die mit Sex – zumindest sofern er zwischen Mann und Frau stattfindet – im Raum steht, aber nicht haltlos davon. Sie mündete stattdessen in der Forderung und Durchsetzung, dass Frauen selbstbestimmt über den Zugang zur Pille verfügen können. Ob die Naturbeherrschung mit der Pille wirklich endete oder sie nur verschob, ist angesichts der mittlerweile bekannten Nebenwirkungen des Präparats allerdings bis heute unklar. Denn auch wenn die hormonelle Familienplanung große Freiräume für gebärfähige Menschen eröffnete, ist doch die Einseitigkeit, mit der diese Verantwortung bei ihnen liegt, immer noch deutlich spürbar. Sei es, dass es außer Kondomen kaum Alternativen gibt, die nicht die Gebärfähigen in die Pflicht nimmt. Sei es, dass auch das Risiko, Krebs oder Diabetes zu bekommen oder weniger Libido zu verspüren, ein hoher Preis ist, den es für diese Freiheit zu bezahlen gilt. Ein Preis, der in Form von Krankheit und Lebensqualitätsverlust wieder von der körperlichen Natur von Frauen und Personen mit weiblichem Geschlechtsorgan bezahlt wird.

Inwiefern sich der Kapitalismus nur etablieren konnte, indem Frauen in einem jahrhundertelangen gewaltvollen gesellschaftspolitischen und juristischen Prozess auf ihre körperliche Fähigkeit, Kinder zu gebären, reduziert wurden, zeigt in eindringlicher Weise und mit historisch erschütternder Genauigkeit auch das Werk der italienischen Theoretikerin Silvia Federici. Sie ist eine Zeitgenossin und Mitstreiterin Haugs, die sich ebenfalls als Feministin und Marxistin begreift. Ihr Denken stimmt mit Haugs, aber auch Horkheimers und Adornos Anfangsüberlegungen auf inhaltlicher Ebene stark überein: Feministisches Nachdenken über Körper, Macht und Moral muss kapitalismuskritisch an den Eigentumsbegriff rückgebunden werden. In ihren Büchern *Caliban und die Hexe* und *Die Welt wieder verzaubern* schlüsselt sie auf, welche Bedeutung die Hexenverfolgungen im europäischen Herrschaftsbereich für diesen Prozess hatte – und nimmt darin expliziten Bezug auf das Diktum der von der Vernunft entzauberten Welt, wie es auch in der *Dialektik der Aufklärung* bereits im dritten Satz genannt wird.[53] Sie legt dar, wie der weibliche Körper aufgrund seiner Gebärfähigkeit zur Quelle eines der wichtigsten Rohstoffe des Kapitalismus wurde – von Arbeitern, während die Gebärfähigen selbst gleichzeitig in die finanzielle Abhängigkeit von Männern gedrängt und ihre Sexualität stigmatisiert wurde. Am deutlichsten wird das am Narrativ dessen, wie Frauen angeblich zu Hexen wurden: Der Teufel bezahlt sie mit einer Goldmünze dafür, mit ihm zu schlafen. So wurde sowohl das Bezahlen von Frauen als unmoralisch dargestellt – Geld in den Händen von Frauen sei wortwörtlich »des Teufels« –, als auch die sexuelle Selbstbestimmung von Frauen zu sündhafter Promiskuität und damit zum moralischen Tabu. Damit sicherte sich das europäische Patriarchat den alleinigen Zugriff auf den weiblichen Körper und mit ihm die Verfügung über den ›Rohstoff‹ des Arbeiters und seiner Arbeitskraft. Denn ohne die ›Re-Produktion‹ von Arbeitern durch Frauenkörper keine Fabriken, und ohne Fabriken keine Produktion von Gütern und Waren.

Indem Sorgearbeit und Reproduktion als monetär irrelevant entwertet wurden und weibliche Fürsorge zugleich unter die freie Verfügung männlicher Körper gestellt wurde, war die rechtliche und moralische Grundlage dafür geschaffen worden, Frauen aufgrund ihres Frau-Seins wie Eigentum zu behandeln. Es ist dieses Bild von der Hexe, das sich die europäische Frauenbewegung in den Siebzigerjahren politisch aneignete und kämpferisch positiv neu besetzte, um sich aus dem Narrativ der Frau als hilflosem Opfer zu befreien.[54]

Auch Haug problematisiert früh das Narrativ der ewig

wehrlosen Frau als ›zu Befreiender‹. Ein Mehr an Freiheit ist zwar zunächst etwas Gutes. Doch wenn die Befreiung die zu Befreienden nicht als entscheidungsfähige Akteurinnen einschließt, dann läuft sie Gefahr, den Veränderungsbedarf an den Interessen derjenigen zu bemessen, deren Privilegien mit einer gesellschaftlichen Umgestaltung eingeschränkt werden würden. »Sich opfern ist eine Tat, kein Schicksal«, rezitiert Haug für uns den zentralen Satz eines Vortrags, mit dem sie ihre These von der Selbstbefreiung der Frau erstmals an die Öffentlichkeit brachte.[55] Er erschien im Jahr 1980, das heißt nur drei Jahre nachdem Frauen in Deutschland nicht mehr die Erlaubnis ihres Ehemanns einholen mussten, um einen Beruf ausüben zu können. Allerdings dauerte es auch noch siebzehn Jahre, bis eine Vergewaltigung in der Ehe nicht mehr durch geltendes Recht als straffrei gedeckt war. Die Verantwortung für die Befreiung denjenigen in die Hände zu geben, die unter Unterdrückung und Ungleichheit selbst zu leiden hatten, bedeutete also, den Blick für das erforderliche Ausmaß von gesellschaftlicher Umgestaltung deutlich zu weiten. Und es bedeutete auch, danach zu fragen, warum sich Frauen großenteils noch immer willig in eine gesellschaftliche Rolle einfügen, die ihnen doch so offensichtlich zum Nachteil gereicht. Es stand in Deutschland niemand mehr mit einem Gewehr hinter ihnen und zwang sie mit Waffengewalt in die Institution der Ehe. Was also macht es trotz offensichtlicher Nachteile – bis heute – so verführerisch für sie, dennoch häufig am traditionellen Rollenbild festzuhalten?

Haug schreibt: »In jedem Tun steckt … ein Stück Einwilligung.«[56] Zu ihrer Erkenntnis gelangte Haug auch beim Besuch des Unabhängigen Frauenverbands der DDR: »Eine nach der anderen ging nach vorne, hatte niemals zuvor darüber gesprochen, und sagte: ›Er schlägt mich‹, ›Er verbietet mir dies und jenes‹, ›Er lässt mich nicht.‹ Und ich dachte: Das ist doch wahnsinnig – wie können diese ganzen Frauen alles an einen Mann hängen, der irgendetwas Böses mit ihnen tut? Und warum wehren sie sich nicht?« Wütend und schockiert über das Ausmaß an Leid, das sich dort auftat, erkannte sie zugleich, dass die wehrlos-duldsame Starre, mit der die Betroffenen Brutalitäten und Ungerechtigkeit über sich ergehen ließen, einen Grund hatte. Und dass dieser Grund nicht nur bei den Männern zu suchen war. Diese Frauen, erzählte uns Haug, sahen einen Vorteil, sich nicht aus ihrer Situation zu befreien: »Ein Einfamilienhaus mit Dackel und zwei Kindern und zwei Autos.«

DIE SÄULEN DES PATRIARCHATS.

Sind Frauen nur Opfer oder auch Täter?

Haug wählte mit dem Begriff »Täter«, wie sie uns erzählt, bewusst die männliche Form, um die patriarchale Kontextbezogenheit des Sich-Opferns der Frauen abzubilden. In einem System, in dem finanzielle Absicherung und Status eine entscheidende Rolle spielen, ist eine Befreiung aus der patriarchalen Kleinfamilie immer an den Verlust von materieller Sicherheit und von Ansehen in der Gesellschaft geknüpft. Eine feministische Befreiung ohne ihre ökonomischen Dimensionen zu denken, ist in Haugs Augen daher ebenso zwecklos wie der damalige Ansatz des Marxismus in Deutschland, die Frauen erst nach der geglückten Revolution gegen den Kapitalismus zu befreien.

»Jede Unterdrückung, die nicht mit äußerem Zwang arbeitet, muss mit der Zustimmung der Beteiligten arbeiten«, konstatierte Haug. Was aber genau verstand sie unter einem äußeren Zwang? Bevor Frauen selbstbestimmt Zugang zur Pille hatten, waren sie ihr halbes Leben lang schwanger oder mussten stillen, bis sie früher oder später bei der Geburt eines ihrer Kinder im Kindbett – oder bei einer illegalen, unprofessionell durchgeführten Abtreibung – starben. Diese lebensbestimmende und lebensbedrohende Realität ist durchaus als äußerer Zwang zu verstehen. Doch zu der Zeit, als Haug ihren Text verfasste, konnte die Gesellschaft Frauen oder Personen mit weiblichem Sexus[57] immer weniger anhand der biologischen Fähigkeiten ihrer Körper beherrschen. Man konnte sie nicht länger zu Opfern ihrer eigenen Natur machen. Dabei ist zu betonen, dass Frauen und Personen mit weiblichen Körpern nicht per se Opfer ihrer ›Natur‹ sind, sondern es nur werden können, solange diese biologischen Prädispositionen gesellschaftlich zur Schwäche gemacht und ausgenutzt werden. Es ist weder ›die Natur‹ noch ›ihre Natur‹, die Frauen dazu zwingt, Kind um Kind um Kind zu bekommen und all diese Kinder unbezahlt und in finanzieller Abhängigkeit großzuziehen – das ist ein eindeutiges Spezifikum von patriarchalen, kapitalistischen Gesellschaften.

Andere Gesellschaftsformen, in denen diese körperlichen Eigenheiten nicht mit einer sozialen Alleinverantwortung gleichgesetzt werden und über die zugleich allzeitlich fremdverfügt werden darf, sind nicht nur hypothetisch denkbar, sondern durchaus bekannt. Wir kommen mit Frigga Haug darauf zu sprechen: »Die Reproduktion ist doch so eingerichtet: Würde es nicht eine Gruppe geben, die sich um den Nachwuchs kümmert, würde sie eingehen. Es gibt eine Autorin, die das etwas erschüttert hat, Hrdy. Sie hat herausgefunden, dass die Überlebensrate der Gattung noch größer wird, wenn die ganze Gemeinschaft für die nächste Generation zuständig ist und nicht bloß eine Person oder ein Teil der Gattung.« Die Rede ist von der *weißen* US-amerikanischen Anthropologin Sarah Blaffer Hrdy, die die Bedeutung der Aufteilung von Sorgearbeit in gesellschaftlichen Gruppen erforschte.

Haug interessierte aber etwas anderes, nämlich dass Frauen in patriarchalen Gesellschaften in überwältigender Deutlichkeit Opfer sind. Sie sind Opfer von sexualisierter und physischer Gewalt in Partnerschaften und in der Ehe. Sie sind Opfer eines Arbeitsmarkts, der sie schlechter bezahlt als Männer. Sie sind Opfer eines Bildungssystems, das ihnen im Vergleich zu ihren männlichen Kollegen den Zugang zu höheren Abschlüssen immens erschwerte. Dieser Mangel an Ausbildung bescherte ihnen ein deutlich geringeres Ansehen auf dem Arbeitsmarkt und machte sie zu Opfern der freien Wirtschaft: Es standen ihnen kaum berufliche Felder offen, die über schlecht bezahlte Hilfsarbeiten hinausgingen. Es ist ein Prozess der »Hausfrauisierung«[58] – eine domestizierende Verdrängung von Frauen aus dem öffentlichen Leben.

Darüber hinaus beobachtete sie, dass Frauen selten in Gewerkschaften und noch seltener in der Politik vertreten waren – anders als Männer organisierten sie sich kaum, um sich bessere Arbeitsbedingungen zu erkämpfen. Eine Beobachtung, die auch heute noch zu machen ist, denn die Zahl der Politikerinnen hat zwar zugenommen, doch nach wie vor sind Frauen in der Politik und in Gewerkschaften in der Unterzahl. Dieses Phänomen der unsichtbaren Frauen betraf auch die politischen Bewegungen, in denen Haug selbst tätig war: »Die Anti-Atomkraft-Bewegung, die Bewegung gegen den Kolonialismus in Bezug auf den Algerienkrieg, die Antisemitismus-Kampagnen – überall gab es so gut wie keine Frauen. Ich war dann im Sozialistischen Deutschen Studentenbund. Da gab es einen Spruch: ›Im SDS gibt es eigentlich keine Frauen. Und wenn sie doch da sind, erkennt man sie nicht als solche.‹ Das zeigt ungefähr das Klima. Als ich im SDS war, gab es im Ganzen sieben Frauen. Immerhin. Die kenn ich immer noch, soweit sie nicht gestorben sind.«

Haug benannte all diese Ungerechtigkeiten und schier erdrückenden Lebensumstände schon 1980 und fragte: Was braucht es noch, um Frauen den Weg ins Aufbegehren, in die Emanzipation umfassend zu ermöglichen? Denn Frauen scheitern bei ihrem Weg aus der »Hausfrauisierung« heraus offensichtlich nicht nur an ihrer biologischen Natur. Sie scheitern darüber hinaus an dem, was Haug »Beziehungsprobleme« nannte. Damit meinte sie nicht Beziehungsprobleme à la »Er liebt mich, er liebt mich nicht« – sondern die Beziehung von Frauen zu sich selbst. Oder genauer: Sie scheitern in ihrer Beziehung zu sich selbst an herausfordernden Entwicklungsschritten, in denen sie von der Gesellschaft alleingelassen und die ihnen von außen aktiv erschwert werden. Entwicklungsschritte sind normalerweise etwas, das Menschen als krisenhaft erfahren, was sie verunsichert und vor dem sie eine gewisse Angst verspüren. Deswegen brauchen sie Personen, die sie dabei emotional begleiten, sie ermutigen, ihnen Dinge beibringen und sie trösten, wenn etwas misslingt – bis es dann doch gelingt und zu einer Kompetenz wird. Solche Personen sind zum Beispiel Erzieher:innen, Lehrer:innen oder Familienmitglieder.

Man könnte der Aufzählung von Haug Psychotherapeut:innen und andere beratende Personen anfügen, denn sie unterstützen Menschen ebenfalls dabei, die emotionalen Konflikte, Anstrengungen und Frustrationen auszuhalten, die das Erlernen neuer und unbekannter Verhaltensweisen mit sich bringt. Vorausgesetzt, diese Personen sind für strukturelle Ungerechtigkeiten sensibilisiert. Sonst wird die Psychotherapie, den unter dem System leidenden Menschen vereinzelnd, zu einem Hilfsinstrument des Kapitalismus.

Da gewisse Verhaltensweisen und Entwicklungsschritte von Frauen – wie finanzielle Unabhängigkeit, Meinungsstärke, gedrosselte Fürsorge für andere zugunsten einer freieren Selbstentfaltung – in patriarchalen, kapitalistischen Gesellschaften kaum unterstützt wurden, waren Frauen hier, nach Haug, zunächst lange allein auf weiter Flur. Besonders die Erziehung zur braven Ehefrau, die keine Widerworte gibt, durch Eltern und Lehrer:innen nahm – und nimmt noch heute, wenn auch in abgeschwächter Form – schon früh formenden

Einfluss auf weibliche Kinder. Sie wurden und werden von ihren engsten Bezugspersonen von Beginn an viel häufiger zur Zurückhaltung und Duldsamkeit sozialisiert als Jungen. Die Bedeutung der Erziehung für die Moral hatte Adorno in seinen Radiobeiträgen zur *Erziehung zur Mündigkeit* bereits ausführlich ausgeführt, wenn auch mit Schwerpunkt auf die Verhinderung eines sich wiederholenden Holocausts.

Sich politisch oder gewerkschaftlich zu organisieren bot keine Abhilfe, da Frauen hier kaum die emotionale Unterstützung erfuhren, die sie für die Bewältigung ihrer »Beziehungsprobleme« brauchten. Nicht zuletzt, weil in diesen Organisationen Männer in großer Zahl vertreten waren, denen es letztlich (bewusst oder unbewusst) dienlich war, wenn ihre weiblichen Mitstreiterinnen keine allzu großen charakterlichen Veränderungen durchliefen. Denn sie waren »Nutznießer dieser vorher anders gesetzten Persönlichkeitsstrukturen«[59] – ob sie es wollten oder nicht.

An dieser Stelle offenbart Haug ein zentrales Motiv, das für ihr gesamtes Schaffen und Leben wegweisend ist: der solidarische, unterstützende und fürsorgende Zusammenschluss von vielen als Schlüssel zur Veränderung. Die Gemeinschaft der Gruppe sowie das geteilte Lernen und Aktiv-Werden innerhalb der Frauenbewegungen. In ihnen hatten und haben Frauen die Chance – fern vom stereotypen Erwartungsbild ›Mann, Familie, Kinder‹ und dem ihnen anerzogenen Bedürfnis, Aufmerksamkeit, Bindung und Fürsorge zu spenden –, sich im Schutz der Gemeinschaft gegenseitig dabei zu unterstützen, neue Verhaltensweisen zu erlernen. Neue Arten des Fühlens und des Agierens zu wagen. Gehalten von der Solidarität der Gruppe können Frauen gemeinsam lernen, schmerzhafte Erfahrungen zu teilen und Realitäten außerhalb von sich selbst, aber auch in ihrem Inneren zu konfrontieren und schließlich zu verändern.

Beispielhaft ist dafür der Satz: »Familie weniger wichtig nehmen.«[60] Was meint Haug damit? Und warum fühlt sich der Gedanke, Familie weniger wichtig zu nehmen, an wie ein drohender Identitätsverlust? Betrachtet man die Aussage genauer, wird es spannend. Es steht dort nicht: »Besser den Workload aufteilen« oder »Den Mann in die Pflicht nehmen«, was alles schon wieder ans Außen, an einen anderen außerhalb meiner selbst gerichtete – und ohne Zweifel wichtige – Ansätze wären. »Familie weniger wichtig nehmen« jedoch findet in einem selbst statt, es ist »Beziehungsarbeit« mit sich selbst. Es kann zunächst auch ohne andere geschehen, denn es ist ein innerer Shift, eine Veränderung der eigenen Haltung. Der Satz gibt die Erlaubnis, noch andere Prioritäten zu haben als die Fürsorge für die kapitalistische Kernfamilie. Er entthront die Fürsorge für Familie und Partner:innen im Selbstbild von Frauen, ohne sie damit für komplett nichtig zu erklären. Am Ende der erfolgreichen Beziehungsarbeit steht nicht etwa eine uniforme potente Frau, sondern eine Vielzahl von mutigen Personen, die ein gemeinsames solidarisches Netz teilen und darin selbstbewusst verschiedenste voneinander abweichende Lebensentscheidungen für sich treffen können.

Täter und Opfer

Dass sowohl die Kritische Theorie als gedankliche Schule als auch Frigga Haug als Einzelperson biografische Bezüge zum Nationalsozialismus hat, zeigt sich nicht zuletzt in der Tradition der Begriffe, mit denen beide sich zu gewissen Themenfeldern äußern. So erhielten Bezeichnungen wie »Täter« oder »Opfer« in der Debatte um die Aufarbeitung der Schrecken des Holocaust in den Achtzigerjahren einen neuen Bedeutungswert. Das ist insofern bemerkenswert, als diese Begriffe dadurch auch in der Weise, wie Frigga Haug sie für ihre Argumentation zur Selbstbefreiung von Frauen verwendet, eine weitere, wenn auch vielleicht nicht bewusst gewählte Bedeutungsebene erhalten.

Sprach man zuvor bei den vom nationalsozialistischen Staat verfolgten und ermordeten Juden:Jüdinnen und anderen diskriminierten Gruppen noch von »Geschädigten«, so wurde mit dem Begriff des »Opfers« ein anderes Bild gezeichnet. Der »Opfer«-Begriff entspringt der in Deutschland dominanten christlichen Normgesellschaft: Im christlich geprägten Sprachverständnis knüpft das Wort »Opfer« an das Symbol des heiligen Opferlamms an, das ohne eigenes Verschulden sein Leben geben muss.[61]

Mit Jesus, der sich am Karfreitag für die Sünden der Menschen – allerdings freiwillig und damit unter Beibehaltung seiner Handlungsfähigkeit – opferte und schuldlos am Kreuz verstarb, wird in den Akt des Sich-Opferns wieder eine gewisse Form von Handlungsfähigkeit hineingelegt: Jesus entscheidet sich bewusst für den Tod am Kreuz. Diese beiden Auslegungen des Sich-Opferns stehen sich im deutschen Nachkriegsdiskurs gegenüber: Die sich für das Vaterland ›freiwillig‹ opfernden Soldaten behielten Handlungsmacht, während man für die Verfolgten das Bild des passiven Opfers wählte, was zum einen deren Unschuld betonte, zum anderen aber auch die vollkommene Abwesenheit ihrer Handlungsmacht. Mit der absoluten Unschuld der Opfer wird allerdings auch die Schuld der Täter:innen beinahe absolut gesetzt – und damit der Zugang zu Handlungsmacht monopolisiert. Die Schuld der Täter:innen wird dadurch, wie etwa die Journalistin Jessica Jacoby und die Autorin Gotlinde Magiriba Lwanga bereits 1990 ausführen, in problematischer Weise unantastbar: sie wird über jede Kritik erhaben und dadurch geradezu zu einem Abwehrmechanismus.[62] Im Gegenzug sichert die christlich-katholische Tradition der Beichte für die Schuldigen weiterhin den Moment der Katharsis.

In der Tradition der deutschen Erinnerungskultur versucht man seit den Achtundsechzigern mit der Verwendung des Opferbegriffs etwas bis dahin Unbeschreibliches im Sprechen und Nachdenken über die deutsche faschistische Vergangenheit zu verankern. Anders als beim Begriff der »Verfolgten« – er suggeriert die Möglichkeit zur Flucht – und auch anders als beim Begriff der »Geschädigten« – die Geschädigten konnten vor Gericht einen konkreten Schaden anklagen, der nicht ihre Gesamtheit als Mensch betraf –, ist im Begriff des »Opfers« etwas Grundlegendes verbürgt: die Unentschuldbarkeit des Geschehenen und der bis dahin im Nachkriegsdeutschland – wenn überhaupt anerkannte – häufig zum bloßen Schaden abgewertete Verlust von etwas Heiligem. Damit ist das Leben eines jeden einzelnen Menschen, der dem systematischen Morden des NS-Regimes zum Opfer gefallen ist, gemeint.[63]

Wenn Frigga Haug also Worte wie »Täter« und »Opfer« wählte, klangen darin zugleich wichtige Diskurse aus derselben Zeit mit. Es sind Diskurse, die auch aus den Widerstandsaktionen der Student:innenbewegung stammten, die sich gegen die personelle Kontinuität von Lehrenden mit NS-Vergangenheit an den Universitäten zur Wehr setzten. »Als ich in die Universität kam, waren alle meine Lehrenden ehemalige Nazis. Und dagegen kämpften wir: Nie wieder Nazis!

Nie wieder Faschismus! Wir kamen an die Universität und sagten ›Freie Universität‹, das bedeutete: nicht mehr Faschismus. Also war das unsere erste Aufgabe. Und wenn diese Nazis uns jetzt was sagen wollten – dann würden wir bei denen einfach nicht studieren. Und was folgte daraus? Eine Abstimmung im Audimax. Wir machen eine eigene Universität. Wer ist dafür? Alle, alle, alle. Rauchwolken. Wie viele geraucht hatten. Wir machen unsere eigene Universität. Und wir studieren nur das, was wir wollen. Was wir für wichtig halten.«

Indem Haug im Geiste der Emanzipation der Student:innenbewegung von Opfern sprach, die auch Täter sind – Täter, die ihrem Opferdasein zustimmen –, mäanderte sie damit auf einem Grat, der auch heute hochaktuell ist: Welche Vorteile bietet die Errungenschaft des Opferbegriffs vor allem was die Klarheit der Schuldfrage betrifft? Und inwiefern birgt der damit inbegriffene Verlust einer Handlungsfähigkeit des Opfers nicht auch eine Gefahr für diejenigen, die der Begriff beschreibt und die er unumstritten schützen soll? Zum einen setzt der Opferbegriff fest, dass jegliches Leid, das Betroffene in der Vergangenheit erlitten haben, Unrecht ist. Er besteht darauf, dass keine Täter-Opfer-Umkehr stattfindet: Etwa, dass die Ehefrau ihren Mann mit ihrem Verhalten provoziert habe und damit gewissermaßen selbst für die erlittenen Körperverletzungen zur Verantwortung zu ziehen sei. Indem Haug sich an den Täter in den Frauen wendet, appelliert sie an eine Zukunft, die gestaltbar ist und in den Händen derjenigen liegt, die sich längst in eine ausweglose Endlosigkeit der Wiederholung imaginiert hatten. Eine Zukunft, in der der Istzustand zum Schicksal wird.

Mit Blick auf die Auswirkungen, die die Emanzipationsbewegungen vor allem der *weißen* Frauen in Europa auf die Lebensrealitäten von migrantisierten Frauen und Frauen, die rassifiziert werden, haben, kann über den Opferbegriff noch an eine andere Dimension der Täter:innenschaft von *weißen* Frauen angeknüpft werden. Gerade weil die Emanzipationsbewegung in Deutschland von (wohlhabenden) *weißen* Frauen dominiert wird und nach wie vor in einem neoliberalen, kapitalistischen Gesellschaftssystem stattfindet, das sie ebenfalls gegenüber rassifizierten und migrantisierten Frauen privilegiert, wurden bislang keine nachhaltigen Lösungen für das Problem der unbezahlten Care-Arbeit gefunden, die diese angemessen entlohnt und die Verantwortung hierfür zugleich auf die gesamte Gesellschaft umverteilt.

Stattdessen hat sich die unbezahlte Care-Arbeit in extrem schlecht bezahlte Care-Arbeit verwandelt, die an eine neue Gruppe prekär lebender Frauen ausgelagert wurde. *Weiße* Frauen haben sich ihre eigene Emanzipation durch eine strukturelle Verschiebung des Problems in Form der Ausbeutung von migrantisierten Frauen und weiblichen BIPoC (Black, Indigenous and Persons of Color) erkauft. Statt selbst die kranken, alten Eltern zu pflegen, übernehmen dies nun ärmere Frauen aus europäischen Ländern wie Polen und Rumänien oder aus afrikanischen Ländern wie Ghana und dem Senegal. Sie werden über Agenturen in ausbeuterischen Zeitarbeitsverträgen an mehr oder weniger wohlhabende deutsche Familien vermittelt und ziehen in die Häuser der zu Pflegenden ein. Aufgrund gesonderter arbeitsrechtlicher Regelungen – oder vielmehr dem Aussetzen fast eines jeden Arbeitnehmer:innenschutzes – können sie dazu verpflichtet werden, beinahe lückenlos im Dienst zu sein.[64] Ähnlich verhält es sich mit privaten Haushaltshilfen und Kindermädchen, aber auch mit

Reinigungskräften und weiteren Berufsfeldern, die ursprünglich in den Arbeitsbereich der unbezahlten »Hausfrau« fielen.[65] Von Solidarität und Zusammenhalt unter Frauen, wie sie Haug in ihren feministischen Frauengruppen als Schlüssel für die Befreiung aus der patriarchalen Kernfamilie sah, ist über die diskriminierenden Hürden von Race und Class hinweg in diesen Fällen noch nicht zu sprechen.

Eine Gefahr, die ebenfalls im Opferbegriff und den ihm innewohnenden Implikationen verborgen liegt, ist eine feministisch begründete, retrospektive moralische Überhöhung von historischen Akteurinnen. Gut zu erkennen ist dies beispielsweise an der Künstlerin und Naturforscherin Maria Sibylla Merian. Als alleinerziehende Mutter ging sie im Jahr 1699 für zwei Jahre in die Kolonie Surinam, die zu diesem Zeitpunkt unter niederländischer Vorherrschaft stand. Vor Ort zeichnete die Insektenforscherin nicht nur die unterschiedlichen Stadien der Metamorphose von Gliederfüßern und Schmetterlingen. Sie erforschte auch verschiedenste Pflanzen, die in Europa zu diesem Zeitpunkt noch nicht bekannt waren. Dazu nutzte sie unter anderem ihre eigene gesellschaftliche Position als *weiße* Frau und die Infrastrukturen der Kolonie und befragte versklavte Frauen zu ihrem botanischen Wissen. Besonders berühmt sind aus diesem Kontext Merians Grafiken samt Aufzeichnungen zu einer Pflanze namens *Flos pavonis* – der Pfauenblume. Die Samen der Pflanze wurden traditionell vor der Kolonialisierung von den Bewohnerinnen Surinams für Abtreibungen genutzt.

Durch Historiker:innen und Kunsthistoriker:innen wurde Maria Sibylla Merian einer feministischen Neubetrachtung unterzogen. Allerdings schien man es ihr aufgrund ihres Frau-Seins imaginativ nicht zuschreiben zu können, innerhalb der kolonialen Machtstrukturen selbst Täterin gegenüber Kolonialisierter – insbesondere gegenüber Frauen – zu sein und nicht nur emanzipiertes Opfer patriarchaler europäischer Gewaltstrukturen. Statt ein vielschichtiges Bild mit Widersprüchen und Brüchigkeiten von ihr zu zeichnen, wurde sie überwiegend als Galionsfigur feministischer Geschichts- und Kunstgeschichtsforschung bekannt. Gerade die Tatsache, dass sie sich von unterdrückten und versklavten Frauen über ein Mittel zur Abtreibung informieren ließ, machte es für viele Forscher:innen geradezu unmöglich, sie sich nicht als Verbündete der Unterjochten vorzustellen. Aufgrund des Opferstatus, den die Forschenden in Deutschland als wichtiges machtpolitisches Mittel für Frauen entdeckt hatten, mit dem sie dem Patriarchat zu Recht seine Gewaltbereitschaft aufweisen konnten, verleitete es sie doch zugleich dazu, antikoloniale Bestrebungen ihrer eigenen Gegenwart rückwirkend anachronistisch auf historische Personen zu übertragen.

Erinnerungsarbeit: Aktivismus und Schreiben

Auch im Angesicht der MeToo-Debatte von 2018 äußert Haug sich wieder im Sinne ihrer selbstkritisch-kämpferischen Haltung in der *Berliner Zeitung*. Sei es die Arbeiterbewegung, die die feministischen oder die antikolonialen Kämpfe mitzudenken vergisst, oder die Frauenbewegung, die die ökonomischen Folgen ihrer Befreiung unterschätzt: »Ich finde es zu wenig, zu sagen: auch ich. Im sozialistischen Frauenbund war unsere Losung: ›Jammere nicht, leiste Widerstand!‹«[66]

Doch wie verallgemeinert man Widerstand so, dass die daran beteiligten Menschen sich nicht nur als Gruppe, sondern als Gemeinwesen begreifen? Wie kann man es schaffen, dass sie ihren Veränderungswillen und ihren Zorn in ein Projekt für alle umbauen? Denn jeder Versuch einer Veränderung, die nicht mit einer solchen demokratischen Weitsicht agiert, mündet zwangsläufig wieder in seiner Umkehrung – im goldenen Käfig aus Haus, Dackel, zwei Kindern und zwei Autos.

Frigga Haugs Beitrag in dem Band *Frauen – Täter oder Opfer?* mit dem gleichnamigen Titel wurde nach seinem Erscheinen 1981 vor allem aus marxistischen Reihen stark kritisiert. Von feministischer Seite wurde ihr vorgeworfen, die Frauenfrage auf eine reine Bewusstseinsfrage, auf eine der Ideologie zu reduzieren. Es wäre quasi nur eine Frage des Mindsets, sich zu befreien – was die Frauen wiederum als Schuldige an ihrer eigenen Unmündigkeit und Unterdrückung darstellen würde: Das Individuum würde in der Art, wie Haug darüber spreche, auf sich selbst zurückgeworfen, während die es umgebenden gewaltsamen Strukturen unangetastet blieben. Außerdem interpretierte man ihren Text als Zeugnis eines Denkens, das die Dimensionen von Gewalt- und Produktionsverhältnissen, also die wirtschaftlichen Faktoren und die Wirkmacht sozialer Schichten innerhalb eines kapitalistischen Systems, ignoriere.

Der Verweis auf die eigene aktive Rolle von Frauen in den bestehenden Verhältnissen wurde Haug als Schuldzuweisung ausgelegt und damit als Verrat an der Frauenbewegung und an marxistischen Idealen. Doch nicht nur verschiedene marxistische Frauengruppen empörten sich über ihren Beitrag. Auch vonseiten männlich dominierter linker Vereinigungen erfuhr sie harsche Kritik und soziale Ächtung: »Für meinen Text wurde ich aus den Reihen der aufrechten Rechtgläubigen ausgeschlossen. Das heißt, es gab ein Tribunal vom Institut für Marxistische Studien und Forschungen in Frankfurt, ich wurde fortan aus der Familie geworfen. Warum? Weil in den Parteibüchern steht: Erst müssen wir den Kapitalismus besiegen, die Frauenfrage kommt dann. Dann wird die Arbeiterklasse die Frauen befreien. Ich sagte: ›Wieso die? Die müssen sich doch selbst befreien, sonst wird das nichts.‹«

Um sich selbst zu befreien, bedarf es emotional stützender Strukturen. Denn Befreiung bedeutet unweigerlich, sich für eine Krisensituation, für einen erbitterten Konflikt zu entscheiden. Und so begann Haug gemeinsam mit anderen Frauen eine Methode zu entwickeln, die ihnen genau dabei helfen sollte: die Erinnerungsarbeit. Sie kam auf, weil sie auf der Suche nach einer Antwort war, warum Frauen ihrer eigenen Unterdrückung aktiv zustimmen. Warum entscheiden sie sich immer wieder für eine Zukunftsvision, in der sie Dackel haben und zwei Kinder, zwei Autos und keine eigene finanzielle Absicherung?

Der politische Anspruch, den sich Haug bei der Ausarbeitung dieser Methode stellte, war, dass alle herausfinden können, warum sie tun, was sie tun. Doch wie geht man dabei vor? An welchen theoretischen Vorbildern orientiert man sich?

»Ich musste das nicht philosophisch erfinden, sondern ich fragte die Frauen«, entgegnet Haug im Gespräch. »Und alle haben zu schreiben begonnen. Die Geschichten waren ungeheuerlich, denn die Möglichkeiten von Frauen, alles aufzuschreiben, waren ebenfalls verschüttet. Und plötzlich schrieben sie. Sie schrieben darüber, was sie gemacht haben, was geschah, wie sie sich dazu verhalten haben. Von einer Sekunde zur anderen entwickelten sie sich, wurden zu Frauen, die nun wissen, was da gesprochen wird und was sie damit zu tun haben. Sie sind in eine Praxis gekommen, die sie als Subjekte zur Welt brachte, die sie wiederum verbessern konnten. Es ist ungeheuerlich, was dabei an literarischem Potenzial herauskam, wer alles schreiben konnte, und zwar aufs Wunderbarste.«

KLEINE FRAUEN-TRÄUME.

Die Subjektwerdung der Frau. Nachdem sie über Jahrhunderte durch eine systematische Ausgrenzung vom europäischen Vernunftbegriff fast zum Tier degradiert worden war, kam die Frau in der Kulturtechnik des Schreibens wieder zu ihrem fast unsichtbar, ungreifbar gewordenen Selbst als Subjekt zurück. Man könnte Haugs Methode der Erinnerungsarbeit als kollektiven denkerischen Gegenentwurf zur einsamen Arbeit des maskulinen Genies an seinem philosophischen Text betrachten. Wenn der männlich gedachte Philosophentypus Texte verfasst, um ein dezidiert eigenes Werk zu schaffen, möchte er nicht nur das Wahre erkennen. Der Philosoph als Typus schreibt, damit er sich »selbst ein Denkmal in der Geschichte schafft«. Und dieses Denkmal fordert nachfolgende Denker:innen dazu auf, nicht nur seine Theorien zu rezipieren, sondern ihn geradezu zu ›verkörpern‹ – was in diesem Sinne auch ein gewisses Bild von Männlichkeit in der Philosophie fortschreibt.

»Wie kann man denn das als Ziel haben: Ich möchte ein Denkmal haben – das ist doch eine reine Männeridee.« Haug beschreibt ihren Ansatz in starker Abgrenzung zu solch isolierten Praktiken des Denkens so: Jeder Gedanke, besonders aber die Konzepte, die sehr abstrakt erscheinen, werden von ihr im metaphorischen Sinn durch die »Küche der Erfahrung« geschickt. Lässt sich der Gedanke an die Erfahrungswelt anknüpfen? Ist er greifbar? Man könnte auch sagen: Ist er politisch bedeutsam und bezieht er sich auf tatsächliche, verletzliche Körper und echte, lebensnahe Erfahrungen? Und wenn nein, so ist es kein wichtiger, kein hilfreicher Gedanke.

In der Gestaltung ihrer Methode der Erinnerungsarbeit setzt Haug bei Personen an, die durch jahrhundertealte kapitalistisch-patriarchale Strukturen vereinzelt wurden. Das Schreiben über die eigene Isolation innerhalb des patriarchalen Systems und darüber, wie man wieder und wieder scheinbar ohnmächtig dabei zugesehen hat, was mit einem geschieht, wird zur Waffe und zum Instrument der Emanzipation. Indem Frauen gemeinsam erkennen, dass ihre Zustimmung zur Situation durchaus eine Rolle spielt, finden sie in der Gruppe und im Schreiben einen Weg, diese Zustimmung zu revidieren, mit der Sicherheit der Solidarität des gegenseitigen Verständnisses im Rücken.

In den Literaturwissenschaften gibt es das Konzept der Heldenreise – und der Heldinnenreise. Dabei ist die Heldinnenreise kein nachträglicher Ableger der Heldenreise. Sie ist nicht etwa aus einer Rippe Adams geformt, sondern hat eine ebenso lange historische Tradition wie die Heldenreise. Letztere folgt dem Skript: »Der zunehmend isolierte Protagonist stapft umher und bearbeitet das Böse mit spitzen Gegenständen, tötet schließlich den Bösewicht und erlangt Ruhm und Ehre.«[67] Bei der Heldinnenreise hingegen verhält es sich umgekehrt: »Die zunehmend vernetzte Protagonistin schreitet mit guten Freund:innen umher und treibt sie und andere zum gemeinsamen Sieg an.«[68]

Ist Haugs Ansatz, Theorie zu betreiben und Kritik zu üben, als Gegenentwurf zu einer männlich konzipierten Denker-Figur, also im Stil einer Heldinnenreise zu begreifen? Statt sich in zunehmender Isolation nicht nur von anderen Menschen, sondern auch vom eigenen Körper abzuschotten, der zugunsten eines rein philosophischen Denker-Geistes aufgegeben wird, ist Haugs kritisches Denken stets auf solidarische Vernetzung in einer lebensweltlichen Greifbarkeit gerichtet. Es geht durch die Küche. Die sich in ohnmächtiger Handlungsunfähigkeit wähnenden Frauenkörper befreien sich als Denkende nicht nur aus einem bestimmten Aspekt des Opfer-Narrativs, das sie umklammert und behindert, statt ihnen zu helfen. Sie befreien sich auch über eine Rückeroberung ihrer Körper. Und wie geht das genau? Es funktioniert, indem sie sich als Gruppe zusammenschließen. Als Schreibende und als Sprechende, als Zuhörende, als Entsetzte, als sich gegenseitig in den Erzählungen der anderen Wiedererkennende – und als widerständig Handelnde.

Indem sich Haug und ihre Mitstreiterinnen in Büchern wie *Sexualisierung der Körper*[69] mit ihren eigenen Körpern als Orte der Objektifizierung auseinandersetzten, sie Stück für Stück auseinandernahmen, machten sie kapitalistische, patriarchale Ideologien darin ausfindig, die jeden Zentimeter ihres Daseins besetzen: Hängebusen gegen Nicht-Hängebusen, zu dünnes Bein gegen zu dickes Bein, zu breiter Hintern gegen zu kleinen Hintern, zu schmale Hüften gegen zu weichen Bauch. Sie stellten fest, dass ihr Bezug zu ihren eigenen Körpern einer war, mit dem sie sich selbst zum Objekt machten, indem sie ihm stets missgünstig und disziplinierend begegneten: mehr Sport, Diäten, Enthaarungen, operative Straffungen. Diese Selbstzerfleischung wurde nach und nach aufgedeckt und durch eine Wehrhaftigkeit ergänzt, die sich auch heute noch in den sozialen Medien unter Hashtags wie #saggyboobs oder #fatandhappy im Kampf gegen die ständig anwachsende Vielzahl an Schönheitsstandards fortsetzt. Indem Frauen selbstbewusst ihre Körper zurückverlangten und indem sie öffentlich Aufmerksamkeit für ihre Anliegen forderten. Indem sie diejenigen Männer, die endlos redeten, aber nicht über ihre Belange sprachen, mit Tomaten bewarfen, wehrten sie sich mit Wort und Tat – bis schließlich all jene Worte einen Weg aus ihren Körpern finden konnten, die zuvor als stumm gelegte Gedanken auf Kosten ihrer eigenen Aufopferung in ihnen gelagert wurden.

Gründung einer gemeinschaftlichen Frauenredaktion

Schreiben ist ein unglaublich wirkmächtiges Mittel, um ins Nachdenken zu kommen, um schmerzhafte und traumatisierende Erfahrungen zu verarbeiten und um mit Blick auf eine politische Gestaltung der Zukunft das eigene Selbst zu reflektieren. Doch um als schreibende Frau eine öffentliche Reichweite zu erlangen und sich dann auch noch der Frauenfrage zu widmen, mussten nicht nur innere Hürden überwunden und das Handwerk des Schreibens und des Argumentierens erlernt werden. Es musste auch ein erbitterter Kampf gegen männlich geleitete Institutionen geführt werden.

Und so begann Haugs Arbeit in einer Zeitschrift für Philosophie und Sozialwissenschaft: *Das Argument* wurde herausgegeben von marxistisch orientierten Linken. Lange Zeit war sie ein rein von Männern geführtes und gefülltes Heft, doch das lag nicht nur daran, dass Texte von Frauen abgelehnt wurden, weil sie von Frauen waren. Es lag auch an der Qualität der Beiträge, die aufgrund einer schlechteren Ausbildung von Frauen häufig hinter denen aus männlicher Hand zurückblieben. Vielleicht aber auch daran, dass eine gewisse Art des Sprechens gewohnter für die damaligen Lesenden war. »Als ich in die Zeitschrift eintrat, gab es fast nur Artikel von Männern, die unsere Zustimmung fanden. Meine eigenen Urteile über die eingesandten Manuskripte von Frauen waren genauso. Ich sagte: ›Das können wir nicht drucken, das ist einfach kindlich – so geht es nicht.‹« Doch statt diese qualitativen Unterschiede inhaltlich als uninteressant im Sinne einer kleingeistigen ›Frauenliteratur‹ zu diskreditieren, entschied sie sich für den Weg der solidarischen Arbeit am Schreiben: »Ich hatte dann die Idee, ich muss Frauen gewinnen und schulen, dachte, wir müssen zusammen lernen. Das dauerte aber. Und unser Vorhaben, eine regelmäßige Frauenredaktion im *Argument* zu verankern, wurde erst reif, als Heft Nummer 123 draußen war, unser erstes Heft.«

Aus heutiger Perspektive ist es häufig schwer vorstellbar, wie viel Zeit verstreichen musste, bis gewisse Dinge in die Tat umgesetzt werden konnten. Zwischen der ersten Ausgabe der Zeitschrift und dem Erscheinen von Heft 123 im Jahr 1982 lagen nicht nur 122 Ausgaben, sondern auch dreiundzwanzig Lebensjahre.[70]

Bei der Gründung der Frauenredaktion zeigte sich, dass eines der zentralen Anliegen im Denken und Agieren von Frigga Haug stets die Wahrung der Handlungsfreiheit ist. Sie sieht in ihr den Schlüssel zu einer wirklichen Emanzipation: »Es ist nicht so, als hätte es die Frauenbewegung gegeben und zuvor irgendwelche Oligarchen, die bis dahin verhinderten, dass Frauen schreiben.« Vielmehr lag der Beginn der Frauenbewegung in einem erwachenden Bewusstsein dafür, sich zivilgesellschaftlich und in Form von organisierten Protesten gegen Unrecht einzusetzen – und sich selbst und die Bevölkerung über größere politische Zusammenhänge aufzuklären. Ausgehend von Bewegungen gegen die atomare Bewaffnung der Bundesrepublik und gegen den Algerienkrieg, wurden durch aktivistische Interventionen Fragen von ökologischer Zerstörung und kolonialen wie imperialen Machtansprüchen thematisiert und angeklagt. Im Anschluss an diese Projekte folgten Kampagnen, die die Verbrechen des Holocausts thematisierten und eine Aufarbeitung des weiter fortbestehenden faschistischen Gedankenguts in der Gesellschaft forderten. Und all diese Bewegungen teilten eines: die Unsichtbarkeit von Frauen.

Von toten Autoren und dem Gespenst des Feminismus

Warum geht hier immer wieder das Gespenst des Feminismus um? Oder allgemeiner: Warum tauchen immer wieder Fragen von Sex und Gender, Care-Arbeit und sexualisierter gesellschaftlicher Unterdrückung auf, obwohl die Philosophie und das kritische Denken der hier vorgestellten Personen von vielen Dingen handelt, die nicht direkt mit ›der Frauenfrage‹ zu tun haben? Nicht alle Frauen, die Philosophinnen und kritische Denkerinnen sind, sind schließlich auch Feministinnen – oder beschäftigen sich schwerpunktmäßig mit ihrem eigenen Frau-Sein oder dem Frau-Sein im Allgemeinen. Kann man ihre Texte nicht einfach jenseits der Genderfragen ernst nehmen, statt sie ständig wieder auf dieses Spezialthema zurückzuführen und damit in gewisser Weise auch zu begrenzen?

Vielleicht helfen zwei Überlegungen weiter: Erstens haben theoretische Überlegungen, die die Komponente des Geschlechts mitdenken, ihren (heimlichen) Schwerpunkt nicht automatisch in Frauenfragen. Eine feministische Außenpolitik ist primär immer noch eine Außenpolitik und keine Frauenpolitik. Ein Arbeitsrecht, das die Position von Frauen stärkt und Männern mehr Freiheiten in der Wahrnehmung ihrer familiären Pflichten zugesteht – wie das Recht des Vaters auf Elternzeit – ist nicht automatisch mehr Feminismus als Familienrecht. Einen Gedanken (oder eine Handlung) als feministisch oder als antirassistisch zu bezeichnen, nur weil er mehr als eine einzige Gruppe der Gesellschaft mitdenkt, überdeckt nicht gleich seinen gesamten Inhalt. Oder um es in den Worten einer Freundin zu sagen: »Wenn Leute zu mir mit Aussagen wie ›Nee, ich bin eher nicht feministisch‹

kommen, antworte ich darauf: ›Aber wie kannst du denn *nicht* emanzipiert sein wollen? Was willst du denn dann sein? Unmündig?‹« Oder im Sinne der Kritischen Theorie: unmündig und neoliberal vereinzelt? Wenn theoretische und kritische Überlegungen so etwas wie Frauenfragen mitdenken, ist das ein Zeichen dafür, dass die Person, die da denkt, sich der gesellschaftspolitischen Gegebenheiten gewahr ist und emanzipiert, mündig und umsichtig mit dem Thema umgeht, das sie bearbeitet. Und ist das nicht eine sehr wünschenswerte Qualität für ein wissenschaftliches Arbeiten, das den Menschen und die Gesellschaft samt Fähigkeiten und Schwächen untersucht? Was will man denn sonst, wenn nicht ein emanzipiertes, mündiges Denken, das die Grenzen seiner eigenen Perspektive anerkennt und den kollektiven Austausch sucht?

Zweitens geschieht hier etwas, das auch aus anderen Bereichen, wie zum Beispiel der Critical Race Theory oder der Critical Whiteness Theory, bekannt ist. Sobald philosophische Texte und Kritisches Denken von BIPoC und oder weiblich gelesenen Personen stammen, treten ihre Körper überaus gewichtig, ja geradezu über-sichtbar in den Vordergrund, während das *Weiß*-Sein beziehungsweise das Männlich-Sein von Körpern bei der Autorschaft keiner Rede, keiner Benennung wert ist. Ihre als marginalisierte lesbaren Körper sorgen dafür, dass ihre Texte deutlich misstrauischer beargwöhnt werden – man klopft sie akribischer auf Schwächen ab, unterstellt ihnen schneller Parteilichkeit und Voreingenommenheit. Eine Projektion, die verdeckt, dass die Kritisierenden gerade dem:der Autor:in mit größerer Voreingenommenheit begegnen. Beim Lesen ihrer Zeilen achten die meisten, ganz gleich welche soziopolitische Position sie im Gesellschaftsgefüge selbst einnehmen, unwillkürlich darauf, wie sich das

Geschriebene zum Geschlecht oder der Rassifizierung des:der Autor:in verhält.[71] Schreibt er:sie ›wie ein Mann‹ oder ›zart wie eine Frau‹, so erkennt man gleichermaßen die soziale Verortung der Perspektive der schreibenden Person, ob sie (nicht) weiblich blickt oder (nicht) *weiß* einzuordnen ist.

Der Autor ist nicht tot, wie es der Literaturwissenschaftler und Philosoph Roland Barthes 1968 in seinem 1967 erstmals erschienenen Text *Der Tod des Autors* behauptete.[72] Das war zwar durchaus als Polemik intendiert und wurde intensiv von (hauptsächlich männlich-*weiß* gelesenen) Zeitgenoss:innen infrage gestellt. Doch ohne hier auf diese hochinteressante Debatte näher einzugehen und mit Blick darauf, dass heutzutage sehr viel mehr BIPoC-Autor:innen und weibliche Schreibende publizieren können als 1968, lässt sich verkürzt sagen: Als Autor:in – mehr noch, als weiblicher oder BIPoC-Autor:innen-Körper – eines Textes zu ›sterben‹, also bei der Rezeption des Textes nicht mehr durch das eigene Geschlecht oder Rassifizierung eine Rolle zu spielen und damit körperlich gänzlich unsichtbar zu werden, muss man sich leisten können. Es ist ein Privileg – erkauft durch den Ausschluss von Menschen, die unter der Herrschaftsstruktur von Patriarchat und Kapitalismus gleichsam aus der Norm fallen. Allen anderen Autor:innen-Körpern wird in ihren Texten weiterhin mit argwöhnisch äugenden Fragen aufgewartet – nicht nur vonseiten der Privilegierten:

Ist der Text abstrakt genug – oder gar zu abstrakt? Ist er trotz starker Inhalte politisch korrekt oder nur noch politisch korrekt, aber leider inhaltsleer? Ist er solidarisch mit allen politisch virulenten Schwierigkeiten des Marginalisiert-Seins? Dies sind Fragen, die sich an männlich und oder *weiß* gelesene Autor:innen viel seltener richten als an alle anderen.

Ihr Schreiben ist einfach nur Schreiben, ihr Denken einfach nur Denken – mit dem Anspruch auf Allgemeinheit *und* dem gleichzeitig selbstverständlichen Recht auf Unvollständigkeit und Partikularität ihrer Perspektive. Man begegnet ihren Zeilen mit einem Vertrauensvorschuss, geradezu mit Wohlwollen. Es wird ihren Texten sehr viel seltener unterstellt, dass sie sich eigentlich nicht mit Fragen über Politik und Demokratie, der Metaphysik oder den Konzepten von Fairness und Gerechtigkeit beschäftigen, sondern einen (heimlichen) Fokus auf Männerfragen haben. Und warum? Weil in einer patriarchal verfassten Gesellschaft alle wichtigen Fragen zunächst einmal Männerfragen sind.

Außer der Reproduktionsarbeit, möchte man anfügen – doch sogar das stimmt nur zum Teil. Warum sonst ist das Recht auf Abtreibung immer noch in allgemeiner rechtlicher Hand – nur straffrei, und nicht legalisiert in der Hand der Betroffenen? Warum sonst ist der Kampf um gesicherte und kostenlose Kinderbetreuungsplätze noch immer etwas, das von Recht und Politik kontrolliert wird – jenen Teilen des gesellschaftlichen Lebens, die, wie man weiß, nicht ausschließlich in weiblicher Hand sind?[73] Und wäre das überhaupt so viel besser? Vermutlich nicht – aber auch das thematisiert der materialistische Feminismus, wie ihn Frigga Haug vertritt, mit aller Deutlichkeit: Es geht bei feministischer Kritik nicht primär darum, das öffentliche Ansehen von Frauen zu stärken, ihnen vielleicht sogar die Allmacht über gewisse politische Entscheidungen zu übertragen, indem im gilliganschen Sinne behauptet wird, dass sie sich dafür aufgrund ihrer Fürsorge-Moral besser eignen als Männer. Es geht darum, darauf zu beharren, dass eine Verbesserung der Situation und des Ansehens von Frauen in der Gesellschaft nur in Verbindung mit finanziellen Umverteilungen und strukturellen Veränderungen möglich ist. Und das gilt auch für die Philosophie und das Literaturgeschäft.

Um auf die anfängliche Frage zu antworten: Wenn Frauen kritisch über die Gesellschaft nachdenken und über abstrakte Fragen nach Gerechtigkeit und Moral philosophieren, ist ihr Körper fast immer mit im Bild. Ihre Perspektive wird ihnen, je weiter sie von einer als männlich-*weißen* Norm akzeptierten Position abweichen, zum Vorwurf gemacht. Der Vorwurf lautet: Engstirnigkeit, Emotionalität und die Unfähigkeit zu abstrahieren – mangelnder Weitblick, mangelnde Distanz. Dabei gerät in Vergessenheit, dass auch das Denken der Privilegierten nur *eine* Perspektive auf die Welt ist, partikular und an Grenzen stoßend. Eine Perspektivgebundenheit, die auch der proklamierte Tod des Autor:innen-Körpers nicht auflösen kann. Und warum sollte er es auch? Perspektivität ist nichts Schlechtes, sie ist Zeichen unserer körperlichen Existenz, eine Einladung und ein Zeugnis unserer von Erfahrungen bereicherten Expertise.

Kitchen Aid anders gedacht: durch die Küche und dann links

Eine Sache, die Frigga Haug hervorragend beherrscht, ist es, diese Perspektivität als Expertise zu nutzen, zu professionalisieren und gezielt einzusetzen – politisch wie wissenschaftlich. Dem Gang durch die Küche, den sie jeder Theorie abverlangt, liegt dabei immer eine klare, aus dem Marxismus entwickelte politische Haltung zugrunde.

Besonders deutlich wird das am Beispiel eines von ihr entworfenen Konzepts, das die Perspektive bereits im Namen trägt. Ein Jahr nachdem Haug 2007 Mitglied bei den Linken geworden war, unterbreitete sie der Partei sogleich einen handfesten »Politikvorschlag«: die Vier-in-einem-Perspektive.[74] Ihr Entwurf stellt einen Vorschlag zur Umverteilung dar – und zwar von Zeit, anstelle von Steuern, Eigentum oder anderem materiellen Besitz. Auch wenn es zunächst so klingen mag – sie unternimmt damit keinen Ausflug in das metaphysische Reich des Immateriellen und entfernt sich plötzlich von den ökonomischen Forderungen des Marxismus, um über eines der größten philosophischen wie physikalischen Rätsel der Welt nachzudenken, über den Ursprung allen Seins. Sie stellt zwar eine Rechnung auf, doch kommen Raum-Zeit-Kontinuen oder Relativitätstheorien dabei nicht vor.

Haug bricht das Leben in einer Gesellschaft auf vier Tätigkeitsbereiche herunter und bringt diese dann auf einen gemeinsamen Nenner: Erwerbs- und Familienarbeit, Arbeit im Gemeinwesen und zur persönlichen Entwicklung. Sie setzt diese vier Bereiche mit der endlichen Lebenszeit einer jeden einzelnen Person in Beziehung und fragt: Wie viel Zeit steht uns für die Umsetzung einer jeden dieser vier Kategorien zur Verfügung? Und sie zeigt, dass – obwohl alle Menschen von allen vier Tätigkeitsbereichen profitieren (würden) – der Zugang zu diesen für verschiedene Personen in der Gesellschaft unterschiedlich ausfällt.

Wer in welchen Bereichen wie viel Zeit zugestanden bekommt, hat zum Beispiel damit zu tun, ob offizielle Regularien für die aufgewendete Zeit des jeweiligen Bereichs existieren oder nicht. Am einfachsten einsehbar ist dies bei der Erwerbsarbeit: Wie lange man am Stück in der Lohnarbeit ohne Pause tätig sein darf, unterliegt in Deutschland dem Arbeitsschutzgesetz: Pro sechs Stunden Arbeit müssen mindestens dreißig Minuten Pause gemacht werden, pro neun Stunden Arbeit sind es fünfundvierzig Minuten – und insgesamt dürfen maximal achtundvierzig Stunden pro Woche gearbeitet werden, mit Überstunden sechzig Stunden. Diese rechtlich abgesicherten Pausenzeiten, ebenso wie das Recht auf bezahlten Urlaub, auf Bezahlung bei Krankheit und auf Ruhezeiten zwischen zwei Arbeitsschichten sind Rechte, die nicht vom Himmel gefallen sind: Sie sind Ergebnisse langer und noch andauernder Auseinandersetzungen zwischen Arbeitgeber:innen, Politik und Gewerkschaften. Wie viel Zeit man hingegen in der Familie für Care-Arbeit aufwendet, wie viel Zeit in die persönliche Entwicklung fließt – wenn man zum Beispiel eine neue Sprache erlernt oder einen Tanzkurs besucht –, wie viel in eine gemeinnützige Tätigkeit, wie viel in den täglichen Schlaf – das alles ist scheinbar ›Privatsache‹ und entscheidet sich am eigenen Zeitmanagement. In der Theorie. Praktisch sieht es anders aus. Denn wie viele Stunden hat eine Woche eigentlich? 7 x 24 Stunden ergeben 168 Stunden. Wenn man davon die maximalen sechzig Stunden Arbeitszeit abzieht, dazu noch jede Nacht acht Stunden schläft, bleiben plötzlich nur noch 52 Stunden übrig: für Familienarbeit, Arbeit in Vereinen oder Parteien sowie Arbeit an der persönlichen Entwicklung. Das macht für jeden der drei Bereiche etwas weniger als zweieinhalb Stunden pro Tag.

In einem Papier zur Vier-in-einem-Perspektive schreibt Haug: »Wir alle beginnen unser Leben als ein Projekt mit scheinbar unendlich viel Zeit, die dann Stück um Stück kanalisiert wird in einzelne Bereiche, über die ohne unser Zutun verfügt ist. Das macht die unterschiedlichsten Konflikte zu Kämpfen um Zeit.«[75] Die Kämpfe um Regulierungen des Arbeitsmarkts sind also nicht nur ein Kampf um materielle Umverteilung – im luftleeren, zeitlosen Raum. Es sind Kämpfe für ein erfülltes Leben – jetzt. Sobald wie möglich. Denn ja, Wandel geschieht häufig langsam, die Dinge brauchen Zeit. Doch wessen Zeit fließt währenddessen über die langsamen Mühlen der Veränderung? Zeit ist nicht nur eine Einheit, mit der Effizienz gemessen werden und Schichtpläne erstellt werden können. Sie ist unersetzlich. Man bekommt sie mit der Geburt, ungefragt, als Geschenk und man kann sie nicht nachträglich an ein Leben ›hintendran‹ hängen.

Häufig versuchen Menschen sich Zeit zu erkämpfen, indem sie sie in den jeweiligen Bereichen bestmöglich zu organisieren suchen – unterstützt durch Apps zur Online-Verwaltung des Familienkalenders oder zum Tracking der eigenen Schlafdaten. Doch wie man es auch dreht und wendet – aus den 52 verbleibenden Wochenstunden werden selbst durch geschicktes Verwalten nicht mehr. Zeit verdoppelt sich nicht wie ein Hefekuchen. Ist der Kampf für die Zeit also wenig mehr als ein Kampf gegen Windmühlen?

Wo etwas umverteilt werden soll, muss ein Ungleichgewicht bestehen, eine ungerechte Verteilung von etwas, das alle haben sollten, aber nur wenige besitzen. Die Vier-in-einem-Perspektive rückt Zeit als etwas in den Fokus, das unsere Gesellschaft strukturiert. Und sie führt vor Augen, wie sehr diese Zeitstruktur sich nach männlich-bürgerlichen Bedürfnissen ausrichtet – sodass andere Bedürfnisse unerfüllt bleiben. Es wird Raubbau an der Lebenszeit von Menschen betrieben, um diese männlich-bürgerliche Zeitstruktur überhaupt aufrechterhalten zu können. Das bedeutet konkret: Die Vierzig-Stunden-Arbeitswoche ist darauf ausgelegt, dass der:die Arbeitende sich in einer Paarbeziehung befindet, in der diese:r Partner:in die Familienarbeit und die gemeinnützige Arbeit übernimmt. Dafür – so das Konzept – ist er:sie über die Einkünfte des:der lohnarbeitenden Partner:in finanziell mit abgesichert.

In dem Moment, in dem einer dieser Parameter nicht mehr gegeben ist, hat man keine Chance mehr, mit dem gegebenen Kontingent an Zeit über die Runden zu kommen: Entweder es mangelt an Geld – weil man nicht Vollzeit erwerbstätig und oder nicht in einem ausreichend gut bezahlten Berufsfeld tätig ist. Oder es mangelt an Familienarbeit – weil man so viel lohnarbeiten muss, dass man die Fürsorge und Pflege für geliebte Angehörige und Schutzbefohlene, die davon fundamental abhängig sind, nicht mehr übernehmen kann. Oder es mangelt an Zeit für sich selbst – Zeit, die nicht als Regenerationsphase, sondern als Wachstumsphase betrachtet werden muss. Oder an Zeit, sich aktiv in die Gestaltung des Gemeinwesens einzubringen, zum Beispiel indem man ehrenamtlich bei der Tafel arbeitet und dadurch Menschen hilft, die nicht ausreichend Lohn für ihre Arbeit bekommen. Oder – und diese Option scheint besonders absurd, wird aber oft und gerne in Erwägung gezogen: Man schläft einfach viel weniger, mithilfe von Kaffee oder aufputschenden Drogen.

Dass keine dieser Varianten in einem schönen und gesunden Leben mündet, ist nicht unbedingt eine brennend neue Erkenntnis. Und dennoch hilft es, das Ganze einmal systematisch in den Blick zu bekommen. Doch wenn all das längst bekannt ist – warum gibt es dann bis jetzt keine konkreten Veränderungsvorschläge, die tatsächlich in der Realität umsetzbar wären? Warum gibt es das nicht einmal vonseiten jener Partei, die sich den Arbeitskampf zentral ins Programm geschrieben hat?

Alternativen

Linke Politik, argumentiert Haug, suche in den »falschen Alternativen«.[76] Wenn sie zum Beispiel Konflikte zwischen Erwerbsarbeit und Familienarbeit lösen will, indem sie das Elterngeldgesetz optimiert oder Kindertagesbetreuungsangebote bereitstellt, übersieht sie die enge Verkettung, die Arbeitszeit und Lohn mit der Lebenszeit der Einzelnen teilen. Wird das Einkommen, das die betreuende Person verliert, anteilig in der Höhe ausgeglichen, die ihr Einkommen vor der Geburt des Kindes hatte,[77] so werden in heterosexuellen Paarbeziehungen nach wie vor mehrheitlich Frauen beim Kind bleiben. Denn ihr anteiliges Einkommen hinterlässt aufgrund des Gender-Pay-Gap in der Haushaltskasse immer noch ein weit kleineres Loch als das des männlichen Partners: Im Jahr 2022 verdienten in Deutschland Frauen im Durchschnitt pro Stunde 18 Prozent weniger als Männer.[78]

Politik, mit der sich Ungleichverteilungen zwischen den Geschlechtern im Erwerbsbereich ändern soll, müsse zur Kenntnis nehmen, so Haug, »dass Geschlechterverhältnisse nicht bloß Zutat zu den Produktionsverhältnissen, sondern diesen selbst konstitutiv eingeschrieben sind«.[79] Es war genau diese These – die Frauenfrage als eigene soziale zu verorten, die nicht in der Arbeiterfrage aufgeht, sondern eng mit ihr zusammenhängt –, die ihr in den Achtzigerjahren einigen Ärger mit verschiedenen marxistischen Kreisen eingebracht hatte. Solange aber Produktion und Lohnerwerb gesellschaftlich höher gewertet und entlohnt werden als Reproduktion und Care-Arbeit, dann wird in tradierter Weise den Männern zugeschriebenem Bereich der Vorzug gegeben. Und das bedeutet: Ohne eine grundlegende Analyse der Frage nach den Geschlechterverhältnissen steht keine Veränderung für die Umverteilung weder von Geld noch von Zeit in Aussicht. Würde es also reichen, Frauen mehr Geld zu bezahlen? Es würde bestimmt nicht schaden, aber die Frage nach der Zeit und der Gleichverteilung der vier Tätigkeitsbereiche wäre damit noch nicht gelöst.

Politik, die Ungleichheit durch eine »Besonderung als Frauenpolitik«[80] ausgleicht, schlussfolgert Haug, kann niemals zum Grundproblem vordringen, in dem sich die Verteilungsverhältnisse aber konstituieren: in der patriarchalisch-kapitalistischen Systemstruktur.[81] Es könne also grundsätzlich nicht darum gehen, innerhalb der vorhandenen Gesellschaftsstruktur gleichgestellt zu werden. Damit sich an Ungleichverteilungen wirklich etwas ändere, müsse diese Struktur selbst in Frage stehen.[82] Denn die Geschlechterverhältnisse in einer kapitalistischen Gesellschaft zu analysieren, heißt nicht nur, an der Situation der Frauen herumzuschrauben. Es verlangt danach, den strukturellen Rahmen, in dem dies alles stattfindet, in den Blick zu bekommen, bevor man überhaupt die verschiedenen Positionen im gesellschaftlichen Gewebe verstehen und die Knoten von allen Seiten zu lockern beginnen kann. Auch von der männlichen.

»Frauenpolitik«, so konstatiert Haug, muss »in eine allgemeine Befreiungspolitik überführt« werden. Konkret schlägt sie vor, jedem Menschen für jeden Bereich den gleichen Anteil an Zeit bereitzustellen, die ein Tag zur Verfügung hat. Täglich vier Stunden Lohn- und vier Stunden Care-Arbeit sowie vier Stunden kulturelle und vier Stunden politische Arbeit – und natürlich acht Stunden Schlaf. Denn, so nimmt sie an, sobald eine Tätigkeit Teil des eigenen Lebens ist, wird die ihr gegenüber bestehende Geringwertung in Wertschätzung umschlagen.[83] Eine Politik der Befreiung, wie Haug sie für alle Menschen fordert, bedeutet also, durch Beteiligung in allen Gesellschaftsbereichen frei von gesellschaftlichen Ungleichheitsstrukturen zu werden. Die Gestaltung des sozialen Zusammenlebens wird zum Gemeingut, an dem jeder Mensch gleichermaßen Anteil hat. Gleichzeitig bedeutet sie – und darin zeigt die Vier-in-einem-Perspektive ihre tiefer liegende Verbindung mit dem politischen Anspruch einer Neuen Linken in der Tradition der Achtundsechziger-Bewegung –, extremem Gedankengut keine Chance zu geben. Denn der Faschismus gibt sich den Anstrich der Wertschätzung für die gesellschaftlichen Bereiche, die in ihrem Verhältnis zur Systemstruktur von Geringwertung geprägt sind. Doch mit einer Beteiligung im Sinne einer Umgestaltung der Gesellschaft durch alle Menschen, die in ihr leben, hat er, der auf Ausschluss und Diskriminierung beruht, nichts zu tun.

Faschistische Ideologien machen Versprechungen für die Befreiung von Ungleichheit, indem sie sich zum Beispiel Arbeiter:innen und Frauen auf die Fahne und in die Parteinamen schreiben. So strahlten von den Plakaten der Nationalsozialistischen Deutschen Arbeiterpartei (NSDAP) häufig Frauen in der Rolle als Mutter – ein beliebtes Motiv auch auf den Wahlplakaten der sogenannten Alternative für Deutschland (AfD). Im Gespräch mit uns erzählt Haug von dem Text *Vom Verachtetwerden oder Drei Guineen* der Schriftstellerin Virginia Woolf, die größtenteils während des Viktorianischen Zeitalters in Großbritannien gelebt hat.[84] Dieser Essay, 1938 erschienen, habe Woolf zur Begründerin eines aktuellen Feminismus gemacht. Die Höherwertung des Produktionsbereichs vor dem Sorgebereich wird hier ganz klar mit der Anfälligkeit für die Entstehung faschistischer Gesellschaftsordnungen in Verbindung gebracht.

Nicht allen Bewunderern von Woolfs Vorgängeressay *Ein Zimmer für sich allein* gefiel ihr Text. Unter den Kritikern – darunter zum Beispiel ihr Ehemann, der Verleger, Autor und Publizist Leonard Woolf – vermisste man die Feinheit der Ironie in der Sprache, mit der sie die Frauenfrage analysierte. Auch bei Woolf zeigte sich also deutlich die Präsenz des Körpers einer Frau in ihren Texten beziehungsweise darin, wie ihre Texte beurteilt wurden – sich also entsprechend an sprachlicher »Zartheit« oder »Feinheit« messen lassen müssen.

Ein Jahr vor Ausbruch des Zweiten Weltkriegs zeichnet Woolf in ihrem Text ein scharfes Bild davon, wie zum Beispiel die Abhängigkeit der Erwerbsarbeit vom Geschlecht das hervorbringt, was man heute mit »toxischer Männlichkeit« benennen würde. Ihre Rolle als Alleinversorger in Produktionsverhältnissen, die Frauen aus der Erwerbsarbeit ausschließen, hält Männern beständig ein Ideal vor Augen, das von Kopf bis Fuß auf Stärke und Dominanz ausgerichtet ist. Nicht nur die strukturelle Ungleichheit zwischen Geschlechtern in der Erwerbsarbeit ist nach wie vor aktuell und hält sich – Reformen, Kriege und Demokratisierung überdauernd – nach wie vor nach wie vor zäh in unseren Gesellschaftsstrukturen. Auch das sich daraus zeichnende Männerbild zeigt sich gegenwärtig zum Beispiel in der Rekrutierung neuer Soldaten für den Krieg in der Ukraine, für die der russische Präsident an die ›Mannhaftigkeit‹ appelliert: »Du bist ein Mann. Sei einer!«[85] Unter dieser Vorstellung von Stärke, die Schwäche ausschließt und sich über Kriegsbegeisterung und Aggressionsbereitschaft ausdrückt – sowie in einer biologistischen Festsetzung der Geschlechteridentität –, sind letztlich alle Menschen unfrei: die, die nicht stark sein dürfen, und die, die stark sein müssen. Patriarchale Strukturen werden zum gesellschaftlichen Bezugssystem, in dem das extreme Gedankengut des Faschismus Wurzeln schlagen kann.

In den *Drei Guineen* lässt Woolf die Protagonistin in einem Brief eine Frage beantworten, die ihr ein Mann gestellt hat: Wie lassen sich Krieg und Diktatur verhindern? Eine ihrer Antworten plädiert dafür Care-Arbeit zu entlohnen. Zunächst klingt das nach einer »Besonderung als Frauenpolitik« par excellence – also nach etwas, das laut Haug ähnlich dem Elterngeld die Gesamtstruktur einer Gesellschaft eben gerade nicht in den Blick bekommt. Doch Woolf spinnt hier kein Szenario, in dem die Familienarbeit nur anteilig am Lohnerwerb gemessen wird – Frauen hatten ohnehin kein Recht auf Eigentum oder Erwerbsarbeit. Stattdessen zeigt sie, wie es aussehen könnte, wenn dem Patriarchat auf struktureller Ebene entgegengewirkt wird und zum Beispiel Familienarbeit für Männer, mit Haug gesprochen, »Teil des eigenen Lebens« wird.

Woolf lässt ihre fiktive Frau an den Mann, der den Krieg verhindern will, schreiben: »Denn wenn Ihre Frau für ihre Arbeit bezahlt werden würde ... anstatt (dass Familienarbeit) wie jetzt ein unbezahlter, ein nicht verrenteter Beruf (ist) ... würde Ihre eigene Sklaverei um einiges erleichtert werden. Sie müssten nicht mehr um halb zehn ins Büro gehen und bis sechs Uhr dortbleiben. Die Arbeit könnte gleich verteilt werden.... Sie könnten die Obstbäume im Frühling blühen sehen. Sie könnten die besten Jahre Ihres Lebens mit Ihren Kindern teilen ... Sie wären nicht länger der ausgelaugte Arbeitssklave, der nach Stärkung schreit, oder wie Herr Hitler es ausdrückt, der Held, der Erholung braucht, oder wie Signor Mussolini es ausdrückt, der verwundete Krieger, der weibliche Angehörige braucht, die seine Wunden verbinden.«[86] Die in der Vier-in-einem-Perspektive – gute siebzig Jahre nach Woolf – von

Haug geforderte Beteiligung aller Menschen in allen Bereichen der Gesellschaft und die damit verbundene wechselseitige Wertschätzung sind in Anbetracht von weltweit zu beobachtenden Rechtsrucken und dem Krieg in Europa erneut dringlich geworden.

Wie systematisch die im Kapitalismus auseinanderklaffende Schere der Erwerbsungleichheit mit der Ungleichheit der Geschlechterverhältnisse verschränkt ist, zeigt das anhaltende Problem der Altersarmut von Frauen in Deutschland: Laut des Bundeministeriums für Familie, Senioren, Frauen und Jugend ist mehr als jeder fünfte Mensch im Alter von über achtzig Jahren in Deutschland von Armut betroffen. Das sind fast 23 Prozent der Bevölkerung. Eine Ceres-Studie zeigt dabei die Signifikanz von Geschlecht. Das Monatseinkommen von Frauen und Männern ist auch im Alter noch durch eine nennenswerte Differenz von etwa 300 Euro gekennzeichnet – bei einer durchschnittlichen Rente von 1765 Euro für Frauen eine durchaus relevante Summe. Besonders Frauen, die nie einer Erwerbstätigkeit nachgegangen sind, sind betroffen: Unter ihnen liegt die Armutsquote bei über 50 Prozent.[87]

Das zivilgesellschaftliche Echo auf diese Umstände wird in letzter Zeit immer lauter. 2019 haben beispielsweise zahlreiche Frauen unter den Hashtags #Altersarmut, #Rente und #meineRenteninformation ihre Rentenbescheide über Twitter veröffentlicht. Sie initiierten so einen transparenteren Austausch, teilten Informationen und gaben sich Ratschläge. Auch wenn Aktionen wie diese weit davon entfernt sind, den Herrschaftsknoten komplett zu lösen, besteht darin doch ein Beitrag zu einer kollektiven Praxisform, die eine Alternative zur schweigenden Unterwerfung unter die Gegebenheiten darstellt.

Wie sehr die klassische neoliberale Erwerbsarbeit an das Konzept einer heteronormativen Paarbeziehung geknüpft ist, zeigt der beinahe schon sakrosankte Umgang mit dem Ehegattensplitting. Es schafft Anreize dafür, dass Menschen heiraten und die Person, die weniger verdient, zu Hause bleibt – nicht im Homeoffice, sondern ohne eigene Erwerbstätigkeit zu Hause. Auch Erhebungen, die die Fragilität dieses Familienmodells belegen – in Deutschland kamen im Jahr 2021 auf drei Eheschließungen eine Scheidung[88] –, können daran nicht rütteln. Bezeichnend ist, dass auch die Ehe für alle, die 2017 vom Bundesrat institutionalisiert wurde, hier keine Ausnahme ist. Als einen Meilenstein der rechtlichen Gleichstellung von Beziehungen, die nicht einer heteronormativen Familiendefinition entsprechen, beschloss das Bundesverfassungsgericht, dass eine Sache die Ehe erst wirklich zur Ehe werden lässt: das Ehegattensplitting.[89] Wie es scheint, stellt in Deutschland Ungleichheit im Erwerbsbereich ein Fundament der Definition von Familie dar, das sich über alle Reformen für mehr Gleichberechtigung und Gleichstellung hinwegträgt. Der Koalitionsvertrag 2021 bis 2025 der Bundesregierung zwischen SPD, Bündnis 90/Die Grünen und FDP fasst nun eine Abschaffung des Ehegattensplittings ins Auge, die Pläne zu deren Umsetzung werden hinsichtlich ihres tatsächlichen Effekts für mehr Gleichstellung jedoch kontrovers diskutiert.[90]

Die Vier-in-einem-Perspektive soll Kurs auf die Ökonomie der Zeit nehmen, erklärt Haug.[91] In der Zeit, so konstatierte bereits Karl Marx vor mehr als 200 Jahren, würde sich nämlich letztendlich alle Ökonomie »auflösen«.[92] Der Großteil seiner im *Manifest der Kommunistischen Partei* ausgeführten Maßnahmen für eine Umwälzung der Produktionsweisen seien, wie Haug bemerkt, durchgesetzt worden und inzwischen, zumindest dem Anspruch nach, Teil kapitalistischer Produktionsverhältnisse.[93] Als Beispiele nennt sie unter anderem die »unentgeltliche Erziehung aller Kinder«[94] mit Bezug auf die 1919 eingeführte Schulpflicht. Wonach sich die Vier-in-einem-Perspektive richtet, ist jedoch nicht die wortwörtliche Erfüllung vereinzelter und gegebenenfalls heute sogar veralteter Forderungen von Marx, sondern die grundlegende marxsche Kritik am Paradoxon des Fortschritts.

Gegen die Zeit

Marx' Schluss, dass den Menschen trotz Zeitersparnis nicht mehr Zeit zur Verfügung steht, lässt sich – so kommt die Physik doch noch ins Spiel – mit dem physikalischen Prinzip von Leistung veranschaulichen. Wenn Leistung sich aus der Menge an verrichteter Arbeit über eine gewisse dafür benötigte Zeit ergibt, dann ist sie umso höher, je weniger Zeit für die Verrichtung diese Arbeit benötigt wird. Je schneller ein Auto von null Stundenkilometer auf 100 Stundenkilometer beschleunigt, desto höher ist die Leistungsfähigkeit seines Motors. Doch einzelne arbeitende Menschen sind keine Motoren, und Leistung ist im Kapitalismus nicht durch einen Zielwert wie 100 Stundenkilometer definiert, sondern bemisst sich an einer stetigen Steigerung – dem allseits bekannten Wachstum. Leistung wird im Kapitalismus nicht daran gemessen, ob man wieder und wieder gleich schnell von null auf 100 Stundenkilometer beschleunigen kann. Was gemessen wird, ist, ob man am nächsten Tag vielleicht schon in derselben Zeit von null auf 110 Stundenkilometer beschleunigen kann: Die Leistung wird als Zuwachs an Steigerung verstanden. Das bedeutet, dass die zehn Stundenkilometer Zuwachs, die von 100 Stundenkilometer ausgehend eine Steigerung von zehn Prozent bedeuteten, am nächsten Tag übertroffen werden müssen, um als Leistungs*steigerung* oder Wachstum zu gelten. Diese Rechnung vereinfacht bestimmt vieles, aber macht auch die Absurdität von Wachstum sichtbar – besonders wenn man das Auto nun durch einen Menschen eintauscht, der nur eine begrenzte Lebenszeit zur Verfügung hat.

So findet sich der Mensch in einer Gesellschaftsordnung vor, in der die Zeit, die er für eine Arbeit braucht, permanent minimiert werden soll – etwa durch arbeitsteilige Produktionsprozesse und Automation –, und dessen für Arbeit aufgewendete Lebenszeit dennoch nie weniger wird. Als Resultat steht man der eigenen Lebenszeit immer fremder gegenüber: Man schaut ihr beim Laufen über das berühmte Rädchen im Getriebe zu, als das man sich selbst erlebt. Und kann ihr Verrinnen doch nicht aufhalten. Trotzdem versucht man mit allen Mitteln, Takt zu halten, einen Takt allerdings, der sich kaum halten beziehungsweise durchhalten lässt. Zumindest nicht durch den einzelnen arbeitenden Menschen. Die Systemstruktur selbst lebt hingegen vom Wachstum – die Erschöpfung vieler Menschen scheint sie gut auszuhalten.

Unter diesen Bedingungen »entfremdet arbeitend«, wird der Mensch nicht nur sich selbst fremd, bemerkt Rahel Jaeggi, Vertreterin der dritten Generation der Kritischen Theorie.[95] Auch andere Menschen würden ihm zunehmend strukturell gleichgültig werden. Was bleibt, ist der permanente Eindruck, dass man seine vom Leben geschenkte Zeit in einer Gesellschaft verbringt, die darüber verfügt, als wäre sie Brennstoff für Motoren.

Was Marx bezüglich der Rolle der Zeit am Verhältnis zwischen Produktion und Produktivkräften problematisiert hatte, präzisiert die Vier-in-einem-Perspektive hinsichtlich der Geschlechterverhältnisse.[96] Denn für einige scheint die Arbeit kaum je wirklich weniger zu werden als für andere. Es sei, erklärt Haug, nicht der Fall, dass es keine oder zu wenig Arbeit gebe, auch wenn dies zum Beispiel im Hinblick auf das Wegfallen von Arbeitsplätzen durch Einsatz von Technik oft behauptet wird. Sondern es sei vielmehr so, dass »wir umgekehrt in Arbeit geradezu ersticken«.[97] Allerdings würden die meisten notwendigen Tätigkeiten in der Gesellschaft gar nicht wahrgenommen werden. Und zwar, weil sie keinen Profit bringen.

Während der Corona-Pandemie, mehr als zehn Jahre nach Erscheinen der Vier-in-einem-Perspektive, sollte sich zeigen, dass auch die klare Kategorisierung und Benennung der vier Tätigkeitsbereiche die Zeitökonomie nicht zum »Umwälzen« bewegen konnte. Das betraf nicht nur die Familienarbeit, die durch das flächendeckende Homeoffice auf einmal am selben Ort wie die Erwerbsarbeit stattfand. Es rückten auch die Tätigkeiten in den Fokus, in denen sich Care-Arbeit mit dem Lohnerwerb verschränkt: Pflegeberufe werden in Deutschland im Jahr 2023 zu mehr als 80 Prozent von Frauen ausgeübt. In der Altenpflege sind es sogar 84 Prozent.[98] Während der Pandemie prägte sich für diese Tätigkeiten der Begriff der »Systemrelevanz«.

Es wurde häufig Dank ausgesprochen – nicht nur im privaten Miteinander, sondern auch in öffentlichen Ansprachen der Bundesregierung. Diese Dankbarkeit scheint jedoch an der finanziellen Geringer-Bewertung von Betätigungen im Care-Bereich der Gesellschaft weniger geändert zu haben, als man für einen kurzen Augenblick zu hoffen gewagt hatte. Dass diese Tätigkeiten für den Erhalt des gesellschaftlichen Systems relevant sind, war zwar unbestreitbar geworden. Doch diese Erkenntnis scheint für eine Infragestellung dessen, unter welchen Bedingungen sie ausgeübt werden und welche Bedeutung dafür die Struktur des Systems selbst hat, nicht auszureichen.

Es ist absurd, dass gerade in den Berufen, die eine Gesellschaft so offensichtlich braucht, ein überdurchschnittlich hoher Anteil der Beschäftigten den Bezug zu sich und ihrer Arbeit verliert: Wie eine Studie aus dem Jahr 2021 ergab, treten »psychische Erkrankungen im Zusammenhang mit Burnout ... in Pflegeberufen fast doppelt so häufig auf wie in allen anderen Berufen«.[99] Dieser Umstand widerspricht allerdings nur vermeintlich jeder Logik. Er ist die folgerichtige Konsequenz daraus, dass Wachstum den Arbeitstakt in einem Beruf vorgibt, in dem die Ungleichverteilung der Tätigkeitsbereiche gleichsam Bühnenreife erlangt: Pflegepersonaluntergrenzen regeln die Zeit, die pro Patient:in zur Verfügung steht.[100] Mit der Erhöhung des Mindestlohns 2022 stiegen immerhin die Erwerbslöhne: Krankenhäuser zum Beispiel sind von der neuen Regelung jedoch ausgenommen.[101]

Sobald Frauenpolitik also in eine allgemeine Befreiungspolitik überführt wird, wie es die Vier-in-einem-Perspektive vorschlägt, gibt es zumindest eine berechtigte Hoffnung darauf, dass die Anerkennung von gesellschaftlich relevanter Arbeit nicht mehr nur Erwerbsarbeit meint – und vor allem nicht Erwerbsarbeit jenseits des Pflegesektors. Es würde egal werden, ob die Person, die sich auf einen Job zum Lohnerwerb bewirbt, im Vorstellungsgespräch die – illegale – Frage nach einem potenziellen Kinderwunsch bejaht oder verneint.

Fragen wie diese würden unter einer solchen Perspektive keinen Sinn mehr ergeben. Wenn eine Gesellschaft vorsieht, dass jede:r täglich vier Stunden Geld verdient und vier Stunden ein Kind, ein älteres oder krankes oder anderweitig sorgebedürftiges Familienmitglied betreut, werden geschlechtsspezifische Tätigkeitszuschreibungen und Wertungen ad absurdum geführt. Besonders, wenn zusätzlich die Höhe der verschiedenen Löhne transparent gemacht wird. Denn es wäre leider durchaus denkbar, dass Frauen weiterhin für die gleichen Tätigkeiten und die gleiche Arbeitszeit weniger Lohn erhalten.

So weit die Idee. Das subversive Potenzial der Vier-in-einem-Perspektive muss also maßgeblich auf etwas bauen, das noch nicht da ist: die Utopie einer wechselseitigen Anerkennung und Bewertung aller Individuen und aller Tätigkeiten in einer Gesellschaft als gleich. Sie braucht also das, was Haug den »utopischen Atem« nennt.[102]

In Herbert Marcuse, der zur ersten Generation der Kritischen Theorie gehörte, sah Haug, wie sie uns erzählt, eine Gestalt, die ihr Denken und Arbeiten schon früh prägte: »Er kam ins Audimax und brachte uns bei, was ein ›Go-in‹ und was ein ›Sit-in‹ ist – und wie wir unsere Protestformen in dieser Weise ausbauen mussten. Marcuse war für uns der, der die Gesellschaft ganz anders wollte – nicht nur auf bestimmte Weise, auf dieses und jenes bezogen anders. Sondern das Ganze musste anders werden – alles. Er hat die Studenten hingerissen, 2000 Zuhörende waren bei seinen Vorlesungen das Minimum im Audimax.«

Alles anders. Von Utopie, Revolution und Daseinsgründen linker Politik

»Wir können heute die Welt zur Hölle machen, wir sind auf dem besten Wege dazu, wie Sie wissen. Wir können sie auch in das Gegenteil verwandeln.«[103] Marcuse, ein deutsch-US-amerikanischer Philosoph, kam im Juli 1967 auf Einladung des SDS an die Freie Universität Berlin – nur wenige Wochen nachdem der Student Benno Ohnesorg während der Demonstrationen gegen den Staatsbesuch des iranischen Schahs in West-Berlin durch einen Kopfschuss von einem Polizisten getötet worden war. Die Proteste gegen die Menschenrechtsverletzungen, die unter dessen Herrschaft im Iran stattfanden, wurden zum Spiegel für die Autorität im eigenen Land: Spätestens nachdem besagter Polizist – trotz einer erdrückenden Beweislast, dass es sich bei dem Mord nicht um Notwehr gehandelt hatte – von der Anklage freigesprochen wurde. Infolge breitete sich die Student:innenbewegung bundesweit aus (und radikalisierte sich teilweise), während sich zeitgleich auch Proteste von Studierenden in den USA und Westeuropa organisierten. Die Anti-Vietnamkriegsdemonstrationen in Chicago waren dabei ebenso von Polizeigewalt geprägt wie die Straßenschlachten um die Universität Sorbonne in Paris. Überall begehrten junge Menschen gegen die Hilflosigkeit auf, die sie im Angesicht der beinahe allmächtigen Willkür von Institutionen und Personen in politischen Machtpositionen – bei der Polizei, an der Uni, in der Rechtsprechung, in der Politik – empfanden. Als ein die »Phantasie an die Macht bring(en)«, beschrieb der französische Philosoph Jean-Paul Sartre – der sich mit den Pariser Studierenden solidarisierte – das damals einmalige Zusammenwirken von Student:innenbewegung und Arbeiterbewegung in Form massenhafter Fabrikbesetzungen in Frankreich.[104]

Sobald man sich die vorgefundenen Gesellschaftsstrukturen grundlegend anders vorstellen kann, wird die Legitimität der bestehenden Herrschaft infrage gestellt. Phantasie und Vorstellungskraft bedeuten dabei weit mehr als bloße Gedankenspielerei. Sie als Utopie mit Macht zu verbinden – die man, so klein sie scheinen mag, den Machtpositionen entgegensetzt, denen man ähnlich wie einem Naturgesetz zwingend und unkontrollierbar unterworfen scheint –, setzt Veränderung frei.

Marcuse appellierte an das utopische Potenzial in jedem Lebensumstand: Ganz gleich, wie fremd man sich selbst geworden ist oder wie gleichgültig einem andere erscheinen, gesellschaftliche Bedingungen können verändert werden und Menschen frei und solidarisch miteinander leben. Das, was noch nicht ist, aber sein soll – die Utopie –, verschiebt er damit nicht in die ferne Zukunft auf nach-revolutionäre Zeiten. »Utopie ist ein historischer Begriff; er bezieht sich auf Projekte gesellschaftlicher Umgestaltung, die für unmöglich gehalten werden.«[105] Schon in dem Moment, da Menschen die bestehenden Verhältnisse in Protesten als Ausbeutung, Entfremdung und Unterdrückung benennen, halten sie eine andere Welt für möglich. In dieser Bewertung der Welt liegt das Fundament für ihre Umgestaltung.

Die Utopie einer Gesellschaft, in der Herrschaft über Zeit – darüber, sie zu haben und über die anderer zu verfügen – allen Menschen gleichermaßen zukommt, ist also nicht unmöglich, nur weil sie noch nicht existiert und tiefgreifende strukturelle Veränderungen nötig wären, damit sie das je könnte. Haug definiert ihren Entwurf an die Politik als »Übergangsprojekt«,[106] eine gesellschaftliche Umgestaltung, die, mit Marcuse gesprochen, »›provisorisch‹ unrealisierbar« ist.[107] Mit der Vier-in-einem-Perspektive will Haug vor allem dazu beitragen, linker Politik Orientierung zu geben.[108] Diese, so stellt sie fest, habe sie nämlich dringend nötig. Nicht nur für den Feinschliff hier und da, sondern für den Grund und Boden, auf dem sie steht und der mit dem realen Sozialismus der DDR gleichsam unfruchtbar geworden sei: »Das Jahr 1989 steht für den Verlust an Perspektiven linker Politik. Wir kommen aus dem Jahrhundert des gescheiterten Experiments eines bürokratischen Sozialismus. Die Vier-in-einem-Perspektive ist der Versuch, mit einer sozialistisch-demokratischen Perspektive wieder Fuß zu fassen. Diese Perspektive wiederum ist elementar für eine Linke, die anders keinen eigenen Daseinsgrund hätte.«[109]

Soziale Verhältnisse zu verändern, erfordert die Etablierung einer »kollektive(n) Veränderungskultur«.[110] Die Vier-in-einem-Perspektive könne nicht eingesetzt werden wie ein Korrekturprogramm für Rechtschreibung oder Rechenfehler. Sie kann »nicht als Aufruf an Einzelne gehen ... mit dem Rotstift andere Zeiten einzutragen und sich danach zu disziplinieren«.[111]

Ebenso wenig solle mit ihr ein Handlungsreglement erlassen werden, in das es sich widerspruchslos zu fügen gilt und in dem Menschen die Arbeit, die sie in den verschiedenen Tätigkeitsbereichen erbringen, – erneut – wie von außen entgegensteht. Mit der Umverteilung soll sich gerade der Bezug zur eigenen Zeit und zu dem, was man mit ihr tut, verändern: ihr eben nicht länger beim Davonlaufen zuzuschauen. Wie aber kann man in die eigene Zeit hineinschlüpfen, um sie zu verändern – und sie dabei gleichzeitig kollektiv in der Gesellschaft umverteilen?

Ausgehend von Marx' Theorie erklärt uns Haug, dass das, was verändert werden soll, immer »von innen, sinnlich, praktisch – also in der Praxis – erfasst werden muss«. Nur unter dieser Perspektive ist es möglich, soziale Verhältnisse so zu begreifen, dass Vorschläge zu ihrer Veränderung auch tatsächlich etwas mit den Menschen zu tun haben, für die sie verändert werden sollen. Wenn man bei Gesellschaftsanalysen stattdessen davon ausgeht, sich nur vorzustellen, was Menschen denken oder sagen – zum Beispiel »Gleiche Verfügung über Zeit für alle!« –, sei es so, als ob man Philosophie »vom Himmel auf die Erde herabsteig(en)« lasse.[112] Die Vorstellungskraft und Fantasie, aus denen Utopien wachsen können, verkommt hier zur hohlen Phrase, zum Überbau ohne Fundament.

Veränderung muss kultiviert und gepflegt werden. Sie muss den Bezug zur Erfahrung suchen und halten, um die Darstellung einer Gesellschaftsordnung buchstäblich auf den Boden wirklicher Lebensprozesse zu stellen.[113] Das heißt auch, dass Veränderung nie von einem einzelnen Individuum ausgeht, sondern sie geschieht immer im Verbund und in Beziehung zu anderen Menschen. Und das betrifft theoretische, politische und persönliche Veränderungen gleichermaßen. Die politische Bewegung des Feminismus, so Haug, müsse sich also als »Einschreibung« begreifen lassen – und zwar als »Einschreibung der Frauen in Geschichte, Gesellschaft, Theorie im Namen eines erst zu erstreitenden Allgemeinen«.[114]

Der Streit kommt auch dadurch ins Allgemeine, dass verschiedene gesellschaftliche Positionen vollkommen unterschiedliche Erfahrungen mit der Unerbittlichkeit der Strukturen im System machen. Und diese konkurrierenden Erfahrungen scheinen einer einvernehmlichen Umverteilung und Herstellung von Gleichheit zunächst wie ein Widerspruch entgegen zu stehen. In diesen Widersprüchen, erklärt uns Haug, fallen wir »auf die Stacheln des Unmöglichen«.

Diese Stacheln des Unmöglichen kennt Haug nicht nur aus der Theorie, sondern auch aus ihrem Privatleben. Und das Private wird an dieser Stelle sehr anschaulich zum Politischen. In der Anfangszeit ihrer Ehe lebte sie mit ihrem Partner »von der Hand in den Mund«. Spätestens nach der Geburt ihrer gemeinsamen Tochter jedoch wurde schnell klar, dass diese Lebensweise sich nicht für das Großziehen eines Kindes eignet. Der Schluss, dass nun eine:r von ihnen einen Beruf ergreifen und Geld verdienen musste, war für die beiden in diesem Moment zwar zwingend, aber deshalb nicht einfach logisch wie das Resultat einer Rechengleichung.

Die marxsche Formel, die besagt, dass Produktion auch das gesellschaftliche Leben reproduziert, findet sich hier inmitten eines praktischen Erfahrungsproblems vor. Unter den damaligen gesellschaftlichen Umständen war es für die Haugs nicht möglich, ein Leben als Studierende fortzuführen und zugleich Eltern zu sein. Das Leben als Studentin, das dem Tätigkeitsbereich der Arbeit zu persönlicher Entwicklung zuzuordnen wäre, schließt, weil es keine Bezahlung vorsieht, Mutterschaft beinahe vollständig aus. Grund dafür ist, dass das zusätzliche hohe Maß an – ebenfalls bis dato unbezahlter – Care-Arbeit nicht geleistet werden konnte, weil der Counterpart der bürgerlichen Kernfamilie fehlte: der Ernährer, der Brotverdiener, der klassische Versorger. Und Versorgung meint hier nicht einmal Kinderbetreuung, sondern Anschaffungen für das Kind wie Nahrung, Kleidung, Fläschchen, Windeln.

Da die Gesellschaftsordnung damals – noch vor der Einführung von kostenfreier Kinderbetreuung an den Universitäten – viel weniger als heute darauf ausgelegt war, dass

Partner:innen jenseits dieses bürgerlichen Verständnisses zu Familien mit Kindern wurden, wurde aus dem marxistischen Grundgedanken in Windeseile ein handfestes Problem mit eigentlich nur einer einzigen möglichen Lösung. »So konkret kommt das Abstrakte zusammen«, schließt Haug.

Aufgrund struktureller Ungleichverteilungen von Zeit und Geld im patriarchalen Kapitalismus wird die gleiche Erfahrung jedoch nicht für jeden Menschen zum (gleichen) Problem. Ein wohlhabendes Elternhaus oder unterstützungsfreudige Freund:innen können das strukturell Unmögliche möglicher machen, die Stacheln etwas abrunden. Doch solche individuellen Milderungen sind nicht die Idee der kollektiven Veränderungskultur, die Haug im Sinn hat. Es muss in ihr darum gehen, dass niemand zurückbleibt oder sogar im Dickicht der Widersprüche verloren geht. Das Ziel muss die Freiheit aller sein.

»Freiheit ist immer nur Freiheit der Andersdenkenden. Nicht wegen des Fanatismus der ›Gerechtigkeit‹, sondern weil all das Belebende … der politischen Freiheit … seine Wirkung versagt, wenn die ›Freiheit‹ zum Privilegium wird.«[115] Im Jahr 1918, unmittelbar nach der Russischen Revolution und der Machtergreifung durch die Bolschewiki unter der Führung Lenins, verfasste Rosa Luxemburg die Schrift *Zur Russischen Revolution*, der diese beiden Sätze entstammen. Luxemburg wird – etwa ein halbes Jahrhundert später – zu einem zentralen Bezugspunkt in Haugs Denken. Jede Zeile, die sie jemals schrieb, habe sie inzwischen gelesen, erzählt sie. Für Luxemburg war der Sozialismus die einzige Alternative zum Kapitalismus. Dies sei, wie Haug bemerkt, »damals, an der Wende zum 20. Jahrhundert noch als unschuldige Zukunftsmusik gehört«[116] worden. Der Sozialismus ist für Luxemburg, der

Mitbegründerin der Kommunistischen Partei Deutschlands, grundlegend mit der Ablehnung einer autokratisch-diktatorischen Politik verbunden. Das bedeutete nicht, dass sie die Revolution selbst ablehnte. Sie befürwortete die Revolution in ihrem beispiellosen Radikalismus, »den Zarismus zu stürzen und seine unterdrückten Völker zu befreien«.[117]

Wenn man sich selbst die Zugehörigkeit zum Allgemeinen erstritten hat, aus dieser Position heraus jedoch anderen die Möglichkeit zum Streit nimmt, wird aus Veränderung Totalität und aus Gleichheit Diktatur. Das zu verhindern ist es, was Frigga Haug meint, wenn sie vom »utopischen Atem« spricht. Es geht darum, die Möglichkeit für Veränderung lebendig zu halten. Das bedeutet nicht, alles, was anders sein soll, in der Schwebe zu halten, oder allen Anwärter:innen auf Veränderung mit einem höflichen »Danke, wir melden uns bei Ihnen!« abzusagen. Es bedeutet aber, dass Veränderung ihre belebende Triebkraft verliert, wenn man von ihr behauptet, nicht Menschen, sondern Gott, die Tradition oder gar der Geist der Nation hätten sie erwirkt und den Menschen in wundersamer und unveränderbarer Weise übergeben. Mit so ungreifbaren, transzendenten Wesen lässt sich zudem schlecht streiten.

Ideologien – religiöse wie politische – leben gegenwärtig weltweit neu auf und lassen es besonders dringlich erscheinen, eine kollektive Veränderungskultur zu etablieren. Und das geht auch bereits im Kleinen. Im Jahr 2018 sitzt Frigga Haug mit zahlreichen Besucher:innen des Festivals »Stadt der Frauen« im Sitzungssaal des Alten Rathauses in Esslingen und erweckt gemeinsam mit ihnen Bertolt Brechts in den frühen Vierzigerjahren geschriebenen *Flüchtlingsgespräche* zu neuem Leben.[118]

Sie wurde von den beiden Intendantinnen des Stuttgarter Theaters Rampe eingeladen, ein *Dialektik-Camp* abzuhalten. »Ein Ungetüm in Worten«, fügt sie kopfschüttelnd hinzu, aber sie habe dort das getan, was sie seit Jahrzehnten tut: nämlich »dialektisches Denken lehren und wie man darin handelt«. Im Grunde bedeute dies, zu lernen, wie man darauf aufmerksam wird, »dass alles, was man denkt, sich beim Denken auch noch mal verändert. Und dann zu sehen, wohin es sich verändert, um die Seite zu unterstützen, die gut ist.« Sie hätten immer einen Satz in den Raum gestellt, zum Beispiel »Hunger ist der beste Koch«, und je zwei der Besucher:innen, die diesem Satz spontan zustimmten, hätten sich dann in ein Gespräch miteinander begeben. Nicht als sie selbst allerdings, sondern in den Rollen der beiden Protagonisten der *Flüchtlingsgespräche*: zwei aus Deutschland geflüchtete Männer. »Der eine war groß und dick und hatte weiße Hände, der andere von untersetzter Statur mit den Händen eines Metallarbeiters«, beschreibt Brecht sie.[119] Sie treffen sich im Bahnhofsrestaurant in Helsinki und sprechen – sich »ab und zu vorsichtig umblickend«[120] – über die internationale Lage zum Weltkriegsgeschehen und über ihr Leben. »Die Menschen haben das fantastisch gemacht«, erinnert sich Haug, »Migranten, gebrochen Deutsch sprechend der eine, die andere von der Hochschule, das merkte man sofort – und jeder war etwas anders.«

Veränderung der materiellen Bedingungen, der Verteilung von Zeit – der kapitalistischen und patriarchalen Strukturen – benötigt nicht nur Menschen, die sich diesem mit Leib und Seele verpflichten. Sie bedarf auch nicht nur einer guten und respektvollen Streitkultur. Zunächst bedarf sie vor allem einer tief verankerten Kultur des gegenseitig zugewandten, interessierten Perspektiv-Wechsels.

Indem man bei diesem Experiment auf die sich beim Denken verändernden Gedanken aufmerksam wird, sollen die eigenen Erklärungen ebenso wie die Erklärungen der anderen durch einen neuen Blickwinkel zutage treten und vermeintlich Selbsterklärendes in seiner Widersprüchlichkeit zu anderen Weltsichten handhabbarer machen. Die Festival-Besucher:innen wurden so vielleicht auf Fragen aufmerksam wie: Was passiert mit meiner Zustimmung zu diesem Satz, verändert sie sich? Was mit meiner Art, den Satz zu vertreten – und wie finde ich die Art, wie mein Gegenüber diesen Satz vertritt?

Damit man um das Allgemeine streiten kann, muss man Erklärungen über die Welt, die wie selbstverständlich gegeben erscheinen, in einer Art dialektischer Pendelbewegung denken – ohne sich dabei panisch an der nächstbesten neuen Erklärung festhalten zu wollen. Haugs Rückbezug auf Horkheimers und Adornos Ansatz, Kritik als Infragestellung von Ideologien zu denken, wie sie dies in der *Dialektik der Aufklärung* taten, ist auch bei diesem Einüben und Ausprobieren von Perspektivität und Veränderung, von Vorstellungskraft und Widersprüchen deutlich zu sehen.

Die »Stacheln des Unmöglichen«, auf die man von einer Gesellschaftsstruktur in Form von praktischen Widersprüchen fallen gelassen wird, sollen nicht vermieden oder abgemildert werden. In ihnen tritt die Welt spitz und störend aus dem Allgemeinen hervor, aus dem sich die eigene Wahrnehmung speist. Die Art und Weise, wie man diesen Widersprüchen begegnet, ist grundlegend dafür, Gesellschaftsstrukturen auf ideologische Gehalte zu überprüfen und sie immer wieder neu zu denken, zu gestalten und zu pflegen.

»Für die bürgerliche Frau ist ihr Heim ihre Welt, für die

proletarische Frau ist die Welt ihr Heim, das sie häuslich einrichten muss«, zitiert Haug für uns Rosa Luxemburg aus der 1914 erschienenen Schrift *Die Proletarierin*. Sie hatte den Text mit Studentinnen gelesen, nachdem diese an der Uni »ein reines Frauenseminar erobert hatten«, das aber, obwohl es ein bezahlter Lehrauftrag war, niemand von den Dozierenden übernehmen wollte. Nach der Lektüre, erinnert sich Haug, waren die Frauen Feuer und Flamme, alles zu wissen und zu lernen. Sie lacht, dann fügt sie hinzu: »Die Welt anders einrichten ist natürlich eine irre Arbeit, nicht wahr?«

Unterdrückte Natur. Von Zivilisation, Hass und Selbstzerstörung (und einem Weg raus)

Prof. Dr. Karin Stögner

Von Kristina Steimer

Karin Stögner ist Inhaberin des Lehrstuhls für Soziologie an der Universität in Passau. Anstatt dreier Flüsse treffen an dem Ort, an dem wir mit ihr für ein Gespräch verabredet sind, drei Internetleitungen zusammen: In der Zoom-Videokonferenz sitzt sie uns im leuchtend roten Pullover gegenüber, ihr kurzes Haar mit den dunklen Locken offen, der Bildhintergrund zeigt ein paar Stühle um einen runden Bürotisch, auf dem neben einer Refill-Wasserflasche aus Metall viele Bücher liegen.

Das Gespräch beginnt – wie Gespräche es immer tun, wenn sie an einem virtuellen Ort und mit dessen ganz eigenen Hürden stattfinden – mit Verständigungen über Freigaben, die erteilt, und Bestätigungen, die gegeben werden müssen. Die Inhalte, die wir mit der feministischen kritischen Theoretikerin in den nächsten eineinviertel Stunden durchgehen, lassen vergessen, dass wir uns nur über Bildschirme sehen. Wir sprechen mit der 1974 in Österreich geborenen Stögner über die vielen Dimensionen von Herrschaft, ihre Verstrickungen und ihre verborgenen Stätten wie die Psyche, Sprache oder Sexualität – und wie man sie trotzdem aufspüren kann. Zuweilen sogar in den griechischen Mythengestalten der *Odyssee*, allen voran in den Frauenfiguren wie der bezirzenden Zauberin Kirke auf der Insel Aiaia, über die Klagen der Seelen aus dem Hades wie Wind hinwegfegen. All das, erfahren wir nun, sind wichtige Bezugspunkt für die frühe Kritische Theorie. Insbesondere in dem zwischen 1942 und 1944 entstandenen Schlüsselwerk *Dialektik der Aufklärung*, in dem ergründet wurde, wie es zum Nationalsozialismus und seinen grausam systematisierten Verbrechen wie der Shoah kommen konnte – und wie sich eine Wiederholung verhindern lässt.

Stögner arbeitete und forschte von 2017 bis 2018 an der Hebräischen Universität Jerusalem – eine der wichtigsten Forschungseinrichtungen Israels, die außerdem zu den besten Universitäten weltweit zählt. Zuvor war sie bereits einige Monate an der Universität in Haifa, der Hafenstadt im Norden Israels, tätig gewesen.

Kaum könnte es einen direkteren Bezug zu den Inhalten ihrer Forschungen geben. Bereits in ihren ersten Arbeiten zu Beginn ihrer wissenschaftlichen Karriere setzte sich Stögner mit der Kritischen Theorie und dem Nationalsozialismus auseinander. Eine für sie eher ungewöhnliche Themenwahl, erinnert sie sich. Denn an der Universität Wien, an der sie Anfang der Neunzigerjahre zu studieren begann, war »die Kritische Theorie völlig vergessen«. Lehrveranstaltungen zu feministischen Ansätzen, wie zum Beispiel die der Philosophin Herta Nagl-Docekal, hätten auf sie »immer mal ein bisschen zurückgegriffen« – darin lag, so Stögner, eine erste Vorbildwirkung.

Maßgeblich änderte sich das aber erst, nachdem Gastprofessuren mit »kritischen Theoretikern« besetzt wurden, dezidiert betont sie die männliche Form. Knapp fünfundzwanzig Jahre später sollte es Stögner sein, die als kritische Theoretikerin auf Gastprofessuren berufen wurde …

Das unverbunden Verbundene etablieren: Kritische Theorie und Feminismus

Antisemitismus und die Verfolgung von Juden:Jüdinnen sowie die Zerstörung jüdischer Gemeinden erreichten mit der systematischen Ermordung eines Drittels der jüdischen Weltbevölkerung im Nationalsozialismus ein bis dahin unvorstellbares Ausmaß. An diesem »Zivilisationsbruch«, so benennt Eva von Redecker in ihrem Vorwort zur Neuauflage der *Dialektik der Aufklärung* diesen Einschnitt – einen Begriff des deutsch-israelischen Historikers Dan Diners aufgreifend –, entzündete sich nicht nur das Denken der Kritischen Theorie.[121] Nachdem der Zweite Weltkrieg beendet war, beschlossen die Vereinten Nationen, einen jüdischen Staat zu errichten, in dem Juden:Jüdinnen ein Dasein ohne Verfolgung möglich und ein Gegengewicht zum Jahrhunderte andauernden Leben in der Diaspora geschaffen werden sollte. 1948 kam es deshalb zur Gründung des Staates Israel. Der folgende Nahost-Konflikt ist gut dokumentiert und bis heute in der Diskussion.

Die *Dialektik der Aufklärung* stellt nach wie vor einen zentralen Bezugspunkt in Stögners Forschung dar. Anhand »diskriminierender ausschließender Hass-Ideologien und Antisemitismus« zeigen sich hier die Widersprüche der Moderne, erzählt sie uns. Stögners besonderes Interesse gilt den gesellschaftlichen Räumen, dem Sich-Öffnen für und dem Ausschließen von Menschen, den möglichen Konflikten und dem scheinbar Abgelegenen, das sich meist erst in einzelnen Momenten als schmerzhafter Bestandteil von Zivilisation zeigt. Zwölf Jahre lang arbeitete Stögner parallel zu ihrer soziologischen Forschung am Institut für Konfliktforschung in Wien. Sie behält politische Entwicklungen wie die Parteipolitik der extrem rechten FPÖ in Österreich oder der AfD in Deutschland im Blick. Aber auch zur feministischen Identitätspolitik positioniert sie sich klar und übt scharfe Kritik.

Dass sie dabei dezidiert eine feministische Denkerin ist, ist weder ein inhaltlicher Widerspruch noch eine Art Zusatzqualifikation oder das berühmte zweite Standbein, auf dem es sich angeblich besser steht. Schon während ihrer ersten Beschäftigung mit der Kritischen Theorie fielen ihr immer wieder bestimmte Bilder von Weiblichkeit ins Auge. Sie bemerkte, dass Horkheimer und Adorno ihre Beschäftigung mit der NS-Diktatur auch auf die Geschlechterverhältnisse bezogen hatten.

Das war der »Klick-Moment«, so beschreibt sie es, als ihr klar wurde, dass zwischen Kritischer Theorie und Feminismus »eine innere Korrespondenz« besteht. Ein Ineinandergreifen also, das man nicht erst »von außen her verbinden« muss, sondern das bereits da ist – und »aus dem man etwas machen muss«.

Und das tat sie. In ihrer eigenen Forschung ist sie »an dem Zusammenhang zwischen Antisemitismus und Sexismus hängen geblieben«, zugleich bemüht sie sich um einen systematisierenden Ausbau und eine weiterführende Verknüpfung zwischen Kritischer Theorie und Feminismus. Karin Stögner zählt zweifellos zu einer der wichtigsten Akteur:innen auf diesen Gebieten. 2022 brachte sie – zusammen mit ihrer Mitarbeiterin Alexandra Colligs – ein echtes Novum im Hinblick auf die Publikationen über die Kritische Theorie heraus: *Kritische Theorie und Feminismus* – ein Sammelband, der sich ausschließlich der Schärfung der, wie Stögner in der Einleitung schreibt, »Konturen« dieses Verhältnisses widmet.[122] Unter soziologischer, psychoanalytischer und philosophischer Perspektive werden Themen wie zum Beispiel Produktions- und Reproduktionsarbeit, Streit um und Sehnsucht nach Identität oder Religion und Emanzipation beleuchtet. Verknüpft werden die damit einhergehenden Fragen mit einer Analyse, wie es um die Verbindung von Feminismus und Kritischer Theorie gegenwärtig bestellt ist und was für die Zukunft zu erwarten beziehungsweise zu erhoffen ist. Von den insgesamt siebzehn Autor:innen sind im Übrigen sechzehn Frauen – und dass diese Gewichtung innerhalb einer solchen Sammelpublikation nach wie vor ins Auge springt, ist womöglich nicht der beste Beweis, aber immerhin einer dafür, wie wichtig der weitere Ausbau dieses Forschungsfelds ist.

Dass Stögner in der *Dialektik der Aufklärung* zum Feminismus korrespondierende Inhalte entdeckte, erklärt sie uns, bedeutet aber nicht, dass Horkheimer und Adorno geplant hatten, eine feministische Theorie auszuarbeiten. Ihr Vorhaben bestand ganz klar darin, eine Gesellschaftstheorie vorzulegen, die einen Zivilisationsbruch wie den Holocaust zu erklären versucht. Die Weiblichkeitsbilder, die sie dazu speziell in ihrem Kapitel »Odysseus oder Mythos und Aufklärung« verwenden, überschneiden sich jedoch an vielen Stellen mit dem Frauenbild, für dessen Überwindung Feminist:innen im Zuge der zweiten Welle der Frauenbewegung in Deutschland gut zwanzig Jahre später kämpfen würden. Es ist das Bild ›der Frau‹, mit dem man die Sorge für die Produktionserhaltung ›natürlicherweise‹ in einen von Frauenkörpern zu verrichtenden Arbeitsbereich fallen lässt. In der *Dialektik der Aufklärung* heißt es: »Die Frau ist nicht Subjekt, sie produziert nicht, sondern pflegt die Produzierenden, ein lebendiges Denkmal längst entschwundener Zeiten der geschlossenen Hauswirtschaft.«[123]

Mit dieser über die Arbeitsteilung wie in Beton gegossenen Ungleichheit in den Geschlechterverhältnissen eröffnete sich das zentrale Bezugssystem der Verbindung von Feminismus und Kritischer Theorie in Deutschland. Beides zusammen zu denken, schreibt Stögner einleitend in ihrem Sammelband, hat seit jener Welle der Frauenbewegung Tradition – und steht gleichzeitig in Bezug zur Entstehung der Neuen Linken.[124] Während die Student:innenproteste zunächst vor allem umfassende Reformen der Universitäten und Hochschulen forderten, um über Lehrpositionen und Lehrinhalte weitergeführte nationalsozialistische Hass-Ideologien aufzuspüren und zu bekämpfen, wurden von feministischer Seite Forderungen nach mehr Selbstbestimmung laut. Das »lebendige Denkmal« – hermetisch in der Reproduktionsarbeit und der Häuslichkeit isoliert, nachdem die moderne Produktion mit dem wirtschaftlichen Fortschritt gleichsam von zu Hause ausgezogen war – begehrte auf. Es sprach. Indem der neue Feminismus in Deutschland öffentlich darauf drängte, dass das Private eine hochpolitische Angelegenheit darstellt, unterstrich er die Sorge um die Familie, die speziell von Frauenkörpern zu verrichtende Care-Arbeit, dick und fett als Gesellschaftsverhältnis – in dem Herrschaft ausgetragen wird.

Sowohl der Frauenbewegung als auch der Neuen Linken ging es also darum, die Kontinuität und Fortführung von ausschließendem, diskriminierendem Gedankengut in gesellschaftlichen Strukturen aufzuzeigen und aufzubrechen.

Dabei nahm die Student:innenbewegung der Achtundsechziger hierzulande ebenso rege auf die *Dialektik der Aufklärung* Bezug wie auch »die feministische Theorie in Deutschland (vor allem) an die erste Generation der Kritischen Theorie anknüpfte«.[125] Unterdessen, so Stögner, setzt beispielsweise in den USA die feministische Auseinandersetzung vor allem an den Arbeiten von Jürgen Habermas an, der erst der zweiten Generation Kritischer Theorie angehört.

Die Arbeit von Horkheimer und Adorno bot also offenbar einen Bezugsrahmen, der die Aufarbeitung des Nationalsozialismus direkt mit einer Kritik von in kapitalistischen Produktionsverhältnissen verschränkten, ungleichen Geschlechterverhältnissen zusammendachte. Dazu passt, dass Vertreter der frühen Kritischen Theorie um Adorno – und unter ihnen die ukrainisch-österreichische Psychoanalytikerin Else Frenkel-Brunswik, eine »zu Unrecht in der Rezeption weitgehend vergessene kritische Theoretikerin«[126] – im Nachgang der *Dialektik der Aufklärung* speziell Zusammenhänge zwischen Familie, Geschlecht und Faschismus noch einmal gesondert erforschten. In den Studien zur *Authoritarian Personality* aus den Vierzigerjahren wurde, so beschreibt es Stögner, das empirisch erprobt, was die *Dialektik der Aufklärung* theoretisch ausgearbeitet hatte. Dabei zeigten insbesondere Frenkel-Brunswiks Untersuchungen, dass die Anfälligkeit von Menschen für extremes Gedankengut eng mit einer gesellschaftlich strikt auf Binarität und Heteronormativität ausgerichteten Vorstellung von Geschlecht und Sexualität zusammenhängt. Mit einer Vorstellung also, in der es nur Beziehungen zwischen Männern und Frauen geben soll und Menschen stets auch entweder nur männlich oder weiblich sein sollen.[127]

An eine »generelle Tendenz, in strikten Zweiteilungen zu denken«, schreibt Stögner, knüpft sich rasch ein »Hass auf Differenz« allgemein.[128] Ein Hass auf alles also, was in der kapitalistisch-arbeitsteiligen, patriarchalen Gesellschaft vom männlichen Versorger der Familie abweicht. Sexismus, Homophobie und Antisemitismus zum Beispiel seien zwar jeweils eigenständige Ideologien. Doch sie teilen als zentrale Merkmale den Hass auf Schwäche und Verschiedenheit – auf Menschen und Lebensformen also, die sich in die Geschlechterbinarität und das bürgerliche Modell von Familie nicht einordnen lassen – sowie die »Abwehr von Freiheit im Politischen wie im Sexuellen«.[129]

Eine der vordringlichsten Aufgaben feministischer Kritischer Theorie, so Stögner, sei es demnach, eine umfassende »Herrschaftskritik« zu üben. Und das bedeutet eine, »die das Ineinandergreifen von zwei Formen von Herrschaft und Ausbeutung, der patriarchalen und der kapitalistischen, erkennt, ohne beide in eins fallen zu lassen«.[130] Dass die Auffassung von Arbeit dabei, so die Soziologin und kritische Theoretikerin Regina Becker-Schmidt, immer schon »androzentrisch geprägt« ist – das heißt ›den Mann‹ zum Maßstab hat – und also in ihrer gesellschaftlichen Bedeutung ganz grundlegend revisionsbedürftig ist, macht die Tragweite einer feministischen Kritik klar .[131] Wie Stögner betont, zieht nämlich die »Aufspaltung der Sphären der Produktion und Reproduktion« auch »weitreichende Folgen für das Feld der Subjektivierung« nach sich.[132] Das heißt, Arbeit hat auch maßgeblich damit zu tun, wer gesellschaftlich als autonomes entscheidungsfähiges Subjekt betrachtet wird. Und wer eher als Objekt, über das verfügt wird und das sich erst mühsam und zuweilen über lange Zeit oder immer wieder Gehör zu verschaffen versuchen muss, um eigene Forderungen durchzusetzen. Mitunter auch erfolgreich. Doch, betont Stögner, nie ganz frei von der Gefahr, dass die erkämpfte durchgesetzte Selbstbestimmung wieder zurückgenommen werden könnte. Was die Selbstbestimmung über den eigenen Körper betrifft, zeige sich dies zum Beispiel in den in manchen US-Bundesstaaten jüngst neu eingeführten Abtreibungsverboten.[133]

Jene Ungleichheit kommt in Deutschland etwa in der anhaltenden geschlechterspezifischen Ungleichheit im Lohnerwerb zum Ausdruck. So verdienten noch 2022 in Deutschland Frauen im Durchschnitt pro Stunde 18 Prozent weniger als Männer.[134] Sie zeigt sich aber auch in dem Recht auf sexuelle Selbstbestimmung. Bis beispielsweise die im Grunde basale Entscheidung, *ob* man überhaupt Geschlechtsverkehr haben möchte oder nicht, als Recht in der Ehe durchgesetzt wurde – konkret heißt das: das Recht, nicht vergewaltigt zu werden –, sollte es von Beginn der zweiten Welle der Frauenbewegung an noch über dreißig Jahre dauern. Und häusliche Gewalt und Femizide zeigen, dass Gewalt gegen Frauen nach wie vor in der Gesellschaft fortwirkt. Anhaltend und, so Stögner,[135] »sich ungleichzeitig gegen das gesetzliche Regelwerk vieler westlicher Demokratien er(haltend)«, durchzieht das Patriarchat Gesellschaften mit der Vorstellung männlicher Verfügungsgewalt über die ihm arbeitsteilig als zu Versorgende ›überantwortete‹ Frau.

Diese von Eva von Redecker als eine Art »Phantombesitz« beschriebene Geschlechterherrschaft gilt es also ins Zentrum der Kritik zu rücken, um Hass und Ideologie, Ausschluss und Ungleichheit strukturell – und konkret – in den Blick zu bekommen.[136] »Ein konkreter feministischer Begriff von Herrschaft«, so Stögner, muss immer »an der geschichtlich materialen Basis von Herrschaft an(setzen)«, das heißt dem »Kapitalverhältnis«. Gleichzeitig ist es wichtig, »die Besonderheit von Geschlechterherrschaft hervor(zustreichen), in der das (eingebildete) Eigentum an Leib und Leben anderer die vermittelten Formen moderner Herrschaft durchdringt.«[137]

Die Verbindung von Kritischer Theorie und Feminismus, so Stögner, sei als »Konstellation« zu begreifen.[138] Das heißt als etwas, das sich aus gesellschaftlich-historischen Verstrickungen ergibt und dessen Beziehungen zueinander Veränderungen unterworfen sind. Es gibt trotz der gemeinsamen Aufgabenstellung, Kritik an den Herrschaftsverhältnissen von Patriarchat und Kapitalismus zu üben, auch nicht ›die feministische Kritische Theorie‹. Die Bilder, mit denen Horkheimer und Adorno die Geschlechterverhältnisse in die *Dialektik der Aufklärung* einbeziehen, haben beispielsweise von feministischer Seite ganz unterschiedliche Bewertungen erhalten.

Von Frauen, Schiffen und Tieren

Bei Horkheimer und Adorno ist die Frau neben der den männlichen Versorger Umsorgenden auch eine, die Schiffe zum Kentern bringt und Männer in Tiere verwandelt. Was hat das zu bedeuten?

»In zentralen Schriften Horkheimers und Adornos, etwa in der *Dialektik der Aufklärung*«, schreibt Stögner, »sind Bilder des Weiblichen ein Index zivilisatorischen Unrechts.«[139] Ist das die Vorstellung, die die Kritische Theorie von Feminismus hat: Rache und Vergeltung des erfahrenen Unrechts, das im Mann personifiziert wird, und Zerstörung? Auch könnte man durchaus nachfragen, warum Horkheimer und Adorno Schiffe als Bild wählten, wo sie doch als zivilisatorische Errungenschaft – für Personenbeförderung und Warentransport – galten. Sind sie gar Vorreiter des sich später aus dem Feminismus entwickelnden »Ökofeminismus«?

Handlungsmacht in den Händen derer, die in einer Zivilisation unterdrückt wurden, als reale Bedrohung für den Fortbestand der Menschheit zu begreifen, hat Geschichte. Vor einer Welt mit außer Kontrolle geratenen Frauen fürchteten sich, so scheint es, über Dekaden diejenigen, in deren Händen Einfluss und Vermögen liegen. Doch das ist nicht die Geschichte der Kritischen Theorie. Ihre beiden Urväter malten sich keine für das erfahrene Unrecht Rache nehmenden Frauen aus. Stattdessen nahmen sie ihre Weiblichkeitsbilder explizit aus dem literarischen Kontext eines Mythos.

Ein Mythos ist eine Erzählung, eine überlieferte Dichtung. Gleichzeitig ist er die Beschreibung für eine Person, die Vorbildfunktion hat, ein Leitbild. Auf seiner mehrjährigen Irrfahrt zurück nach Hause zu seiner Ehefrau Penelope, irgendwann zwischen dem 13. und 12. Jahrhundert v. Chr., begegnet Odysseus der Zauberin Kirke und macht Bekanntschaft mit den Sirenen, die oben Frau und unten Vogel oder Fisch sind. Die Reise ist insgesamt eine recht traurige Angelegenheit, denn von den Gefährten, die sie zusammen antraten, kehrt Odysseus als Einziger zurück – der Held.

Das Weibliche, das diese Figuren zeichnen, ist nicht das der umsorgenden und den Mann in seiner Produktivkraft regenerierenden Frau. Das Setting findet fernab der Häuslichkeit statt, wo die Ehefrau wartet. Kirke bewohnt gemeinsam mit ihren Dienerinnen eine bewaldete Insel. Ein paar Seemeilen entfernt von einer anderen Insel, die den Sirenen gehört, von denen zuweilen überliefert wird, sie hätten Bärte gehabt. Hierin, so Stögner, könnte eine »frühe Utopie der Zwischengeschlechtlichkeit« verborgen liegen. Keine unumschränkt hoffnungsvolle allerdings, denn von den Weiblichkeitsbildern geht – noch bevor Odysseus eine der Inseln betritt – nicht nur Anziehung, sondern auch Gefahr aus.

In gewisser Weise sind die mythologischen Frauenfiguren, die die *Dialektik der Aufklärung* betrachtet, von der Gesellschaft ›emanzipiert‹. Sie leben außerhalb von ihr. »Diese Bilder«, schreibt Stögner, lassen »Formen von Subjektivität erahnen, die auf die Möglichkeit eines Jenseits der gesellschaftlichen Zwangszusammenhänge verweisen.«[140] Die Begegnung zwischen Odysseus und ihnen könnte also theoretisch frei von tradierten Ungleichheiten und Rollenverteilungen sein. Doch stattdessen eskaliert alles. Die Frauenfiguren stellen für Odysseus gefährliche Hindernisse auf seinem Weg nach Hause dar, nur knapp kommt er mit dem Leben davon.

So machen es sich die Sirenen zur Aufgabe, an ihrer Insel vorbeifahrende Seefahrer anzulocken: mit Gesang und dem Versprechen, dass sie ihnen die Fähigkeit zu allumfassender Weisheit und universalem Wissen schenken. Was allerdings von denen übrig blieb, die ihrem Ruf folgten, waren nur ein paar Knochen. Um an Bord zu bleiben und den Lockungen zu widerstehen, befiehlt Odysseus seinen Gefährten, sich die Ohren mit Wachs zu verstopfen und zu rudern, was das Zeug hält. Ihn sollten sie an den Schiffsmast fesseln, sodass er unter der Fahrt dem Gesang lauschen konnte, aber von einem sicheren Plätzchen aus. Kirke wiederum verzaubert üblicherweise alle, die ihre Insel betreten, in Tiere – die sie sich dann in einem Gehege in ihrem Vorgarten hält. Von ihr werden Odysseus' Gefährten freundlich zu Speis und Trank gebeten –

und in Schweine verwandelt. Odysseus kommt ihnen daraufhin zu Hilfe und bedroht Kirke mit dem Schwert. Sie nimmt den Zauber zurück, beeindruckt davon, dass sich Odysseus anstatt sich dem Genuss ihrer Speisen hinzugeben, ganz allein für die Rettung seiner Gefährten und für die Heimkehr des Schiffes einsetzt. Sie huldigt seinem »männlich-bürgerlichen Selbst«[141], das ebenso makellos wie unbestechlich ist – und lässt alle bei sich wohnen.

Natürlich muss man auch sehen, dass es für die Dramaturgie etwas lahm gewesen wäre, hätte Homer seinen Helden nur ganz entspannt an den Inseln der Frauen vorbeischippern lassen. Ein höflicher Gruß, vielleicht ein angedeutetes Kopfnicken – und Cut. Nächste Szene. Nächste Insel. Und wieder das Gleiche. Doch Horkheimer und Adorno sehen in der *Odyssee* mehr als einen unterhaltsamen Erzählaufbau. Sie sehen in ihr den »Grundtext der europäischen Zivilisation«.[142] Was zunächst großartig klingt, verheißt nicht nur mit Blick auf die verstörenden Geschehnisse zwischen den Geschlechtern innerhalb des Mythos nichts Gutes. Die Geschehnisse werfen hinsichtlich der Behauptung, dass die in fundamentale Machtgefälle und -kämpfe kulminierenden Geschlechterverhältnisse zum Leitbild der gesamten europäischen Zivilisation geworden sind, durchaus die Frage auf, wie veränderlich Ungleichheiten gegenwärtiger Gesellschaften überhaupt sind. Dass es Horkheimer und Adorno in der *Dialektik der Aufklärung* generell nicht darum ging, andächtig der zivilisatorischen Errungenschaften zu gedenken, in deren Denktradition sie selbst standen, ist angesichts des übergeordneten Ziels, das sie mit ihrem Text verfolgten, aber auch keine Überraschung.

Es ging ihnen darum, zu verstehen, wie die extreme Nazi-

Ideologie sich ausgerechnet aus einer kulturgeschichtlichen Tradition hatte entwickeln können, die sich doch der Aufklärung verpflichtet hatte.

Damit sind sie mit ihrem Interesse zunächst Tausende von Jahren von der *Odyssee* entfernt. So scheint es jedenfalls. Denn ihre Frage lautete: Wie war es von dem aufklärerischen Leitgedanken – populär von Kant auf die Forderung gebracht, jeder solle den Mut haben, sich seines eigenen Verstandes zu bedienen – zum Führergruß gekommen? Wie war aus einer umfassenden Ausrichtung auf Vernunft eine Diktatur geworden, die systematisiert massenmordete? »Die vollends aufgeklärte Erde strahlt im Zeichen triumphalen Unheils«, zogen Horkheimer und Adorno Bilanz. Ein sich der universalen Vernunft verpflichtetes Denken stand – offensichtlich – praktisch nicht im Widerspruch zu grausamster »Barbarei«.[143] Dem aufklärerischen Fortschrittsdenken war sein Fundament entrissen worden: die Überzeugung, dass sich mit ihm die Welt zu einem Ort einrichten ließe, an dem sich alle Menschen – unabhängig von ihren persönlichen Neigungen – so verhalten, dass niemand sich selbst oder andere als Mittel zum Zweck missbraucht.

Anstatt sich nun an diesem Gegensatz zwischen den Ansprüchen, die die Aufklärung an Mensch und Welt gestellt hatte, und der Diktatur, die sie nicht hatte verhindern können, abzuarbeiten, stellten Horkheimer und Adorno das ganze Gebilde komplett auf den Kopf. Die Diktatur, so konstatierten sie, sei nicht trotz der Aufklärung entstanden, sondern auch wegen ihr. Konkret entfalteten sie das Argument, dass die aus der Aufklärung hervorgegangene Vernunft der »Barbarei« nicht nur nicht entgegengestanden hatte: Sie sahen in ihr zwar deren Gegenteil – ein Gegenteil jedoch, das nicht ausschloss, sondern einschloss. Mehr noch: Das gerade das ermöglichte, was es nicht ausschloss. Mit dieser aufsehenerregenden Interpretation der jüngsten Ereignisse ihrer Zeit schlugen Horkheimer und Adorno ein neues Kapitel in der Begriffsgeschichte der Vernunft auf.

Die Ursprünge Kritischer Theorie liegen mit dieser Umschlagsthese aber nicht in einer suspekten Schmiede für Verschwörungstheorien. Horkheimer und Adorno vermuteten keineswegs in allem, was ist, nur das Gaukelspiel mächtiger, im Hintergrund verborgener Strippenzieher:innen, die den Umschlag in Barbarei gleichsam inszeniert oder kontrolliert hätten. Kritische Theorie behauptet nicht, eine Realität hinter der Realität einsehen zu können. Worauf die These vom Umschlag aber hinwies, war, sagt uns Stögner, dass es eben »nicht reicht, nicht antisemitisch, nicht rassistisch oder nicht sexistisch zu sein«. Ein Vernunftbegriff, der es dem Willen der Einzelnen überlässt, Unrecht auszuschließen und fordert, dass alle sich selbst dem verpflichten, was für alle gut und richtig ist, nimmt in Kauf an der konkreten Realität zu scheitern. Das heißt, an ihren sozialen Ungleichheiten und auch an den Ungereimtheiten der menschlichen Psyche, mit denen sowohl der Wille als auch die Neigung zu undurchsichtigen, komplizierten Angelegenheiten werden. »Um Hass-Ideologien und extremes Gedankengut wie Antisemitismus, Rassismus und Sexismus zu verhindern«, diese Konsequenz zog Stögner aus der *Dialektik der Aufklärung*, »muss man aktiv anti-antisemitisch, antirassistisch und antisexistisch sein«.

Aufklärung – Den Regen beschwören im Rokoko-Kragen

Indem Adorno und Horkheimer zu dem Schluss kamen, dass die als Selbstzweck gesetzte Vernunft selbst die Ideologien hervorbringt, die Zivilisation zerstören und Leben bedrohen, markierten sie die Vernunftauffassung selbst als »zivilisatorisches Unrecht«. In ihr bewahren sich gleichsam alle daraus hervorgehenden sozialen Ungleichheiten auf.

Die Vernunft, das machten sie deutlich, fiel nicht einfach so, ›unbefleckt‹, vom Himmel – und geriet dann erst durch Irrungen und Wirrungen in Ausbeutung und Herrschaft ›hinein‹. Das Verhältnis zwischen Denken und Sein, zwischen Vernunft und gesellschaftlicher Lebensrealität hatte bereits Karl Marx – einer der Vorläufer Kritischer Theorie – seiner Transzendenz entkleidet und auf eine materielle Basis gestellt: die Produktionsverhältnisse. Nach Marx sind sie es, die bestimmen, wie sich Gesellschaften entwickeln und welche Ideen und Vorstellungen sich in ihnen durchsetzen. Ungleichheit und Ausschluss zu verstehen und entgegenzuwirken, solle erfordern, anstatt Philosophie »vom Himmel auf die Erde herabsteig(en)« zu lassen, die konkreten Produktionsweisen innerhalb einer konkreten Gesellschaft in den Blick zu nehmen.[144] Auch Horkheimer und Adorno betonten, dass Vernunft nicht von der Gesellschaft zu trennen ist, in der die Menschen leben, die vernünftig sein sollen. Und das heißt, dass die Produktionsweisen wie die Arbeitsteilung eng damit zusammenhängen, was Vernunft für eine Gesellschaft bedeutet. Wie die Geschlechteraufteilung im Kapitalismus zeigt, beruhen die Produktionsverhältnisse maßgeblich auf Herrschaft, und so ist auch die Vernunft in und mit Herrschaft verstrickt.

Wenn man dann also zum Beispiel lediglich *nicht* sexistisch ist – weil man die Idee einer universellen, das heißt allgemeingültigen und allumfassenden Gleichheit und Freiheit hat –, lebt man dennoch in gesellschaftlichen Zusammenhängen, die mit Patriarchat und Kapitalismus zutiefst ungleich sind. Die sich um einen androzentrisch geprägten Begriff von Arbeit als Arbeitsteilung strukturieren und in denen die patriarchale Vorstellung männlicher Verfügungsgewalt – das »(eingebildete) Eigentum an Leib und Leben anderer«[145] – in verschiedensten Segmenten der Gesellschaft Leid erzeugt. Damit, *nicht* sexistisch zu sein, stellt man zwar klar, dass die eigene Vorstellung von Gleichheit und Freiheit im Gegensatz zu der konkreten Lebensrealität in einer Gesellschaft steht. Man schließt Sexismus so aber nicht aus – sondern ein. Denn auch als Gegenteil dessen, was sein *sollte*, kann er in den gesellschaftlich verstrickten Herrschaftszusammenhängen existieren.

Aus dem Nicht muss also ein Dagegen werden. Um zu diesem Dagegen zu kommen, so Stögner, ist es erforderlich, »am alltäglichen Erleben von Leid und Zorn an(zusetzen)«. Es ist dieses Erleben, in welchem »die Gemeinsamkeit in den subjektiven Erfahrungen« sichtbar gemacht werden kann. Für Menschen, die von Ungleichheit und Unrecht betroffen sind, gerät das Leiden daran in einer Gesellschaft, deren Vorstellung von der Selbstverpflichtung und dem Willen der Einzelnen so stark ist, rasch zu einem Gefühl des persönlichen Versagens. Indem man Ausschluss und Unrecht anstatt mit einem Nicht mit einem Dagegen begegnet, trägt man der sozialen Realität konkreter Ungleichheitsverhältnisse Rechnung und straft die Vereinzelung Lügen. In dem Leid Einzelner den »Abdruck des Allgemeinen« ausfindig zu machen, kann so zu einem neuen »Ausgangspunkt für Solidarität« werden.[146]

Auf ihrer Suche nach einer Erklärung dafür, wie es in einer Denktradition der Aufklärung zum nationalsozialistischen Zivilisationsbruch kommen konnte, ging es Horkheimer und Adorno im Übrigen gar nicht so sehr um die spezielle Epoche der Aufklärung und deren in Rokoko-Krägen gehüllte Philosophen, die die Vernunft strahlen ließen. Es ging ihnen nicht einmal um Philosophie oder Wissenschaft allgemein. Im Gegenteil, sie argumentierten dafür, »Aufklärung« nicht erst und ausschließlich der Neuzeit zuzuordnen. Aufklärung sei bereits im Ritual zur Beschwörung von Regen anzutreffen, bei der Deutung der Sterne zur Orientierung auf See, dem Finanzwesen oder dem Buchdruck. Damit stellten Horkheimer und Adorno die Epoche, der philosophiegeschichtlich auch der Beiname »kopernikanische Wende« gegeben worden war, unsanft in die Reihe aller Epochen vor und nach ihr. Dabei war es gerade sie, die das Weltbild ganz und gar auf den Kopf hatte stellen sollen und nach der mit der bahnbrechenden Erkenntnis von der pflichtbewussten Erhabenheit des Menschen nichts mehr so hatte sein sollen, wie es war. Auch der sogenannte aufklärerische Fortschritt – auf dem Kant seine Philosophie aufbaute, die er als ›Versöhnung‹ von Erfahrung und Wissen verstand, personell vertreten in dem englischen Philosophen Francis Bacon, der mit seiner Aussage »Wissen ist Macht!« in der realen Erfahrung das rationalisierte, was zur gleichen Zeit unweit entfernt der Franzose René Descartes mit geschlossenen Augen und einer Blackbox für die Gedanken erprobte: »Ich denke, also bin ich!« –, dieser Fortschritt also, er verlor seine Richtung. Denn wo ist ›nach vorne‹ wenn, wie Horkheimer und Adorno postulierten, das im aufklärerischen Sinn »fortschreitende Denken«[147] schon beginnen soll, bevor

Fortschritt durch Aufklärung überhaupt erfunden worden war?

In der *Dialektik der Aufklärung* arbeiten Horkheimer und Adorno heraus, was all diese Momentaufnahmen menschlicher Entwicklungsgeschichte gemeinsam haben: immer gehe es darum, dass Menschen dessen habhaft zu werden versuchen, was sie irritiert als nicht in ihren Händen liegend erfahren. So zum Beispiel die Naturgewalten. Anstatt sich diesen mit dem Körper, der man ist, auszusetzen – zieht der aufgeklärte Mensch sich nun gleichsam auf die Behauptung zurück, *eigentlich* sei er ohnehin weniger Körper, sondern mehr Geist. Anstatt einer zu sein, *habe* er einen Körper, was so viel heißt wie, dass dieser genau dem dient und untersteht, was der Geist will. Natur und was sie so treibe, ist darum nur peripher von Interesse. Gegen Starkregen gibt es Dämme und Häuserbefestigungen, und im Notfall kommt die Feuerwehr. Es findet sich eine ›Lösung‹. Er, der aufgeklärte Mensch, sei in erster Linie allgemeingültige Vorstellungen denken könnende Vernunft. Einschränkungen, die ihn zum Beispiel darauf zurückwerfen, dass er ein lebender Organismus ist, der zu etwa 80 Prozent selbst aus Wasser besteht, spielen für ihn keine Rolle. Wegen Subjektkonzepten wie diesen, erklärt Stögner im Gespräch, sei Feminismus in der Kritischen Theorie so wichtig. Diese Konzepte, die »völlig von Körperlichkeit getrennt sind«, seien auch »so völlig von jedem Besonderen bereinigt, dass sie am Leben vorbeigehen.« Und dies nur, »um universelle Gültigkeit anmelden zu können«. Wie kaum eine andere Gesellschaftskritik betone hingegen der Feminismus die Körperlichkeit der Menschen. Und knüpft damit die Vernunft und was es heißt, ein entscheidungs- und handlungsfähiger Mensch – ein Subjekt – zu sein, unabtrennbar auch an die Lebensbedingungen, unter denen entschieden und gehandelt werden muss. »Erstaunlich«, fügt Stögner lachend hinzu, »dass es dafür den Feminismus braucht, denn auch Männer haben Körper.«

Regenbeschwörung und Kants kategorischer Imperativ sind also wesentlich aus demselben Holz geschnitzt: Aufklärung, so Horkheimer und Adorno, sei rundherum alles, was zum Ziel hat, »Menschen ... Furcht zu nehmen und sie als Herren einzusetzen«.[148] Gegen die Furcht – die sich seltsam nach Furcht vor dem eigenen Körper anfühlt, vor der Natur in uns – erfand die europäische Zivilisation die Beherrschung.

Indem sie Aufklärung als Herrschaftsinstrument dechiffrierten, zeigten Horkheimer und Adorno, dass Vernunft wie ein Instrument dazu genutzt werden kann, Herrschaft auszuüben, herzustellen und zu erhalten. Es gibt für den aufgeklärten Menschen also kein vorgesellschaftliches Verhältnis zu einer von Aufklärung ›unberührten‹ Natur. Wir können zwar übers Wochenende ›raus‹ fahren, ein Waldbad nehmen, vielleicht auch den ein oder anderen Baum umarmen. Doch findet all das dennoch in einer Gesellschaft statt, die Natur in die Funktion gestellt hat beherrschbar zu sein und den Menschen zu dienen. Oder wie Adorno schreibt: »Was überhaupt im bürgerlichen Verblendungszusammenhang Natur heißt, ist bloß das Wundmal gesellschaftlicher Verstümmelung.«[149] Neben der Ausbeutung durch den Menschen, bedeutet Naturherrschaft durch Aufklärung auch, als Bezugswert für ›argumentative‹ Begründungen sozialer Ungleichheitsverhältnisse eingespannt zu werden. »Wer immer in der Gesellschaft mit Natur identifiziert wird«, schreibt Stögner, »(ausgedrückt in Körperlichkeit als dem Geist entgegengesetzt; Sexualität und Begehren als Gegenpart der Vernunft; Mühsal körperlicher Arbeit als Gegensatz zu den luftigen Höhen des geistigen

Befehls), ist vom zivilisatorischen Projekt der Subjektivierung ausgeschlossen: Proletariat, Frauen, ausgebeutete und unterdrückte Ethnien, nicht hegemoniale Männlichkeiten, von der verordneten Heteronormativität abweichende Sexualitäten und Begehrensformen, kurz: alles, was dem Ideal des neutralen und autonomen Subjekts nicht entspricht.«[150]

So wird die Identifikation mit Natur zum Passierschein für Beherrschung und Unterdrückung – den abzustempeln die aufgeklärte instrumentelle Vernunft nicht allzu viel Zeit kosten dürfte. Das mit Natur Identifizierte wird zur – vermeintlich – unerschöpflichen Ressource. Sie soll geben, was ihr der Mensch befiehlt, der sich zum Subjekt erklärt und somit vom Beherrschtwerden absetzt.

Die Frauenfiguren, die auf ihren Inseln zurückbleiben, nachdem Odysseus ihnen entkommen und mit dem Schiff davongesegelt war, entlässt der Mythos jedoch gleich wieder aus ihrer Rolle als Beherrschte, Bezwungene. Von ihnen, so suggeriert es die Dichtung, geht auch weiterhin eine Gefahr aus. Sie bringen nach wie vor Schiffe zum Kentern und verwandeln Männer in Tiere. Wie kann das sein? Hat die Aufklärung im Mythos hier nicht ganz sauber gearbeitet? Oder ist die Identifikation mit – zu beherrschender – Natur doch nicht so allumfassend möglich, wie es das zivilisatorische Projekt der Aufklärung will?

Natur als Ideologie

An einem bestimmten in der *Dialektik der Aufklärung* angelegten und für eine feministische Herrschaftskritik anschlussfähigen Zusammenhang, erzählt uns Stögner, sei sie »hängen geblieben«. In ihren Forschungen beleuchtet sie die Wirkungsweise einer ideologischen Verkehrung von Natur als Herrschaftsinstrument im Antisemitismus und im Sexismus. »Die Erklärung des Hasses gegen das Weib«, so die Urväter der Kritischen Theorie, »als die schwächere an geistiger und körperlicher Macht, die an ihrer Stirn das Siegel der Herrschaft trägt, ist zugleich die des Judenhasses. Weibern und Juden sieht man an, dass sie seit Tausenden von Jahren nicht geherrscht haben.«[151]

Es scheint also, wie Stögner schreibt, einen »enge(n) zivilisatorische(n) Zusammenhang« zwischen Antisemitismus und Sexismus zu geben. Gerade im Antisemitismus zeigt sich dabei ein doppeltes Verhältnis zu der Zivilisation, die mit Aufklärung über Natur herrschen will.[152] Speziell an der antisemitischen Hass-Ideologie sei, so Stögner, dass Menschen in ihr nicht nur mit Natur, sondern gleichzeitig auch mit Zivilisation identifiziert werden.[153] Beidem gegenüber schreibt der Antisemitismus Juden:Jüdinnen eine zu große Nähe zu.

Einerseits operiert er mit Hass-Bildern, die die Ablehnung von Körperlichkeit ausdrücken – wie eine »zu große Nase« oder ein »spezieller Körpergeruch«. Zugleich malt er welche, die die Ablehnung von Einfluss und Vermögen ausdrücken. Das heißt, die Ablehnung der Verbindung, in die Gesellschaft im Kontext von Patriarchat und Kapitalismus gleichsam zur Totalität gerinnt. Der Antisemitismus personalisiert diese Herrschaftsverhältnisse, die er vorgeblich ablehnt, in den Juden:Jüdinnen und schiebt ihnen so die Schuld an Ausbeutung und Patriarchat zu. Hierfür stehen beispielsweise das antisemitische Stereotyp des »Geldjuden« und der Umstand, dass Antisemitismus in der Regel in Verbindung mit Verschwörungsmythen auftritt.[154] Letztere folgen, wie der Antisemitismusbeauftragte der deutschen Bundesregierung erklärt, dem Narrativ, »mächtige Juden ziehen angeblich heimlich die Fäden und kontrollieren etwa die Wirtschaft, die Medien oder politische Institutionen«.[155]

Woraus schöpft der Antisemitismus jene doppelte und sich scheinbar ausschließende Identifikation sowohl mit Natur als auch mit Zivilisation? Um das zu verstehen, kann es hilfreich sein, einen Blick darauf zu werfen, was der Stoß vom Thron der Erhabenheit, den die Vernunft mit ihrer Dechiffrierung als Herrschaftsinstrument erleidet, für die Figur des Odysseus und seine Interaktion mit den mythologischen Frauenfiguren bedeutet.

Odysseus dient Horkheimer und Adorno als Repräsentant des männlich-bürgerlichen Subjekts. Das heißt des Subjekts, dessen wichtigstes Merkmal die Beherrschung ist.[156] Zwar in der Funktion wie eine kleine Lampe, die man einschaltet, um die Furcht bei Nacht zu lindern, doch darum – offensichtlich – nicht weniger mächtig.

Dieses Subjekt hat eine klare Mission: sich vor dem Trieb zu retten, der das festgefügte identische männliche Selbst von der Bahn des Fortschritts ablenkt und unmittelbare Befriedigung verlangt. Ausgelöst wird dieser Trieb – so erzählt es der Mythos – (wie) durch Zauberei, mit Gesang und Essen. Bedrohlich lockt er von den Inseln, in den dort lebenden Frauenfiguren hat die Vernunft ihren Gegenpart gefunden.

Die Weiblichkeitsbilder der *Odyssee* sind einerseits dem Bild der Frau ähnlich, das Horkheimer und Adorno als »lebendiges Denkmal« beschrieben hatten. Wie die von Produktion und Erwerbslohn ausgeschlossene, auf Häuslichkeit beschränkte Frau werden auch sie – auf ihren Inseln – als vom männlich-bürgerlichen Subjekt getrennt konstruiert. Wie diese werden sie weniger mit Vernunft assoziiert und dadurch zum Gegenstand von Herrschaft gemacht. Allerdings mischt sich in ihr Bild noch eine andere Tönung mit hinein: die Möglichkeit einer Existenz von Frauen ›jenseits‹ der Gesellschaft und ihrer Zwänge, wie zum Beispiel die Geschlechterbinarität und der damit verbundene Zwang sich auf eines von zweien festsetzen zu lassen.

Die Weiblichkeitsbilder der *Odyssee* geben einen Anstoß dazu, Frauen einmal nicht als in der Arbeitsteilung ganz und gar zu einer »Verkörperung der biologischen Funktion« ihrer Körper gemachte Menschen zu denken.[157] Menschen mit Körpern also, die in den Augen des aufgeklärten Subjekts eben leider eine etwas zu nahe Verbindung mit Natur haben, weshalb es als ein vernünftiger Pfeiler der Zivilisation betrachtet wird, sie – biologistisch auf eine Geschlechteridentität als ›Frau‹ festgesetzt – in für sie ›natürliche‹ Lebensumstände fallen zu lassen. Lebensumstände, die die schon erwähnte Ungleichheit im Lohnerwerb oder die verweigerte Selbstbestimmung über den eigenen Körper beinhalten. Dafür, dass sich das aufgeklärte Subjekt für seinen eigenen Körper, zumindest für das, was ihn lebendig macht – Verletzbarkeit, Berührbarkeit und Schwäche – angeblich wenig interessiert, hat es jedenfalls eine Menge über die Körper anderer zu sagen. Es baut eine ganze Zivilisation darauf auf, was man mit diesen tun soll und was nicht. Und der vorgegebene Kurs lautet: Schwäche und Patriarchat – dem das Beherrschen schon eingeschrieben ist – schließen einander aus wie zwei rechte Socken.

Den Weiblichkeitsbildern der *Odyssee* fehlt also gerade das, woran die gesellschaftliche Ungleichheit in den Geschlechterverhältnissen über weite Strecken der Geschichte bis hinein in die Gegenwart befestigt wird: die Zuschreibung einer für die Zivilisation brauchbaren Natur. In ihnen ist die Frau, die sich wie sonst als Natur beherrschen lässt – abwesend. Die Frau, die, so Horkheimer und Adorno, »zum Bild der Natur (wird), in deren Unterdrückung der Ruhmestitel d(e)r Zivilisation bestand«, sie fehlt.[158] Wo war sie hin? Und wie kann man ihr dorthin folgen?

Vielleicht geht es aber auch gar nicht so sehr darum, der durch Unterdrückung gezeichneten Frau aus dem Bild heraus zu folgen. Sondern stattdessen eher wahrzunehmen, wer statt ihr im Bild aufgetaucht ist. Wenn es keine Frau ist, die die Zivilisation sichert, steht sie dann außerhalb von ihr? Wie kommt sie, die unzivilisierte Frau, aber dann überhaupt ins Bild hinein?

Emanzipation und ›Unzivilisiertheit‹ scheinen also Hand in Hand zu gehen, sich zumindest die Klinke in die Hand zu geben. Was bedeutet das? Heißt sich vom als Natur unterdrückten Frauenbild zu emanzipieren, die Tür, zu der die Klinke gehört, zu passieren, um der Zivilisation den Rücken zu kehren, oder um sich ihr – als Subjekt – neu zuzuwenden?

Herrschaft intersektional oder: Fifty Shades sind nicht genug

Die Weiblichkeitsfiguren des *Odyssee*-Kapitels der *Dialektik der Aufklärung* finden sich, so Stögner, in »Figurationen von Natur ebenso wie von Antinatur« ineinander.[159] Als solche würden sie alle »auf die ein oder andere Weise (eine) übermächtige Natur« repräsentieren.[160] Dass die Weiblichkeitsbilder für die Unterdrückung der Frau nicht mehr brauchbar sind, bedeutet also nicht, dass sie keine Natur mehr enthalten. Im Gegenteil: Sie kommt in ihnen gleich mehrfach vor: als Natur, als ihre Ablehnung und als Übermacht.

Dass die Sirenen Bärte trugen, könnte sie zu einem Ausdruck für Natur machen, die von Kapitalismus und Patriarchat unbeherrscht und jenseits gesellschaftlicher Zwänge existiert. Allerdings werden die Sirenen in der Odyssee vor allem zur – lebensbedrohenden – Versuchung für den zivilisatorisch aufgeklärten Helden, der nach getanem Kriegsdienst in Troja heim zu seiner Ehefrau will. Ihre bis zum Nabel als Frauenkörper offenbarte Natur, gepaart mit den lustverheißenden Lockungen des Gesangs, demonstriert noch ziemlich klischeehaft das Bild der dem Mann gefährlich werden könnenden Frau. Gegen sie wird – nicht unähnlich wie in den *Fifty-Shades*-Romanen und -Filmen der britischen Autorin E. L. James – in einer Fesselaktion die Subjektaufstellung des kapitalistischen-patriarchalen Ichs behauptet. Was im Hollywood-Blockbuster auf die Liebesbeziehung zwischen zwei Menschen verkürzt wird, zeigt die *Odyssee* in der gesamtgesellschaftlichen Relevanz und Mehrdimensionalität von Herrschaft. »Erst die Ruderer«, so Stögner, »ermöglichen Odysseus den Genuss, der ihnen selbst versagt ist … Während Odysseus' Subjektivität mit seiner Stellung als Befehlshaber einhergeht, bleibt den Ruderern Subjektivierung versagt … Subjektivierung bedeutet die Fähigkeit, sich aktiv von der Natur (den Sirenen) zu lösen, indem man sich ihr bewusst versagt, was jedoch nur durch die Arbeit anderer möglich ist.«[161] Die instrumentelle Vernunft, so scheint es, macht eine Menge Arbeit – die eine Person allein kaum schultern kann. Ebenso komplex ist das durch sie erzeugte herrschaftliche Gebilde, das – anstatt es bei der bilateralen Brücke zwischen Herrschenden und Beherrschten zu belassen – sich zu einer »amorphen« Verstrickung aller in Herrschaft ausbreitet. Die zur Totalität geronnene gesellschaftliche Verbindung aus Einfluss und Vermögen zeigt sich hier in ihrer »perfiden Konsequenz«: nämlich »dass auch die Opfer von Unterdrückung an der Aufrechterhaltung dieser Verhältnisse mitwirken«.[162] Damit leistet Stögner keiner Täter:in-Opfer-Umkehr Vorschub, sondern weist darauf hin, wie sehr Herrschaft ihre Opfer beschädigt. Die »umfassende(n) Verweisungs- und Funktionszusammenhänge«, in denen Ideologien zu- und miteinander stehen, verstricken sich für den Menschen mehr und mehr zu der Annahme, »es könnte nicht anders sein als es ist«. Im Gespräch beschreibt uns Stögner diese Dynamik als Intersektionalität von Ideologien.

Ideologien, betont Stögner, seien ganz fundamental nicht als jeweils für sich allein stehend zu interpretieren, sondern sie sind so zu betrachten, »dass sie untereinander oder durcheinander vermittelt sind«. Das heißt, »dass die einen Momente vom anderen annehmen, wieder abgeben, sich wieder mit anderen Ideologien vermengen und so weiter«.

Dieses intersektionale Verständnis von Ideologie stellt einen wichtigen Bezugspunkt im Denken Kritischer Theorie dar, geht in seiner Konzeptualisierung als eigenes Forschungsparadigma aber nicht auf diese selbst zurück. »Intersektionalität« ist vielmehr ein Begriff aus der zweiten Welle der Frauenbewegung ab den Siebzigerjahren und hierbei insbesondere aus dem Black Feminism. Bevor der Begriff 1980 durch die US-amerikanische Rechtswissenschaftlerin und Mitbegründerin der Critical Race Theory Kimberlé Crenshaw geprägt wurde, waren aus dem feministischen Umfeld Schwarzer Bürger:innenrechtsbewegungen bereits zentrale Merkmale von

Intersektionalität in die politische Debatte eingeführt worden. So heißt es zum Beispiel in dem 1977 verfassten »Black Feminist Statement« des Combahee River Collective, einem in Boston gegründeten aktivistischen Zusammenschluss Schwarzer, homosexueller Feministinnen: »Die allgemeinste Aussage über unsere Politik zum gegenwärtigen Zeitpunkt wäre, dass wir uns aktiv dem Kampf gegen die Unterdrückung aufgrund von Race und Sex sowie Class und heteronormativen Geschlechtervorgaben verschrieben haben und unsere besondere Aufgabe darin sehen, eine integrierte Analyse und Praxis zu entwickeln, die auf der Tatsache beruht, dass die großen Unterdrückungssysteme ineinandergreifen. Die Synthese dieser Unterdrückungen schafft die Bedingungen für unser Leben.«[163]

Sie wiesen darauf hin, dass sie in ihrem Kampf für Freiheit und Gleichheit weder nur Frauen noch nur PoC waren, auch entsprachen sie nicht nur nicht der heteronormativen binären Vorstellung von Beziehung und Sexualität oder der sogenannten bürgerlichen Mitte. Sie widersprachen allen diesen hegemonialen Satzungen, und zwar gleichzeitig. Es braucht daher für die Analyse sozialer Machtverhältnisse auch eine Gesellschaftstheorie, die diese Gleichzeitigkeit in den Blick bekommt, die die Verschränkungen von sozialen Kategorien, an die Diskriminierung und Ausschluss geheftet werden, also Race, Class oder Gender, mitdenkt. Und ihr Ineinandergreifen in den Vordergrund stellt.

Andernfalls wird eine Theorie konstruiert, so Stögner, die an den realen Lebensbedingungen der Menschen vorbeigeht. Es ist ja nicht so, als stünde eine Person morgens nach dem Aufstehen vor dem Kleiderschrank, legt die eine soziale Kategorie ab und zieht eine andere an. Sie trägt sie auch nicht über- oder untereinander wie beim Zwiebel-Look. Die verschiedenen Bezugspunkte von Diskriminierung und Ausschluss treffen sich in ein und derselben Person. Sie voneinander isoliert zu konzeptualisieren bedeutet, die Person gleichsam in viele voneinander abgespaltene Anteile zu vermehren – und sie von den Bezügen abzuschneiden, über die sie mit der Gesellschaft in Vielfalt verwoben ist. Es bedeutet zudem, die Mehrdimensionalität von Herrschaft aus dem Sichtfeld zu schieben. Bei einem solchen Vorgehen bliebe ein sauber seziertes, vermeintlich klar benennbares und vor allem eingrenzbares gesellschaftliches Problem zurück: zum Beispiel Sexismus. Dieses Problem hätte dann mit Rassismus oder Klassenherrschaft vermeintlich nichts zu tun. Die Bedingungen, unter denen reale Menschen – keine nach Problem sortierten Artefakte – ihr Leben führen und die es in einer kritischen Gesellschaftstheorie für politische Veränderungen zu erschließen gilt, bekommt man auf diese Weise aber nicht in den Blick.

Wie jede Ideologie nimmt auch der Antisemitismus Momente anderer Ideologien an – Sexismus, Nationalismus oder Rassismus zum Beispiel –, gibt wieder Momente ab und verschränkt sich neu.[164] So zeige sich, schreibt Stögner, zum Beispiel gegenwärtig in Diskursen der extremen Rechten ein vermehrter Fokus auf »Antigenderismus« und auf eine – mit Narrativen der Verschwörung operierende – »Abwehr von Gender Mainstreaming«. Die Verargumentierung dieser Abwehr operiere ganz ähnlich »wie der Antisemitismus, nur dass auf Juden und Jüdinnen nicht unmittelbar Bezug genommen wird«.[165] Das funktioniert deshalb, weil beide Ideologien miteinander »wesensverwandt« sind: Sie erfüllen ähnliche Funktionen und speisen sich aus ähnlichen psychosozialen Mechanismen, die sich alle um Naturbeherrschung und das Zuteilwerden des Subjektstatus drehen. Während Frauenkörper im Sexismus grundlegend mit Natur identifiziert werden – aus der sich die ›natürliche‹ Zuschreibung von Sorgearbeit und Prokreation ergibt –, identifiziert der Antisemitismus Juden:Jüdinnen stets gleichzeitig sowohl mit Natur als auch mit Antinatur. Antinatur, so Stögner, bezeichnet dabei Zivilisation – und zudem unter anderem »Kälte« wie »Wurzellosigkeit«.[166] Im Sexismus können Frauen je nach ihrer Passung in die gesellschaftliche Zuschreibung mal mit Natur und mal mit Antinatur identifiziert werden. Was, wie sie fortfährt, gleichbedeutend damit ist als »gute« oder als »schlechte« Frau zu gelten.[167] »Während die ›guten‹ für die biologische und kulturelle Reproduktion der Nation gebraucht werden, wird den ›schlechten‹ vorgeworfen, durch zügellose Sexualität, Ignorieren der ›Rassengrenzen‹, körperliche Unzulänglichkeit und Geschlechtskrankheiten die Einheit und Identität des Volkes zu zersetzen.«[168]

Damit dass die Häuslichkeit zu einem separaten Bestandteil der Gesellschaft gemacht worden war, fiel, so Stögner, etwa über intellektuellen und politisch aktiven Frauen, über Sexarbeiterinnen, oder über den mit Antinatur identifizierten Jüdinnen das Urteil der Unnatürlichkeit oder gar Widernatürlichkeit. Im Antisemitismus kursierten zu allen Zeiten vielfältige Geschlechterbilder, die Juden:Jüdinnen zugeschrieben werden. Immer aber malen diese die Abwesenheit einer eindeutigen Passung in die Geschlechterbinarität und in mit ihr verbundene heteronormative Vorstellungen von und Erwartungen an Mann und Frau. Dabei könnten die Zuschreibungen und Absprechungen von Natur nicht widersprüchlicher sein. Stögner schreibt: »Der männliche Jude (gilt) als sexuell potent und die Frauen verführend – also als hypermännlich –

und gleichzeitig als effeminiert (verweiblicht, Anm. d. Verf.) und schwach – also als der hegemonialen Männlichkeit nicht entsprechend – dargestellt in einer vorgeblich weiblichen, unsoldatischen, kastrierten Physiognomie des Juden.«[169] So wird Sexismus Teil des Antisemitismus und andersherum.

Eine Herrschaftskritik muss diese Totalität der – auch widersprüchlich – ineinandergreifenden Funktions- und Verweisungszusammenhänge im Blick behalten. In ihnen konstituiert sich die Persistenz und Zähigkeit von Herrschaft. Daraus ergeben sich auch Folgen für die Konsequenz, die Stögner aus der *Dialektik der Aufklärung* zieht, nämlich dass es, um zum Beispiel Antisemitismus oder Sexismus entgegenzuwirken, nicht reicht, nicht antisemitisch oder nicht sexistisch zu sein. Sondern dass man dazu anti-antisemitisch, antisexistisch sein muss. Mit Blick auf die Intersektionalität von Ideologien ist es, hebt sie hervor, dabei unbedingt erforderlich, nicht nur anti-antisemitisch oder nur antisexistisch oder nur anti-rassistisch zu sein – damit nicht das eine gegen das andere ausgespielt werden kann, sollte man am besten alles zugleich sein.

Unterdrückung, Ausbeutung und Ausgrenzung ausschließlich »an einen bestimmten Identitätsmarker« zu binden, ist mit Blick auf die Intersektionalität von Ideologien also wenig sinnvoll. Es geht, betont Stögner, stattdessen darum, die »objektive(n) Herrschaftsverhältnisse« in den Blick zu bekommen. Wenn man aber Herrschaftskritik sich »in Fragen der (Gruppen-)Identität auflösen« lässt, dann führe man allzu rasch auch die neoliberale Idee fort, dass Freiheit und Emanzipation nur am einzelnen Menschen hängen. Ein »Schein«, sagt Stögner über diese Idee, wenn auch vielleicht ein »schöner«.[171]

Unbeherrschte Natur oder: Gibt es starke Frauen ohne eine Komplizenschaft mit dem Patriarchat?

In der Zauberin Kirke, die Horkheimer und Adorno aus der *Odyssee* noch einmal gesondert herausgreifen und zum »ersten weiblichen Charakter«[172] europäischer Zivilisation erklären, strahlt dieser »schöne Schein« hell – so hell, dass wir ihn bis in die Gegenwart sehen können. Und zwar in den »heutigen post-feministischen Kontexten«, die Stögner speziell als scheinanfällig kritisiert.[173] Sie weist darauf hin, dass »mit der zunehmenden Integration von Frauen nicht nur mehr Freiheit im System, sondern zuweilen auch eine Zustimmung zum herrschenden neoliberalen Wesen« einhergeht.[174]

Die Sozialwissenschaftlerin und feministische Theoretikerin Gudrun-Axeli Knapp hat in diesem Zusammenhang die Formulierung einer »Dialektik feministischer Aufklärung« geprägt.[175] Die Furcht vor einer unbeherrschbaren Natur, auf der aus der Perspektive der ersten Generation der Kritischen Theorie die gesamte europäische Zivilisation aufbaut, sieht Stögner in gegenwärtigen feministischen Bestrebungen, »alles bis ins Letzte zu definieren und zu benennen«, neu aktualisiert.[176] Durch den:die US-amerikanische Philosoph:in Judith Butler zum Beispiel, ein:e wichtige:r Vertreter:in der Queer Theory, wurde die vehemente Kritik an einem Verständnis von Identität vorangetrieben, das alle Menschen jenseits von Geschlechterbinarität und Heteronormativität ausschließt. Nun allerdings, im Postfeminismus, werde das, was endlich jenseits der auf Eindeutigkeit pochenden Herrschaftsverhältnisse sein soll – jenseits von Mann über Frau, Produktion über Reproduktion, Subjekt über Objekt, Mensch über Natur –, wieder in eine Festsetzung auf etwas Bestimmtes und Abgrenzbares gezwungen. Könnte es aber nicht auch ein Ausdruck von Freiheit sein, fragt Stögner im Gespräch, etwas unbenannt zu lassen? Das heißt, es nicht gleich in das einsortieren zu müssen, was für eine Übersetzung und Festsetzung ins Verallgemeinerbare steht: in Begriffe. Anstatt »Wege jenseits des Identitätszwangs aufzuzeigen«, so Stögner, zeige sich im Postfeminismus häufig »ein neues essenzialisierendes Identitätsdenken«.[177] Ein Denken von Identität also, das Menschen auf bestimmte Wesensmerkmale festlegt. Die Herrschaftskritik, die hingegen Stögner im Sinn hat, soll zwar immer auch »den Weg durch das Besondere (nehmen), setzt bei diesem ... an«.[178] Die Kritische Theorie beginnt ja gerade bei dem ganz konkreten Leid, das Menschen erleben, nicht bei Vorstellungen, wie alles sein sollte. Dann allerdings, schreibt Stögner, »ringt sie um bewegliche Begriffe, die alle brauchen, um ihr eigenes Leid für sich und andere überhaupt erfahrbar zu machen«.[179] Es geht Stögner also nicht darum, dass das Besondere, Partikulare nicht Eingang ins Allgemeine erhalten soll. Sie weist aber darauf hin, dass eine »identitätspolitische Fragmentierung der Erfahrung« – in der also nur jeweils über die eigene Erfahrung geurteilt werden soll – dazu führen kann, dass der »Übergang« zum Allgemeinen unter Umständen nicht mehr gefunden wird. Ohne ihn werden Menschen unter Herrschaft letztlich erneut vereinzelt und zu einem intersektional ausgerichteten Dagegen zu kommen – anti-sexistisch, anti-antisemitisch, anti-rassistisch zu sein – wird schwerer.

Eine solche Entwicklung beobachtet Stögner gegenwärtig zum Beispiel »in der zögerliche(n) Haltung vieler westlicher Feministinnen gegenüber der jüngsten feministischen Revolte gegen das Mullah-Regime im Iran«.[180] Wie sie in einem Beitrag für die *Zeitschrift für Kritische Theorie* schreibt, sieht sie hier Identitätspolitik und Kulturrelativismus – das heißt die Auffassung, dass Kulturen nicht aus dem Blickwinkel anderer Kulturen bewertet werden sollen – unheilvoll verschränkt. Natürlich gehe es nicht darum, andersdenkenden Menschen die eigenen Vorstellungen aufzuoktroyieren. Man dürfe es aber auch nicht zulassen, dass die Federführung in der Herrschaftskritik denen überlassen wird, die sie für »antiemanzipatorische Zwecke« missbrauchen, wie es zum Beispiel »im rechten Lager« zu beobachten sei. Die »Wahrnehmung und Erfahrung des Eigenen«, schreibt Stögner, sind immer schon »untrennbar mit dem Anderen verbunden«. In einer globalisierten Welt ergibt sich die Art und Weise, wie man das »Eigene« wahrnimmt und erfährt zudem vor allem durch kulturübergreifende Zusammenhänge. Indem man sich, den Kulturrelativismus im Rücken, damit zurückhalte eine klare feministische Haltung zur Unterdrückung von Frauen in einer anderen als der eigenen Kultur zu finden und zu äußern, leiste man der Vereinzelung unter Herrschaft Vorschub. Freiheit und Selbstbestimmung liegen aber nicht nur im Einzelnen – weder im einzelnen Menschen noch in einer einzelnen Kultur. Es sind Werte, die Solidarität brauchen, keine Fragmentierung. Sich mit denen zu solidarisieren, die unter Herrschaft leiden und die den Ideologien, die diese Herrschaft stützen, unter Einsatz ihres Lebens ein lautes Dagegen entgegenhalten, ist kein Akt der Übergriffigkeit. »Ein reflektierendes feministisches Urteil ist ein Akt der Unterscheidung und Differenzierung innerhalb der kritisierten Kultur, der eigenen wie der anderen«, schreibt Stögner.[181]

Inwiefern besteht nun in Kirke – die mit Horkheimer und Adorno gesprochen die Blaupause für Weiblichkeit in der europäischen Zivilisationsgeschichte darstellen soll – der »schöne Schein« einer nur am Einzelnen hängenden Freiheit und Selbstbestimmung? Bei genauerem Hinsehen zeigt sich in Kirke genau das Bild, in dem Frauen auch 3000 Jahre nach Homer noch wie in einer romantischen Komödie gezeichnet werden. (Der Stoff des Dichters – der als der früheste bekannte abendländische Dichter überhaupt gilt – wird allerdings als »zeitloser Klassiker« hoch gehandelt, während romantische Komödien eher etwas sind, das man mit lustigen Frauenrunden ohne geistig-intellektuellen Anspruch verknüpft. Das zeigt weniger, dass sich inzwischen eine emanzipatorische Kritik am dort vermittelten Frauenbild durchgesetzt hätte. Vielmehr unterstreicht es die Verstrickung in intersektionale Herrschaftsverhältnisse.)

Die Liebesgeschichte zwischen Kirke und Odysseus beginnt damit, dass der Zauberin das verloren geht, was die Natur, die sie ist, übermächtig und zur Bedrohung für das aufgeklärte Subjekt macht.

Nachdem er zu ihr geeilt war – das Vorhaben im Hinterkopf, ihr abzuzwingen die Verwandlung seiner Gefährten in Schweine zurückzunehmen –, bietet sie ihm zunächst ein Getränk an. Es handelt sich dabei um den Zaubertrank, der auch ihn verwandeln würde – sie weiß aber nicht, dass er das weiß und entsprechend prophylaktisch mit dem Verzehr eines Gegenkrauts vorgesorgt hat. Er trinkt – und sie sieht, dass ihr Zauber nicht funktioniert. Er bleibt das zivilisierte aufgeklärte Subjekt, als das er gekommen ist, und um das zu unterstreichen, zückt er sein Schwert, bedroht sie und zwingt sie, seine Gefährten nicht länger wie Tiere aussehen zu lassen. (Die Zauberin hatte sie nämlich, so die Dichtung, nur äußerlich verwandelt. Die Vernunft blieb in ihnen dabei »ständig wie früher«.[182]) Sie kommt seinem Befehl nach, aber nicht so sehr wegen der Waffe, mit der er sie bedroht. Sondern weil er die sich ihm im Zaubertrank übermächtig andrängende Natur ablehnt – und unverwandelt bleibt. Da wird Kirke klar, dass das der Mann ist, dessen Ankunft ihr einst prophezeit worden war.

Der »starke Mann« sollte *ihr Mann* werden. Dazu gab sie ihre Übermacht auf, gebar Odysseus den Sohn Telegonos und lebte mit ihm in arbeitsteiliger Häuslichkeit das Leben, das ihr mit ihrer nun – unterdrückten – Natur ›natürlicherweise‹ zukam.

Dass Odysseus von ihrem Zaubertrank nur deshalb unberührt geblieben war, weil er das Gegenkraut – und auch den Tipp mit dem Schwert – vorab von dem Götterboten Hermes erhalten hatte, schmälert den Eindruck seiner makellosen Unbestechlichkeit, List und Vernunft nicht. Seine offensichtlich direkten Verbindungen zu den Mächten, die im System über die notwendigen Mittel und Einfluss verfügen, zeigt ihn sogar noch ausdrücklicher in seiner Stärke. Bereits in der Frauenfigur der Kirke scheint also das noch heute beobachtbare, vorwiegend weibliche Phänomen angelegt zu sein, sich Misserfolg (der Zauber bleibt bei Odysseus ja wirkungslos) eher selbst zuzuschreiben. Während bei Erfolg der eigene Anteil an diesem eher verneint wird und einer Vorstellung von sich weicht, in der man vor allem Objekt der Entscheidungen und Handlungen anderer ist.

Diese Beziehung, die auf der Unterdrückung der, wie Stögner schreibt, »starken Frau« als »Komplizin des Patriarchats« beruht, hielt ein Jahr.[183] Dann zog es Odysseus doch weiter zu seiner zu Hause wartenden Ehefrau.

Den Sirenen ist das, was die Zauberin Kirke innerlich von

Odysseus trennt, offensichtlicher anzusehen. Dass sie vom Nabel abwärts keine Frauenkörper sind, sondern stattdessen Fischschwanz oder Federkleid, untermauert, dass die Trennung zwischen aufgeklärtem Subjekt und Natur fundamental und unüberbrückbar sein soll. Gleichzeitig stehen sie damit auch für die Übermacht der Natur, die sich das Subjekt (wie) mit Zaubern belegt zurückzuholen versucht.

Im »Unbewussten«

Dieser Zauber, der die Naturbeherrschung, so Stögner, »bis in das Innere des Subjekts« eindringen lässt, könnte durchaus einen wissenschaftlich interessierten Gast auf das Schiff des Odysseus locken. Gut kann man sich Sigmund Freud, den Begründer der Psychoanalyse, dabei vorstellen, wie er neben Odysseus am Mast steht und sich Notizen macht, um, wieder an Land, seine Theorie über das Verhältnis von Triebstruktur und Gesellschaft zu entwickeln.

Freud kann als einer der Vorläufer der Kritischen Theorie angesehen werden. Explizit in ihren theoretischen Bezugsrahmen wurde er wegweisend von Herbert Marcuse aufgenommen, der neben Horkheimer und Adorno zu den Vertretern ihrer ersten Generation zählt.[184] Beherrschung und Unterdrückung zeigen sich hier noch einmal in einem anderen Licht.

In der ersten Hälfte des 20. Jahrhunderts, in den Jahren vor dem Zweiten Weltkrieg, hatte Freud, der österreichische Arzt und Psychologe, ein Subjektmodell aufgestellt, aus dem später die Kritische Theorie ihre Interpretation von Natur als grundlegend gesellschaftlichem Verhältnis schöpfen sollte. Es zu erschließen, kann einen Eindruck vom Gefühl der Bodenlosigkeit geben, das sich vor dem aufgeklärten Subjekt aufgetan haben musste, als es der zivilisatorischen Entwicklungen des zur Diktatur erstarkenden Nationalsozialismus gewahr wurde.

In seiner Erfassung der menschlichen Psyche als Ich, Es und Über-Ich gibt Freud der Natur – als durch Aufklärung, Vernunft und Fortschritt zu Beherrschendes – einen neuen Wirkungsradius: Sie entfaltet ihre Macht von nun an unter der Oberfläche des Bewusstseins.[185] Ein einem Menschen »Unbewusstes« wird zum Aufbewahrungsort dafür, was unter der Herrschaft des aufgeklärten Subjekts nicht sein darf. Je nach intersektional verstricktem Herrschaftsgefüge ist das mal Schwäche, mal Stärke, mal Selbstbestimmung, mal Unterordnung, mal Körper, mal Geist. Obligatorisch ist nur die strikt dualistische Form genau zweier einander ausschließender ›Gegensätze‹ – zum Beispiel Stärke und Schwäche. Sie muss gewahrt bleiben. Das Groteske, das darin liegt, ganze Gesellschaftsordnungen auf einem im Grunde völlig arbiträren Gegensatzpaar aufzubauen, verarbeitet der israelische Schriftsteller Ephraim Kishon Ende des 20. Jahrhunderts in seinem Roman *Mein Kamm*. Darin zeichnet er das Bild einer Gesellschaft, die sich mehr und mehr in Richtung einer Diktatur entwickelt. Verfolgung, Unterdrückung, Diskriminierung und schließlich Krieg – all dies gründet in der Satire darin, dass Menschen danach unterschieden werden, ob sie Haare auf dem Kopf haben oder nicht.

Das, woran sich Herrschaft knüpft, muss also immer auch mit dem zu tun haben, was zivilisatorisch unterdrückt wird. Denn nach Freud bleibt das, was nicht sein darf, nicht einfach im »Unbewussten« – vergnüglich, unbehelligt von idealen Vorstellungen. Stattdessen drängt es darauf, wahrgenommen zu werden. Dieses »Andrängende« durchziehe, so

Stögner, die gesamte *Dialektik der Aufklärung*. Überdeutlich aber wird es in der das aufgeklärte Subjekt bedrohenden Übermacht der Natur, in den Weiblichkeitsbildern der Odyssee – der Blaupause europäischer Zivilisation. Die Sirenen singen, die Zauberin lockt Besucher mit einem Tiergarten an. Sie wollen die Aufmerksamkeit des bürgerlich-männlichen Subjekts auf sich ziehen. Das, wenn man so sagen möchte, Vergnügen, das sie daraus ziehen, ist aber kein Ausdruck von Freiheit. Die Weiblichkeitsbilder Horkheimers und Adornos enthalten kein Subjekt. Sie sind mit Stögner gesprochen »Index zivilisatorischen Unrechts«, ein Ausdruck der Unterdrückung – die vom »Unbewussten« aus danach drängt, wahrgenommen zu werden.

Von feministischer Seite wurden die Frauenbilder der *Dialektik der Aufklärung* genau aus diesem Grund scharf angegriffen. Die Urväter der Kritischen Theorie würden zwar die über die Zuschreibung von Naturnähe begründete Unterdrückung von Frauen thematisieren und ihre Verfügbarmachung als Objekte kritisieren. Doch, wie zum Beispiel Regina Becker-Schmidt hervorhebt, fehle dieser Kritik der positive Gegenentwurf, der weibliche Vernunft und Handlungsmacht benennt.[186]

Für Stögner hingegen besteht gerade darin, dass Horkheimer und Adorno in ihren Weiblichkeitsbildern das »zivilisatorische Unrecht« nicht zurücknehmen, auf das die Bilder zeigen sollen, die Möglichkeit, sich von ihm zu emanzipieren. »Statt Integration und Positivität heftet sich an diese Bilder eine Kritik, die einen negativen Horizont kultiviert.«[187] Damit ist nicht gemeint, dass Emanzipation nur nicht integriert stattfinden kann. Die Inseln, auf denen die Frauen in der *Odyssee* abgeschnitten voneinander leben und den Kontakt mit der Zivilisation auf die Besucher beschränken, die sie bedrohen, sollen einer feministischen Kritischen Theorie nicht als anzustrebende Reise-Destination dienen. Stögner will der neoliberalen Vereinzelung von Menschen unter Herrschaft ja entgegenwirken. Es geht ihr auch nicht darum, feste Verbindungen zwischen den Inseln wie für eine Hotelanlage auf den Malediven zu installieren.

Stattdessen will sie den Blick darauf lenken, wo das Andrängende in der Gesellschaft Leid erzeugt. Nicht um sich »darin zu suhlen«, schiebt sie im Gespräch mit uns gleich nach. Sondern um darauf hinzuweisen, dass – ganz gleich, um was es geht – es sich niemals um ein »natürliches Leid« handelt. Denn wenn man die Natur als Ursache des Leids bestimmt, ist in der aufgeklärten Zivilisation die Lösung für das Problem Herrschaft und Gewalt. »Hm, hm, ah ja«, könnte man Freud jetzt murmeln hören, die Zigarre in seiner Hand betrachtend, von der zuweilen überliefert ist, sie hätte ihm als Symbol männlicher Potenz gegolten. Die Bilder von Weiblichkeit müssen also gerade in ihrer Orientierung hin auf das männlich-bürgerliche Subjekt – Odysseus – bestehen bleiben. Würde man Bilder von Frauen ohne ihn skizzieren, entlässt man die Zivilisation aus der Verantwortung. Und »wehe«, sagt Stögner uns, »wenn man alles fahren lässt ...«

Nach Freud finde nämlich das, was unter der Herrschaft des aufgeklärten Subjekts nicht sein darf, seinen Weg zurück in die Gesellschaft: Man projiziert es jeweils auf andere – und schließt diese aus der Gesellschaft aus. So entsteht ein Subjekt, das die eigene »Beschädigung« durch Herrschaft überhaupt nicht wahrnimmt und sich darum ebenso wenig bewusst ist, dass es sie – von der es ja nicht weiß – durch andere auslebt.

Die lange Geschichte des Hasses und die Rolle der Vernunft dabei

Unbewusst ahnt das aufgeklärte Subjekt vielleicht, dass mit der Projektion dessen, was unter Herrschaft nicht sein darf, Abhängigkeit einhergeht: Es ist abhängig davon, dass andere für es ausleben, was es nicht darf. In irgendeiner Form auf andere angewiesen zu sein, ist für die allgemeingültige aufgeklärte Vernunft allerdings undenkbar. Im Antisemitismus spaltet das Subjekt beides von sich ab: das, was es nicht sein, sondern nur beherrschen darf, und das, was es durch die Angewiesenheit auf andere bedroht sieht – Natur und Zivilisation. »Gehasst wird beides, Natur und Zivilisation«, schreibt Stögner, »aufgrund des für die Einzelnen in der entwickelten Moderne immer sinnloser werdenden Triebverzichts und -aufschubs. Die eigenen Wünsche und Begierden, die zum Erhalt des Ganzen verdrängt werden, locken weiterhin als unwiderstehliche Natur, während das Ganze, die Zivilisation, für das der Triebverzicht geleistet wird, das Versprechen des individuellen Glücks der Einzelnen nicht einlöst.«[188]

Es ist vielleicht kein Zufall, dass viele der strahlenden Philosophen der neuzeitlichen Aufklärungsepoche auch Antisemiten waren. Die *Dialektik der Aufklärung* erfasst die Geschichte des Hasses als durch Beherrschung fortschreitendes Denken und lässt diese sich bis zurück in die Antike erstrecken. In Jerusalem zeugen seit nunmehr fast 2000 Jahren die Überreste einer Mauer dort, wo einst ein Tempel stand, von der langen Historie der religiösen wie politischen Unterdrückung, von daraus erwachsenden Radikalisierungen und vom gewaltsamen Aufstand und dessen Niederschlagung. Der Krieg, in dem Judäa gegen die aufgezwungene Verwaltung durch das römische Kaiserreich aufbegehrte – und den es mit der Eroberung Jerusalems durch die Römer 70 n. Chr. verlor –, hinterließ, neben der Westmauer auf dem Tempelberg, eine große Anzahl von in der Diaspora lebenden Juden:Jüdinnen.

Diesem Leben in der Minderheit war 1948 – nach dem Zweiten Weltkrieg und der Shoah – mit der Gründung des Staates Israel eine Alternative entgegengesetzt worden. Die Staatsgründung war auch eine Reaktion auf den Nationalsozialismus und die Erfahrung, dass die Welt den Holocaust nicht verhindert hatte.

Herrschaft ohne Subjekt?

Was sollen wir tun, wenn wir nicht akzeptieren wollen, in einer Gesellschaft mit Unterdrückung, Diskriminierung und Ausschluss zu leben, und wenn es kein Subjekt ohne Herrschaft geben kann? »Mein Standardsatz ist immer«, sagt uns Stögner, »niemand ist gezwungen, antisemitisch zu sein.« Zwar könne man nicht verfügen, »die gesamte Gesellschaft auf die Couch zu legen«. Aber was man schon fordern könne, sei Selbstreflexion. In dieser liege – mit dem, was Adorno »Erziehung zur Mündigkeit« genannt hat – auch das Potenzial für Emanzipation. Das sich vor Herrschaft in Hass-Bilder fliehende Subjekt darf also fähig werden, »sich selbst und die eigene Position in der Gesellschaft und der Welt zu reflektieren«. Das gelte auch für die Theorie und die, die sie machen. Selbstreflexion und eigene blinde Flecke zu entdecken, so Stögner, sei genau das, was sowohl Kritische Theorie als auch Feminismus auszeichnet. Kritik an den eigenen Theoremen werde hier »nicht von außen herangetragen, sondern man macht das selbst«. Selbstreflexion nimmt einem niemand ab. Sonst ist es keine Selbstreflexion mehr. »Die beste Kritik am Feminismus« sei »immer noch von Feminist:innen gekommen.«

Indem man die Weiblichkeitsbilder der *Dialektik der Aufklärung* betrachtet, erhält man die Möglichkeit – mit Stögner gesprochen –, die »kollektive Projektion« einer ganzen Gesellschaft sich entgegenschauen zu sehen. Sie starrt einen geradezu an.[189] Die Bilder stehen »für den gesellschaftlichen Druck zur Einheit und Eindeutigkeit«, aber »ebenso ... für den Einspruch dagegen«.[190] Sie können der Art und Weise, wie man die in Patriarchat und Kapitalismus verschränkten, endlos und unabbiegbar in dieselbe ›fortschrittliche‹ Richtung verlaufenden Ungleichheitsstrukturen wahrnimmt, einen neuen Impuls geben.

Wie könnte eine solche kritische Selbstreflexion – für alle Menschen, nicht nur für die feministischen kritischen Theoretiker:innen – ganz praktisch im alltäglichen Leben aussehen? Da also, wo man Homer oder Horkheimers und Adornos Lesart desselben, die *Dialektik der Aufklärung* nicht gleich zur Hand hat und aus ihren Weiblichkeitsbildern, den Figurationen von Natur und Anti-Natur, Impulse zur Herrschaftskritik schöpfen kann. Wie wäre es zum Beispiel morgens beim Frühstück: eine Tasse Kaffee, vielleicht eine Scheibe Graubrot in der Hand. Banal. Aber genau darum kann es unter Umständen gehen.

Horkheimer und Adorno fragten danach, wie extreme Ideologien zustande kommen. Die Befunde, die sie auftaten, gehen zusammen mit dem, was die politische Theoretikerin Hannah Arendt 1961 im Zusammenhang mit dem Eichmann-Prozess in Jerusalem feststellte: Das Böse erscheint im Banalen.[191] Die nationalsozialistischen Verbrechen fielen nicht vom Himmel oder schoben sich aus einem Höllenreich unter der Erde hervor. Um herauszufinden und zu verstehen, woher extreme Hass-Ideologien kommen, wie sie sich halten, formen und schließlich in systematisierter bis gleichgültiger Befehlshörigkeit kulminieren, muss man, mit Stögner gesprochen, an den vielen »verborgenen Orten der Macht« suchen.[192] Man muss neben Politik und Ökonomie auf Sprache, Psyche und Sexualität schauen, den Blick zur Ästhetik, der Vernunft und dem Denken wenden.

Sich und die eigene Position in der Gesellschaft in ihnen zu reflektieren, bedeutet, diese Orte kritisch auf Zwang abzuklopfen. In den aus Mythos und Aufklärung skizzierten Bildern von Weiblichkeit findet man Triebverzicht und Genussentsagung – personifiziert im aufgeklärten Subjekt, das sich nur mäßigen kann, indem es seinen Körper in Fesseln legen lässt: Odysseus am Schiffsmast. Man findet in ihnen aber auch Gegenbilder, nicht als positiv gewendetes zweites Bild. Die Gesellschaft, in der man lebt, lässt sich nicht einfach verdoppeln. Verändern kann man sie aber trotzdem: Man kann Einspruch erheben. Dafür allerdings muss man *in* den Herrschaftsverhältnissen etwas sehen können, das über sie hinausdeutet – selbst wenn es noch innerhalb der Herrschaft liegt und vielleicht gerade von dieser hervorgebracht wird.

Die Autorin Lucy Duggan entwirft in ihrer Kurzgeschichte »Would you like a forklift truck for that?« einen Einspruch gegen den sich Mäßigung abzwingenden Menschen. Es ist eine Frühstücksszene. Sie, die Protagonistin der Geschichte – das Frühstücksbrot in der Hand, das sie sich mit Butter und Marmelade beschmiert hat –, antwortet ihrem Vater, der mit Blick auf ihr Brot gefragt hatte: »Möchtest du einen Gabelstapler dafür?« Sie sagt: »Ja. Ich möchte einen Gabelstapler für Butter und einen weiteren für Marmelade. Und ein lächerlich kleines Stück Toastbrot, damit die gigantische Menge Butter noch gewaltiger wirkt, und die Marmelade sich darauf türmen kann wie ein Gebirge.«[193]

Anstatt sich zu beherrschen, nimmt sie das Bild und durchzieht es gleichsam mit langen schrägen Linien, und zwar auf einen Fluchtpunkt zu, von dem aus betrachtet das Bild dialektisch umschlägt – auf einmal zeigt es ein Jenseits von Zwang und Beherrschung. Und verweist gleichzeitig auf beide.

Die Schriftstellerin Margarete Stokowski, deutsch-polnische Kolumnistin, sieht in Duggans Gegenbild zum Ideal der Mäßigung einen wichtigen Orientierungspunkt in feministischer Selbstvergewisserung – die sich mit dem Vorwurf oder der Frage konfrontiert sieht, ob Feminismus gegenwärtig, nach der zweiten Welle der Frauenbewegung, überhaupt noch erforderlich oder nicht übertrieben sei.[194] Ähnlich könnte man fragen, ob sich die Umschlagsthese des Schlüsselwerks Kritischer Theorie nicht inzwischen abgenutzt hat. Eben weil wir, wie von Redecker in ihrem Vorwort zur Neuauflage der *Dialektik der Aufklärung* schreibt, scheinbar um ihr Verstehen nicht mehr ringen müssen. Ein Blick in die Welt demonstriert uns, was mit »Zivilisation schlägt um in Selbstzerstörung« gemeint ist.[195] Würden junge Menschen heute mit der damaligen »kalifornische(n) Runde« bestehend aus Horkheimer und dem Ehepaar Adorno zusammentreffen, so imaginiert von Redecker, fielen ihnen bei der ehemals bahnbrechenden These von einer Dialektik der Aufklärung – einer Verkehrung also von Vernunft in ihr krassestes Gegenteil: in »Wahnsinn und Barbarei« – wahrscheinlich nicht die Augen aus dem Kopf.[196]

Ein weiterer Blick zeigt jedoch, dass, ganz gleich wie zutreffend eine theoretische These ist, sie noch nichts über ihre politische Umsetzung in die Praxis aussagt. Nach Adornos Rückkehr nach Frankfurt, als er nach dem Zweiten Weltkrieg die USA verließ, wurde darum konfliktreich gerungen.

Was, wenn Greta Thunberg Adorno heißen würde?

Hatte jemand in Frankfurt damit gerechnet, dass der Moment, in dem nicht mehr um das Begreifen einer Theorie gerungen wurde, sondern um ihre Umsetzung in die politische Praxis, zum Ausgangspunkt neuer Probleme werden sollte? Neben der »Parteilichkeit« der Kritik – das erste Werturteil Kritischer Theorie, so Stögner, »dass die Gesellschaft, so wie sie ist, nicht gut genug ist« – gerät auch die Theorie in Rechtfertigungspflicht, wenn sie sich vor der Praxis zurückhält.

»Theorie und Praxis, sosehr das Ganze auch korrespondieren muss, gehört aber doch noch mal auf den Unterschied reflektiert, dass Gesellschaftstheorie nicht unmittelbar politische Praxis sein kann und dass politische Praxis nicht unmittelbar in eine Gesellschaftstheorie übersetzt werden kann«, sagt Stögner im Gespräch. Und lässt uns ahnen, dass der Disput über diese Fragen innerhalb der ersten Generation wohl keine tiefen, das Theoriefeld spaltende Gräben nach sich gezogen hatte. Kritik allerdings, setzt sie nach, sei schnell geäußert: »Ja, die Gesellschaft ist schlecht.«

Anlässe, um zu einer solchen Einstellung zu kommen, sind auch gegenwärtig zuhauf vorhanden: Menschen zerstören ihren Lebensraum und den aller anderen Tiere, beuten sich gegenseitig und sich selbst aus. Weltweit rücken Gesellschaftsordnungen (erneut) nach rechts, es gibt Krieg, die Klimakrise scheint kaum noch eindämmbar, und noch immer leiden und sterben Menschen an Hunger, während andernorts routiniert massenhaft übrig gebliebene Lebensmittel in den Müll geworfen werden. Es beim Befund einer schlechten Welt zu belassen, ist aber nicht konstruktiv. Dem Istzustand einer Gesellschaft keine Alternative gegenüberzustellen, ist ideologisch. Wobei auch die Alternative, so betont Stögner, wiederum ideologisch sein kann. Das zweite Werturteil, das eine Kritische Theorie fällt, nachdem sie die Gesellschaft als nicht gut genug beurteilt hat, befinde demnach, dass eine andere Welt immer möglich ist. »Ein Mehr an Freiheiten, ein Mehr an Emanzipation, ein Mehr an Entwicklungsmöglichkeiten für Menschen ist möglich«, sagt Stögner uns.

Spiegel Online titelte vor wenigen Jahren: »Würde Adorno zu Fridays for Future gehen?«[197] Wie kommt man auf eine solche Frage? Junge Menschen finden in Protestformen zusammen, um tatsächliche Veränderungen aus dem Wissen über die Konsequenzen zu erzwingen, die die über die letzten Jahrhunderte gelebten Zivilisationsformen für Flora und Fauna bedeuten – dass die Forderungen von effektiven Maßnahmen für eine Eindämmung der Erderwärmung dringlich sind, kommt etwa in der von jungen Klimaaktivist:innen gewählten Selbstbezeichnung »Letzte Generation« zum Ausdruck. Es geht um die Konsequenzen jahrhundertelanger Herrschaft über die Natur. Die letzte Chance, noch etwas gegen die Selbstzerstörung zu tun, ist genau – jetzt. Mit zivilem Ungehorsam verstoßen sie symbolisch gegen Gesetze und Pflichten der bestehenden Gesellschaftsordnung. Nach nunmehr bald fünf Jahren Geschichte freitäglicher Schulstreiks kleben sich Aktivist:innen inzwischen auf Straßen fest, stellen Prioritäten und gelebte Werte der Gegenwartskulturen infrage, übergießen in Museen Vincent van Goghs »Sonnenblumen« mit Tomatensuppe und Claude Monets Gemälde »Getreideschober« mit Kartoffelbrei.

Als 1969 Mitglieder des Sozialistischen Deutschen Studentenbunds (SDS) im Zuge der Student:innenproteste das Institut für Sozialforschung in Frankfurt besetzt hielten – sie forderten umfassende Hochschul- und Bildungsreformen und die Aufarbeitung verkrustet fortgeführter Strukturen der nationalsozialistischen Diktatur –, rief Adorno die Polizei und ließ das Gebäude räumen. »Warum aber«, so Stögner im Gespräch, »besetzten die Studierenden nicht die Lehrstühle der dem Nationalsozialismus nahestehenden Professoren oder von deren Nachfolgern, sondern das Institut für Sozialforschung, in dem ehemals vom Nationalsozialismus Vertriebene eine Philosophie und Soziologie der Aufklärung gegen die Nachwirkungen des Nationalsozialismus betrieben? Ist das nicht auffällig?« Die Student:innenproteste und die Kritische Theorie, die die Demonstrierenden beeinflusst hatte, bildeten einen seltsamen, sich gegenseitig ausschließenden Widerspruch. Von den Protestierenden wurde der Vorwurf laut, die Theorie hätte gar kein Interesse an einer tatsächlichen Veränderung der bestehenden gesellschaftlichen Verhältnisse. In diese Richtung argumentiert auch der Verfasser des *Spiegel Online*-Artikels Romain Leick: »Es war, als hätten die Denker der Frankfurter Schule die berühmte elfte These von Karl Marx über Ludwig Feuerbach wieder rückgängig gemacht. ›Die Philosophen haben die Welt nur verschieden interpretiert; es kommt darauf an, sie zu verändern‹, hatte der gefordert.« Im Entsagen der Unterstützung für die Proteste soll also ein Verrat an Marx' Forderung nach einer tatsächlichen Veränderung gesellschaftlicher Verhältnisse, nicht nur ihrer Analyse, festgemacht werden. Dieser Vorwurf übersieht allerdings, so scheint es, die Dialektik, die die *Dialektik der Aufklärung* im Verhältnis zwischen einer Gesellschaft und Vorstellungen, wie diese sein soll, aufgespürt hatte. Denn, so Stögner, verändern kann sich die Welt auch zum Schlechten hin. »Der Ausgang von Veränderung ist nicht immer positiv, häufig führt sie zu neuem Unrecht.« Darin liege kein Einspruch gegen Veränderung, sondern ein Aufruf zu konkretem Urteilen über das in Herrschaftsverstrickungen erzeugte Leid in einer Gesellschaft.

In seiner 1966 erstmals erschienenen *Negativen Dialektik* betont Adorno genau diesen wichtigen Moment der sich nicht auf eine Veränderung festsetzen lassenden Herrschaftskritik: Wenn die Veränderung der Welt objektiv verstellt ist, dann komme der Begriff, das heißt die Interpretation und Vorstellung, wieder zu seinem Recht.[198] Indem man über die Vorstellung den Blick frei dafür macht, dass es grundlegend immer anders sein kann als es ist, übt man Selbstreflexion als Herrschaftskritik aus.

Im *Spiegel Online*-Artikel heißt es weiter: »Adorno trieb die Antithese weiter in ihre dialektische Aufhebung: Veränderung findet nur mittels Interpretation statt; die Theorie ist die Praxis, Revolution eine Haltung, nicht ein Akt.« Mit anderen Worten: Während die Theorie der Kritischen Theorie Veränderung predigt, sorgt sie als Kritik selbst für den Erhalt des Istzustands. Zu ergänzen wäre allerdings, ja – und zwar genau dann, wenn mit Stögner gesprochen, »die Veränderung einmal erkämpfte Freiheiten wieder zurücknimmt oder bedroht«. Die feministische Forderung, die hierin auch liegt, zeige sich gegenwärtig beispielsweise an der Rücknahme des Abtreibungsrechts in mehreren Bundesstaaten der USA.

Die Frage »Würde Adorno zu Fridays for Future gehen?« bleibt in dem Artikel nicht viel mehr als eine Suggestivfrage, die darum auch keine Antwort benötigt. Und da die – unausgesprochene – Antwort ein Nein ist, können die Lesenden direkt mit dem Artikel weitermachen. Einen Bezugspunkt, um die Antwort auch kritisch zu reflektieren, gibt der Text nicht. Es ist genau das, nämlich eine kritische Bezugnahme auf die eigene Theorie auszuschließen, was Adorno bei den Forderungen zur Durchsetzung politischer Praxis befürchtete. Die Umschlagsthese der *Dialektik der Aufklärung* – das heißt dass etwas zwar im Widerspruch zueinander steht, sich aber dennoch praktisch nicht ausschließen muss, sondern sogar ermöglichend ineinander umschlägt – sah Adorno beim SDS und der Protestbewegung der Neuen Linken unheilvoll bestätigt. Besorgt schrieb er an den nach Ende des Zweiten Weltkriegs in den USA gebliebenen Herbert Marcuse, dass die Protestierenden »das in Deutschland ungeminderte faschistische Potenzial anheizt(en)« und »selbst Tendenzen ausbrüte(n), die … mit dem Faschismus unmittelbar konvergieren«.[199]

Dass die Situation 1968 keine revolutionäre war, so Stögner, darin stimmten Marcuse, Adorno und Horkheimer überein. Dennoch widersprach Marcuse Adorno vehement. Er kritisierte, auch mit Blick auf die bei Protesten der Student:innenbewegungen weltweit omnipräsente Gewalt durch die Polizei, insbesondere Adornos Rückgriff auf eben sie. Vor allem aber betonte er, dass er »eine unmittelbare Umsetzung der Theorie in Praxis genau so emphatisch verwerfe« wie Adorno es tue, er aber zugleich glaube, »dass es Situationen, Momente gibt, in denen die Theorie von der Praxis weitergetrieben wird – Situationen und Momente, in denen die sich von der Praxis fernhaltende Theorie sich selbst untreu wird«.[200]

Auch wenn Marcuse zu einer wichtigen Vorbildfigur für die Student:innenproteste wurde – nachdem der Student Benno Ohnesorg 1967 bei Protesten durch einen Polizisten erschossen worden war, kam Marcuse etwa an die Freie Universität Berlin und sprach zu den Studierenden –, argumentierte er doch vor dem Hintergrund der US-amerikanischen Verhältnisse, nicht der deutschen. »In Amerika«, sagt uns Stögner, »stand die Demokratie damals auf festeren Füßen, selbst wenn Politik und Gesellschaft rassistisch und sexistisch waren.« Und sie ergänzt: »In Deutschland hingegen war die Demokratie nicht gefestigt, sondern der Umschlag in eine neue Diktatur war tatsächlich konkret zu fürchten.«

In dem sich noch über Monate erstreckenden Streit zwischen zwei der einflussreichsten Vertretern der ersten Generation Kritischer Theorie lassen sich, Brief für Brief, all die ungelösten – weil vielleicht unlösbaren – Widersprüche nachlesen, in denen sich die Theorie, die Pate für Veränderung und die Durchsetzung politischer Praxis stehen soll, auffaltet.

Die These vom Umschlag von Zivilisation in Selbstzerstörung ließe sich auch in eine ganz andere Richtung gedacht auf ihre Aktualität prüfen. Gerne auch eingegossen in die Frage, ob denn Adorno zu Fridays for Future gehen würde. Denn es ist gerade der Diskurs um eine der bekanntesten Personen im Kontext des Klimaaktivismus, Greta Thunberg, der erneut deutlich macht, welche Art von Vernunft Horkheimer und Adorno als Umschlagtreiber von Aufklärung in Selbstzerstörung kritisierten. Nämlich die bürgerlich-männliche. Anstatt also zu fragen, ob Adorno zu den Klimaprotesten gehen würde, um daraus eine Haltung zu politischer Praxis und Protest zur Durchsetzung von Veränderung abzuleiten, könnte man zum Beispiel auch fragen: *Wenn* Adorno zu den

Klimaprotesten gehen würde, würden die Protestierenden dann auch entweder als Bedrohung für oder als zu belächelnder und dann auf seinen Platz zurückzuführender Ausdruck von Zivilisation gesehen werden?

Ein Marmeladenbrot für die Kritische Theorie

Aus den oben zitierten Worten von Duggan wird klar, dass sie zwar ein positives Gegenbild produziert. Es bleibt aber gleichsam negativ auf die Herrschaftsverhältnisse bezogen, gegen die es Einspruch erhebt. Kapitalismus und Patriarchat – sie werden nicht ausradiert und auch nicht übermalt. Zur Mäßigung, zur Selbst-Beherrschung wird die Autorin ja gerade von ihrem Vater angehalten, der wahrscheinlich für die Marmelade und die Butter – von denen sie sich zu viel aufs Brot nimmt – bezahlt hat. Die Herrschaftsverhältnisse werden aber so abgebildet, dass sich *in* ihnen etwas zeigt, das schon jenseits von ihnen liegt, unbeherrscht. Allerdings muss auch mitgedacht werden, dass dieses Gegenbild nicht das aller für Freiheit und Emanzipation sein kann. Was oder ob überhaupt etwas auf den Frühstückstisch kommt, hängt in einer Gesellschaft entscheidend davon ab, wo in den verstrickten Herrschaftsverbindungen aus Einfluss und Vermögen man sich befindet.

Die Marmelade so hoch wie Gebirge auf ihr Brot ladende Frau löst weder das, was das aufgeklärte Subjekt dualistisch als Widerspruch gesetzt hat, als Widerspruch auf, noch ordnet sie sich dem für sie gedachten Platz im Gegensatzpaar unter: Sie entsagt sich weder den Genuss noch wird sie zum zu beherrschenden Objekt. Es wäre spannend zu sehen, wohin sich das Bild weiterentwickeln würde, wenn man die Sirenen und die Zauberin – und mit ihnen unweigerlich auch Odysseus und seine Schiffsbesatzung – mit an den Frühstückstisch setzen würde. Wer wessen mit Marmelade und Butter bestrichenes Brot mit streng erhobener Braue kommentiert, wer trotzdem oder gerade deshalb genüsslich reinbeißt und sich gleich nochmal nachnimmt, wer es anderen unter dem Tisch zuschiebt, wer es errötend auf den Teller zurücklegt oder erbost, wer nur Brote für andere belegt und wer sich Brote schmieren lässt … Im »vielfältig Erlebten« liegt der »Rahmen« für das Gemeinsame, den die feministische Kritische Theorie anlegt, um ihn gegen die Vereinzelung unter Herrschaft zu überschreiten. Und zu einem aktiven Ausschluss von Unterdrückung und Hass zu machen.[201]

Am Anfang war das Du

Dr. Eva von Redecker

Von Henriette Hufgard

Wir treffen uns in einem Café in Berlin-Neukölln, fast schon in Kreuzberg. Obwohl es Ende Juli ist, hängt eine tiefgraue Wolkendecke über der Silhouette der Stadt. Während wir uns einen Platz im Außenbereich suchen – Limonade in der Hand –, weht ein unsommerlich kühler Wind. Gerade hat es aufgehört zu nieseln, der Verkehr dröhnt, Gespräche, Motorenlärm, Kindergeschrei vermischen sich, und in der Ferne heult ein Martinshorn. Eva von Redecker ist hochgewachsen, hat dunkelblondes, kinnlanges Haar und strahlt eine souveräne, freundliche Ruhe aus. Sie lacht und bietet mir gleich das Du an – ich nehme es erfreut an, auch wenn ich im Verlauf des Gesprächs hin und wieder zurück ins »Sie« stolpere. Die Macht der Gewohnheit im Umgang mit Autorität. Dieses Du verwandelt die Interviewsituation jedoch in ein vertrauteres Gespräch, in eine Begegnung auf Augenhöhe. Es wirkt wie eine Einladung zum gemeinsamen Denken und Kritisch-Sein.

Eva von Redecker, 1982 geboren, gehört zu denjenigen, die von der dritten und vierten Generation der Kritischen Theorie philosophisch geschult wurden: Sie hat ihre Doktorarbeit an der Berliner Humboldt-Universität bei der Philosophin und kritischen Theoretikerin Rahel Jaeggi geschrieben, die der vierten Generation zugehörig ist, und forschte an der New School for Social Research in New York zusammen mit Nancy Fraser. Letztere gilt, ebenso wie der Philosoph und Soziologe Axel Honneth, als zentrale Figur der vierten Generation.

Der Begriff einer »fünften Generation« innerhalb der Kritischen Theorie, der von Redecker selbst zuzuordnen wäre, ist bisher noch kaum in Verwendung. Aber vielleicht verlieren Kategorisierungen dieser Art auf Dauer auch an Wirkkraft. Vielleicht lassen zu viele Abstufungen die Zeit zu einer zu anstrengenden Treppe werden, die nach einer Gerichtetheit von Geschichte verlangt, welche die Kritische Theorie nicht zu erfüllen gedenkt.

Eine Philosophie der Revolution? Eine Revolution für das Leben!

Von Redeckers zentrale philosophische Interessensgebiete sind das Leben, Eigentum und die Revolution. Sie ist nicht nur kritische Theoretikerin, sondern auch eine marxistische Denkerin. Die Themen, mit denen sie sich beschäftigt, sind in der Weise, wie sie sie philosophisch aufarbeitet, auf ganz konkrete Weise in ihrem eigenen Leben und Erfahren verankert. Ähnlich wie Frigga Haug Gedanken und Theorien auf ihre erfahrungsbezogene Brauchbarkeit hin prüft, indem sie sie auf »einen Umweg durch die Küche« schickt, beginnt auch von Redecker ihr philosophisches Schreiben und Argumentieren nah bei sich im Erfahren der sie umgebenden Welt. Und ebenfalls ähnlich wie Haug hat sie klar formulierte politische Ziele.

Im Café spricht sie über die Lämmchen, die sie als Kind auf dem Bio-Bauernhof ihrer Eltern mit der Flasche großgezogen hat, über Pferde und Hunde, die sie nach eigener Aussage »miterzogen haben« – und wie das etwas ist, das sie bis heute dazu bewegt, ganzheitlich über die Welt und alle Kreaturen darin nachzudenken. Aber auch Winterspaziergänge sind ihr wichtig. Sie spricht dann über das viel zu warme Klima, von den Pflanzen, die ihr am Wegesrand begegnen und die ihrer dringend benötigten Frostpause beraubt werden. Die vegetabile und die unbelebte Welt sind zentral in ihr Denken eingebettet, und sie redet voller Mitgefühl über ihren philosophischen Gegenstand: die Welt und jegliches Leben darin – nicht nur das der Menschen.

Auf die Frage, wie sie zu ihrem maßgeblichen philosophischen Thema gekommen ist, antwortet sie: »Das liegt, glaube ich, an … der Welt. Es ist der Eindruck, dass nur radikale Veränderung uns noch retten kann. Daher resultiert auch mein Interesse für die Revolution, dafür, wo Revolution philosophisch gedacht wird – und wie.«

In zwei Monografien schreibt von Redecker über die Revolution, das Leben und – in marxistischer Tradition – darüber, was das alles mit Eigentum zu tun hat: In ihrer Doktorarbeit, die 2018 unter dem Titel *Praxis und Revolution. Eine Sozialtheorie radikalen Wandels* erschien, rekonstruiert sie die Entstehung dessen, was wir heute philosophisch unter dem Begriff der »Revolution« verstehen. Und 2020 veröffentlichte sie – kurz nach Beginn der Covid-19-Pandemie – ein weiteres Buch zu diesem Thema. Diesmal nicht als wissenschaftliche Arbeit, sondern in Form eines populärwissenschaftlichen Texts: *Revolution für das Leben. Philosophie der neuen Protestformen.* In ihrem zweiten Buch orientieren sich von

Redeckers Ausführungen konkreter an unseren alltäglichen und tagespolitischen Erfahrungshorizonten.

Revolution für das Leben?

Im ersten Satz von *Revolution für das Leben* äußert von Redecker dezidiert eine politische Forderung: »In diesem Buch geht es um das Leben … Hauptsächlich geht es jedoch um das Leben in einer spezielleren Hinsicht: der Befreiung von kapitalistischer Herrschaft.«[202] Ganz allgemein stellt sie zunächst fest, dass die Revolution als Protestform, wie wir sie kennen, ein modernes Phänomen ist. Es hat seine Wurzeln in Veränderungen von gesellschaftlichen Strukturen, aber auch in einem europäischen Weltbild des 16. Jahrhunderts und findet im Jahr 1789 mit der Französischen Revolution langsam als das uns heute bekannte in Sprachgebrauch und Bewusstsein Eingang.

Das heißt nicht, dass es vorher keinen Widerstand gab, keine radikalen Protestformen – oder dass diese kleiner und unbedeutender gewesen wären, als Revolutionen es sind. Was die Revolution als Konzept neu macht, bedingt sich zum einen darin, wie die Menschen in Europa begannen, sich selbst wahrzunehmen, und zum anderen darin, wie sie ihre Beziehung zur Welt um sich herum strukturierten – globalisiert und kapitalistisch. Die moderne Revolution muss also ebenso in Bezug zur Industrialisierung und zur Aufklärung gedacht werden wie zum Beginn der Globalisierung und der kolonialen, gewaltvollen Expansion Europas – ein Aspekt, der von großer Tragweite für ihre Argumentation ist.

Doch was wiederum unterscheidet die Revolution für das

Leben des 21. Jahrhunderts von all diesen früheren revolutionären Bewegungen? Denn es gab ja schon die soziale Revolution Anfang des 20. Jahrhunderts sowie die Bürgerrechts- oder Frauenrechtsbewegungen. Und genau das ist ihr Anspruch, herauszustellen, was die Revolution für das Leben anders macht, neu macht. Diese ist für sie seit etwa zehn Jahren im Gange, und sie ist nicht nur als Aufstand der Arbeiter:innen gegen die Lohnarbeit oder als Ansammlung von Aufständen von Frauen gegen das Patriarchat zu begreifen, sondern als kollektiver Aufstand der Lebenden gegen die Lebenszerstörung in all ihren schrecklichen Facetten.

Die Zerstörung von »Leben« umfasst für von Redecker nicht nur die Auslöschung der gesamten Menschheit im Zuge einer ökologischen Katastrophe. Revolutionen für das Leben werden somit nicht nur von öko-politischen Bewegungen wie Fridays for Future, Extinction Rebellion oder Die letzte Generation geführt. Es sind ebenso Bewegungen wie die 2013 in den USA gegründete, anti-rassistische Bewegung Black Lives Matter oder die 2015 entstandene argentinische frauenrechtliche Bewegung Ni una menos (»Nicht eine [Frau] weniger«), die gegen Polizeigewalt, Femizide und andere Formen der akuten Lebensbedrohung aufbegehren. Das heißt, die Revolution für das Leben, wie von Redecker sie versteht, richtet sich international und gruppenübergreifend gegen Gewalt, die aufs Engste mit der Geschichte des Kapitalismus verknüpft ist. Und die neuen Bewegungen, die Teil dieser Revolution für das Leben sind, dürfen nicht als bloße Fortsetzung der vorangegangenen revolutionären Kämpfe verstanden werden. Ihnen wohnt ein völlig neuer Antrieb inne.

Sie sieht ihr Ziel im Schutz von besonders verletzlichen und marginalisierten Gruppen wie rassifizierten Personen, die aufgrund ihrer sexuellen Identität oder Orientierung Machtausübung erfahren haben. Sie richtet sich gegen Morde an Frauen und weiblich gelesene Personen, gegen Morde an Menschen, die nicht heterosexuell sind oder anderweitig nicht in das Raster der Heteronormativität passen. Heteronormativität beschreibt ein Weltbild, in dem alle entweder cis-weiblich oder cis-männlich sind und das sexuelle Beziehungen nur in komplementärer Geschlechterordnung als normal betrachtet. Alle Menschen, die dieser Norm aufgrund ihrer sexuellen Identität oder Orientierung nicht entsprechen, die beispielsweise trans oder queer sind, werden als Abweichung begriffen und damit letztlich als systemschädlich.

Indem von Redecker den Begriff des Lebens für ihre Analyse der Revolution so wählt, dass Ökozid – also das Zerstören von Lebensräumen und Lebensgrundlagen –, rassistische und patriarchale Gewalt zusammen gedacht werden können, statt sie als separate Probleme zu fassen, steht sie in der Tradition von kritischen Theoretikern wie Adorno und Horkheimer. Deren Überlegungen verknüpften Kapitalismus und die Unterdrückung von Frauen mit der westlichen Vorstellung davon, was Vernunft ist.

Bereits der Aufbau von *Revolution für das Leben* spiegelt den Kipppunkt wider, den die Revolution für das Leben in von Redeckers Denken darstellt: Das Kapitel dazu heißt gleichnamig »Revolution«, ist in der Mitte des Buchs platziert und wird von zwei schwarz-weiß gemusterten Seiten umrahmt. Diese kompositorische Markierung hebt ein eindeutiges ›Davor‹ und ein mögliches ›Danach‹ hervor. Das Kapitel zur Revolution selbst ist erstaunlich kurz, ein Kipppunkt eben. Doch wer kippt hier was?

Eine kleine Handreichung des Umsturzes – Praxis und Revolution

In von Redeckers Doktorarbeit *Praxis und Revolution* heißt es in der Einleitung: »In Revolutionen wird zwar alles anders, aber nicht alles neu. Wandel ergibt sich aus dem Bestehenden, und zwar, so die These dieses Buchs, durch das Umfunktionieren gegebener Strukturen nach Maßgabe von Praktiken.«[203] Revolutionen sind ein radikaler Neuanfang, aber ohne dabei alles Alte restlos zu entsorgen.

Mit »Praktiken« meint Redecker jedoch nicht nur den kurzen Moment, in dem das System gestürzt wird – sozusagen der Schwertstreich, mit dem der:die König:in enthauptet wird –, sondern sie versteht revolutionäres, radikales Handeln bereits im Umformen bestehender Strukturen. Und das gelingt durch Einüben und Etablieren eines neuen Miteinanders.

Sich mit Revolutionen zu beschäftigen, war lange sehr richtungsweisend in der Philosophie: Mit Karl Marx' und Friedrich Engels' Theorie vom Kapitalismus und seiner Revolutionierung durch den Kommunismus entstand nicht nur die philosophische Tradition des Marxismus, sondern auch eine ganze Bandbreite an neuen philosophischen Überlegungen. Selbst die Kritische Theorie ist maßgeblich von marxistischen Ideen geprägt. Sich mit Revolutionen – und besonders mit marxistischen Revolutionen – zu beschäftigen, wurde jedoch Mitte des 20. Jahrhunderts zunehmend unbeliebter. Vor allem deswegen, weil in verschiedenen Nationen ein staatlicher Kommunismus, der sich an Leuchtfiguren wie Marx und Engels, Rosa Luxemburg, Wladimir Iljitsch Lenin, Mao Zedong oder Clara Zetkin orientierte, problematisch wurde.

Und gegen Ende des 20. Jahrhunderts brachen verschiedene Staaten und Regime, die sich selbst den Kommunismus auf die Fahnen geschrieben hatten, in sich zusammen.[204]

Nachdem der Kommunismus vielerorts gewaltig an seiner Umsetzung gescheitert war, wurde der Revolutionsbegriff zu einer Art heißen Kartoffel, mit der kaum jemand mehr etwas zu tun haben wollte. Er war eine alte Hoffnung, eine jahrzehntealte Utopie für die Zukunft, die verloren gegangen war. Gerade in der Philosophie wurde das Thema ein heikles, das ungern in den Fokus der Aufmerksamkeit gerückt wurde. Dass von Redecker darauf stieß, ist entsprechend ungewöhnlich.

Das große Problem bei Revolutionen ist also ihr Gelingen – und zwar ihr langfristiges Gelingen. Ob eine Revolution erfolgreich ist, liegt, wie so vieles, nicht ausschließlich in der Hand der revoltierenden Menschen. Abhängig ist dies zudem von äußeren Umständen, die immer andere sind und eine eigene Macht über die Situationen haben: Welche Ressourcen stehen zur Verfügung, welche materiellen Dinge sind gegeben, durch die sich auch die soziale Handlungsmacht der Akteur:innen speisen kann? Wo befindet man sich geografisch? Gibt es Krisen, die die Zeit nach der Revolution beeinflussen können?

Letztlich ist das Gelingen einer Revolution also nicht allein im Willen der handelnden Subjekte begründet. Und trotzdem ist menschliches Handeln als gesamtes auch kein Produkt reinen Zufalls – eine Verkettung äußerer Umstände –, in dem die Akteur:innen nur glauben, mit ihren Entscheidungen Einfluss zu nehmen und etwas zu bewirken, während in Wahrheit ausschließlich ihre Umgebung der entscheidende Faktor ist. Was macht eine Revolution dann zu dem, was sie ist? Und kann man etwas dafür tun, dass sie dauerhafte Veränderungen erwirkt, obwohl nicht alles nur durch den Willen der Handelnden bestimmt ist?

Von Redecker formuliert es wie folgt: Revolutionen sind sowohl präzedenzlos und radikal – und zugleich eine veränderte Fortsetzung bereits bestehender Lebensweisen. Man könnte sagen, Revolution ist für sie fundamental neu und traditionsgebunden zugleich. Sie ist mehr als der Kippmoment, die von Schmuckseiten eingeklammerte Mitte der Geschichte – sie ist das Weiterblättern nach eingehender Betrachtung eines überdeutlichen historischen Einschnitts: Sie ist nur dann eine Revolution, wenn die Veränderung zu einer kontinuierlichen Umformung der herkömmlichen Handlungsmuster wird. Letztlich heißt das: Nach der Revolution findet die wirkliche Revolution erst statt. Indem man an Altes anknüpft, löst man in gewisser Weise das Problem, nach der Revolution plötzlich alles komplett neu aus dem Boden stampfen zu müssen. Die ratlose Leere – »Und was jetzt?« –, die nach einem Umsturz folgen kann, ist so bereits ein bisschen weniger leer. Sie kann schon vorbereitet werden, auch wenn sie nicht bis ins letzte Detail vorauszuplanen ist.

Ein solches Verständnis von Revolution beruht auf einem Wissen über die Vergangenheit und einem Interesse daran, diese neu zu betrachten, um zu verstehen, welche Strukturen es sind, die im Einzelnen umfunktioniert werden können. Und es verlangt danach, zu verstehen, was die Revolution als Phänomen eigentlich ist, wie sie entstanden ist.

Etymologisch war das Wort »Revolution« jedenfalls kein radikaler Neuanfang. Vom Lateinischen abstammend, beschreibt *re-volutio* so etwas wie eine »Rück-Wälzung«. Man benutzte den Begriff zunächst in der Astronomie, um den Moment zu beschreiben, in dem Sterne in ihre Ausgangsposition am Firmament der Erde zurückkehren. Er implizierte somit eine ewige Rückkehr zu dem, wie es einmal war und wie es immer unveränderlich sein wird. Revolution bedeutete ewige Permanenz – das Gegenteil dessen, was es für uns heute beinhaltet. Doch wie soll diese Vorstellung mit dem prominentesten Fall westlicher Revolutionen, der Französischen Revolution, in Einklang gebracht werden? Mit dem Sturm auf die Bastille, also die Befreiung von Gefangenen nahe Paris durch Aufständische, wird sie aus heutiger Perspektive mit einem Neuanfang, einem Bruch mit dem Ancien Régime verbunden und nicht etwa mit der Rückkehr zum alltäglichen Lauf der Dinge.

So unvorstellbar es für unsere Ohren auch klingen mag, das Wort »Revolution« implizierte lange etwas Konservatives und barg keine Radikalität in sich. Vor der Französischen Revolution trug zum Beispiel die britische »Glorious Revolution« von 1688/1689 mit der Durchsetzung der Bill of Rights, der Grundlage des parlamentarischen Regierungssystems in England, ihren Namen nicht, weil sie als radikaler Umbruch verstanden werden sollte. Stattdessen wurde nur ordnungsgemäß der Thron der Stuarts an Wilhelm III. übergeben, jedoch erstmals gewählt vom Parlament. Dass Revolution gleichbedeutend ist mit einem radikalen Umbruch, ist als geschichtlicher Umformungsprozess zu betrachten – eine Begriffswandlung, die erst rückblickend in historische Ereignisse eingetragen wurde. Erst nach und nach erhielt die Revolution ihren Charakter des ›Nie-Dagewesenen‹, und die Französische Revolution wurde als die Erste ihrer Art auserkoren. Wesentlich motivierender als das Wort ›Revolution‹ waren für die Menschen zur Zeit der Französischen Revolution Worte wie ›Verfassung‹, ›Freiheit‹ oder ›Vernunft‹.

FORTUNA WILL'S WISSEN!
DIE REVOLUTION DER ZEIT.

Was sich langsam in den Revolutionsbegriff einnistete, war das Verständnis eines historischen Fortschritts, also eines Vorwärts- und Aufwärtsstrebens der menschlichen Gattung – statt einer *re-volutio*, einer Rückkehr auf den immer gleichen Ausgangspunkt. Diese neue Vorstellung entstand im 18. und 19. Jahrhundert und war an Erfahrungen geknüpft, die wie eine beispiellose große Ausdehnung gewirkt haben mussten.

Erfahrungen, die nicht wieder in ihre Ursprungsform zurückfinden konnten (und sollten): Die koloniale Expansion, verbunden mit Machteinfluss und wachsendem Reichtum, und die technischen Entwicklungen in der Produktion durch die Dampfmaschine oder den Verbrennungsmotor wurden in immer schnellerem Tempo vorangetrieben. Die Städte entwickelten sich aufgrund des Bevölkerungswachstums zu bisher unbekannten Ballungszentren. Geschichte war nicht länger zyklisch zu denken, sonders quoll aus der Zeit wie Zahnpasta, die nie wieder in ihre Tube zurückfindet. Wiederkehrende Geschichte wurde zur linearen Geschichte des Fortschritts.

Und dennoch begleiteten diesen entstehenden Revolutionsbegriff enorme Rückschläge, die nicht mit dem stetig aufstrebenden Fortschrittsdenken zu vereinbaren waren. Zu nennen wäre da die Schreckensherrschaft der Jakobiner, die sich an die Französische Revolution anschloss, und letztlich mit Napoleon zurück in eine Abwandlung des alten Systems führte. Für die französische Bevölkerung konnte das nicht anders als ein immenser Rückschritt gewirkt haben.

Karl Marx schaffte es schließlich, eine Vorstellung davon zu entwickeln, wie diese Widersprüche als nach vorne gerichteter Fortschrittsprozess zu verstehen waren: Geschichte, so seine Auffassung, entwickele sich dialektisch hin zur Freiheit der arbeitenden Klasse. Eine solche Dialektik der Geschichte bedeutete für Marx, dass die grausamen Widersprüchlichkeiten historischer Ereignisse und Rückschläge nicht mehr unvereinbar mit dem Fortschritt hin zu einer immer perfekteren Welt seien. Sie ergaben sich für Marx vielmehr aus den sich ständig verändernden Produktionsmitteln, wie er sie während der industriellen Revolution im von enormer Armut gebeutelten London kennenlernte. Im Gegenteil. Dieses sich gegenseitig hochschaukelnde Spannungsverhältnis von ständig neueren und effizienteren Produktionsmitteln und einer parallel anwachsender proletarischer Klasse sei sogar der Motor des Fortschritts. Es brauche die Reibung, um den nächsten Schritt nach vorne zu tun – hin zur Revolution und zu einem friedlichen Zusammenleben nach kommunistischen Maßstäben. Und so wurde aus negativen Rückschlägen in einem neuen dialektischen Verständnis eine Art Trost, der dennoch auf eine bessere Zukunft hoffen ließ.

Von Redecker weist in ihrer genealogischen Beschreibung der Revolution diesbezüglich auf einige Unstimmigkeiten hin – genealogisch meint hier eine Nachzeichnung der Vergangenheit, die aber keine klassisch historische ist, sondern geleitet von einem gezielten Interesse der Neuinterpretation der eigenen Gegenwart. Dadurch folgen auf Revolutionen häufig nicht nur dialektische Rückschläge in die ›falsche‹ Richtung, die man einfach abwarten kann, bis sie sich schließlich von selbst lösen. Zumindest lassen sich diese nicht nur materialistisch erklären, also einzig durch technische Neuerungen in der Wirtschaft und das Anwachsen der arbeitenden Klasse. Anti-Rassismus und Feminismus weisen zudem darauf hin, dass Unterdrückungsmechanismen sehr unterschiedlich und vielgestaltiger sind als das, was als materialistisch beschrieben wird. Ausbeutungsverhältnisse haben nicht nur materielle, sondern auch historische Komponenten und folgen eigenen psychologischen Logiken.

Es lässt sich nicht alles auf den einen großen Knoten der Produktionsmittel zusammenführen, den man zerschlagen muss, um sämtliche Baustellen zugleich zu lösen. Oder um an Frigga Haugs Ausführungen anzuknüpfen: Die Befreiung der Frauen kann nicht warten, bis die Revolution des Proletariats vollendet ist. Einfach, weil es unterschiedliche, wenn auch miteinander verwobene Probleme sind.

Weiterhin merkt von Redecker an, dass das Fortschrittsdenken und die daran geknüpfte Vorstellung einer Dialektik der Geschichte eine äußerst bedrohliche Herausforderung sein können – eine Erkenntnis, die die erste Generation der Kritischen Theorie mit Adorno, Horkheimer und Benjamin gerade aufgrund des Holocausts bereits hatte. Die industrielle Vernichtungsmaschinerie des Nationalsozialismus ist auch in direktem Zusammenhang mit dem industriellen ›Fortschritt‹ ihrer Zeit zu sehen, kann aber nicht als bloßer Effekt einer Dialektik der Geschichte wegerklärt werden.

Die Kritische Theorie widmete sich daher besonders in ihrer ersten Generation der Bedeutung von Ideologien. Im Falle des Faschismus sei die ausbleibende Revolution gegen die bestehenden Verhältnisse nur durch eine ausgeprägte Ideologie als Brückenkopf zu erklären. Von Redecker erkennt an, dass Ideologiekritik ein wichtiges Werkzeug ist, um zu verstehen, warum Revolutionen nicht stattfinden. Und sie sieht in der Ideologiekritik, wie sie von der Kritischen Theorie betrieben wird, ein wichtiges Werkzeug für gesellschaftlichen Wandel. Dennoch ist in ihr eines noch nicht ausreichend verbürgt: die Radikalität, die eine Revolution beinhalten würde, und die sie grundlegend von progressiven gesellschaftlichen Wandeln unterscheidet.

Aber wäre es so schlimm, wenn es keine Revolutionen mehr gäbe, sondern nur noch sanfte, langsame Übergänge? An sich nicht – wären da nicht die akuten und drängenden Notlagen der Welt, der Tiere, Pflanzen und Menschen in ihr, die permanent wachsen und immer irreversibler werden. Das Problem ist, dass angesichts ihrer eine langsame, nicht-revolutionäre

Veränderung einem Ende gleichkommt. Trotzdem scheint es jedoch leider oft so, als sei der Weltuntergang greifbarer als die Weltrevolution. »Dass unserer Lebensform die Ressourcen ausgehen, dass wir uns in der Katastrophendynamik des Klimawandels befinden, bildet eine Art ›Hintergrundgewissheit‹. Diese artikuliert sich indessen häufiger in apokalyptischer Unheils-Erwartung als in revolutionärer Hoffnung.«[205] Ein reiner Übergang ohne radikale Veränderung ist also keine Lösung. Eine Revolution, die sich einen dem Fortschritt zugeneigten, dialektischen Verlauf der Geschichte imaginiert, scheint jedoch auch nicht zum gewünschten Ziel zu führen. Was also kann man tun? Die Verzweiflung, die aufgrund dieser ausweglos anmutenden Überforderung bei vielen Menschen – gerade der jüngeren Generationen – omnipräsent und allgegenwärtig ist, kann und darf nicht in einer Lähmung und einer Weltflucht enden.

Deswegen spricht von Redecker zunächst von Wandel, wenn sie über die Vergangenheit und die mögliche Zukunft nachdenkt. Wandel hat keine Richtung, er beinhaltet weder Fortschritt noch Dialektik. Er ist einerseits nicht abzustreiten – jede:r kann sehen, dass sich die Dinge in der Welt unaufhörlich wandeln. Andererseits ist Wandel im Gegensatz zum Fortschritt nicht auf irgendeine ominöse Vorstellung von der ›Natur der Geschichte‹ angewiesen, die dafür bürgt, dass sich letztlich alles zum Guten wendet, auch wenn es wirklich überhaupt nicht so scheint. Wandel braucht keinen Fortschritt, keine Dialektik, keinen Weltgeist, der alles lenkt.

Das Interessante am Wandel ist, dass er weder nur von einzelnen Handelnden abhängig ist, noch ausschließlich von äußeren Umständen vorbestimmt wird. Und so ergänzt von Redecker ihre genealogische Erforschung der Vergangenheit um etwas, das sie performative Kritik nennt. Revolutionen mittels performativer Kritik zu denken, bedeutet, dass erstens die Transformationen für das ›Danach‹ der Revolution bereits über die alten Strukturen entwickelt werden – und dass diese Transformationen zweitens kollektiv ausgehandelt werden müssen, statt von einigen wenigen aufgedrängt zu werden.

Dieser Anspruch einer performativen Kritik lässt sich besonders deutlich anhand ihres Buchs *Revolution für das Leben* und dessen Aufbau nachvollziehen. Sie nimmt uns an die Hand, um uns die Widersprüchlichkeiten unseres Denkens vor Augen zu führen. Langsam, aber sicher möchte sie das Standbild unserer Weltwahrnehmung kippen und uns darin zum Handeln und zur Vernetzung motivieren.

Im ersten Teil des Buchs – vor der Revolution – erfolgt eine genaue Nachzeichnung wichtiger Entstehungsmomente kapitalistischer Mechanismen und Logiken. Teil zwei beinhaltet das schon erwähnte kurze Kapitel zur Revolution, den Kipppunkt. Und schließlich wird in einem dritten, längeren Teil überlegt, wie sich nach der Revolution in sich stabilisierende veränderte Handlungsweisen wandeln lassen.

Diesen Dreischritt versteht von Redecker als performative Kritik, weil sie die Betrachtung größerer Zeitabschnitte beinhaltet und zugleich von einem im Hier und Jetzt verankerten Erkenntnisinteresse geleitet wird. Indem sie das Vergangene beschreibt und in bisher unbeachtete Zusammenhänge setzt, löst sie einen Perspektivwechsel aus, durch den die betrachteten Dinge nicht mehr so gesehen werden können wie zuvor. Eine kleine Revolution des Blicks sozusagen. Und dieser Perspektivwechsel wird zur Grundlage langfristiger Aushandlungs- und Transformationsprozesse. Weil man nachträglich die Französische Revolution als eine solche erkennt, kann man aus ihr lernen und versuchen, die eigene Revolution besser vorzubereiten. Dann kann sie, so die Hoffnung, weniger leicht wieder in den Ausgangszustand zurückgleiten.

Kritik verbleibt als performative Kritik also nicht nur im Herleiten und Aufzeigen der bestehenden Missstände, sondern zeigt sich als solche erst in Verbindung mit dem Willen, Dinge langfristig zu verändern – auch wenn noch nicht genau klar ist, wie der Wandel vollzogen werden soll.

Die genealogische Forschung, die Teil dieser performativen Kritik ist, unterscheidet sich von einer geschichtswissenschaftlichen Arbeit insofern, als ihr Ziel eine Neubetrachtung des eigenen Standpunkts und der eigenen Zeit ist. Das beinhaltet, kritisch in die Vergangenheit zu blicken – wie wurden Revolutionen früher gedacht (oder auch nicht gedacht)? –, um zu verstehen, was das für das Heute bedeutet, für uns bedeuten mag, wenn wir grundlegend etwas verändern wollen. Von Redecker versucht aber auch zu erklären, wie wir überhaupt in den uns aktuell verschlingenden Schlamassel hineingeraten sind.

Was unter den »kapitalistischen Mechanismen und Logiken« aus dem ersten Teil ihres Buchs zu verstehen ist, wird von ihr in einer Vielzahl von historischen Aspekten erzählt und letztlich auf vier Oberbegriffe gebracht: beherrschen, verwerten, erschöpfen, zerstören. Im Kapitel »Verwerten« berichtet sie zum Beispiel von der Knochenmühle. Dabei handelte es sich um eine Erfindung aus dem 19. Jahrhundert. Man hatte gerade entdeckt, dass sich nicht nur Fäkalien zur Düngung von Ackerland eigneten, sondern auch Knochenmehl. Da durch die Verstädterung Europas die meisten Fäkalien und Küchenabfälle nicht mehr auf den Äckern, sondern in der Kanalisation der Städte landeten, mangelte es in der Landwirtschaft an »Ackergold«. Und so begannen verschiedene Unternehmen, die Schlachtfelder Napoleons in Austerlitz, Waterloo und Leipzig abzufahren und dort die Knochen der gefallenen Soldaten auszugraben. Es war ein lukratives Geschäft, das in den Jahren von 1823 bis 1837 allein in England Summen von bis zu 254 600 britischen Pfund einbrachte.

Alle vier Kapitelüberschriften zeichnen ein ›Tun‹ aus und verweisen damit auf menschliche Handlungsmöglichkeiten. Ihre Erklärung bleibt nie philosophisch – oder ausschließlich anekdotisch. Doch Verben verlangen nicht nur nach einem Subjekt, das sie ausführt, sondern auch nach einem Objekt, das sie be-handeln. Beherrschen, verwerten, erschöpfen, zerstören wovon? Von Eigentum, Gütern, Arbeit und – Leben. Der Eigentumsbegriff ist eine zentrale Schlüsselkategorie bei von Redecker. An ihm entlang hangelt sie sich durch die Vergangenheit, erklärt, was Güter, Arbeit und Leben im Licht der Moderne eigentlich sind, wie sie überhaupt als Kategorien entstanden sind oder sich verändert haben. Der Eigentumsbegriff bindet all ihre Gedanken zusammen und wird für die Zukunft neu entworfen. Und mit ihm zusammen eine neue Art des Arbeitens, Teilens und Lebens.

Vor der Revolution

Doch was ist Eigentum? Und warum scheint Eigentum im Kapitalismus stets mit Gewalt gegen das Leben verbunden zu sein? So könnte man die Fragen zusammenfassen, anhand derer von Redecker aufzuklären versucht, was eine Revolution für das Leben überhaupt ist oder sein könnte. Sie beginnt ganz nah bei ihrem eigenen Leben, mit einer ihr bekannten Erzählung. Es ist eine mündlich überlieferte Parabel über einen Ritter, der ein Stück Land zu seinem Eigentum machen darf: Alles, was er an einem Tag mit seiner Stute umreiten kann, so die Geschichte, soll ihm gehören. Der Ritter macht sich morgens im Galopp auf und kehrt abends zurück. Bei der Ankunft am Ausgangspunkt bricht die Stute tot unter ihm zusammen. Aber der Zirkel, den ihre Hufe umzäunt haben, ist geschlossen. Ein imaginärer Zaun, eine unsichtbare Linie grenzt klar ab, was nun nicht mehr als Gemeingut aller Lebewesen existiert, sondern das Land des Ritters ist, sein Eigentum. Der von dem Pferd umlaufene Berg heißt von nun an »Stutenberg«.

Und der Tod des Tiers? Hat der Ritter mit dem Verenden der Stute nicht auch einen wichtigen Teil seines eigenen Eigentums vernichtet? Und damit kommt von Redecker zur ersten zentralen Eigenschaft von Eigentum. Eigentum zu haben bedeutet für den:die Eigentümer:in immer auch absolute Herrschaft über diesen Gegenstand: »Modernes Eigentum berechtigt den Besitzer nicht nur zu Kontrolle und Gebrauch, sondern auch zu Missbrauch und Zerstörung desselben.«[206] Diese Schlussfolgerung ist keine Fantasie, sondern findet sich spätestens im Code Napoléon auch ausdrücklich als *ius abutendi* zwischen 1807 und 1814 niedergeschrieben – als Recht des Eigentümers, sein Eigentum zu miss-brauchen. An dieser Stelle wird bewusst nicht gegendert, da auch Frauen von nun an in die Kategorie des Eigentums fallen und für mehrere Jahrhunderte selbst nicht länger zur Eigentümerin jenseits männlicher Vormundschaft befähigt wurden. Das heißt, sie waren noch im Besitz von Schmuck oder Land, konnten ihn tragen oder das Land in die Ehe mitbringen. Aber ihre Ehemänner waren die Eigentümer – diese konnten Schmuck und Land verkaufen oder verleihen, ohne dafür die Zustimmung ihrer Ehefrauen einholen zu müssen.

Die Unterscheidung zwischen Eigentum und Besitz ist an dieser Stelle wichtig, denn sie gilt noch heute: Über Besitz kann der:die Besitzende zwar unmittelbar verfügen. Besitzerin ist zum Beispiel diejenige, die einen Acker pachtet oder eine Wohnung mietet – aber dennoch bleiben Acker und Wohnung weiterhin Eigentum des:der Vermieter:in. Über Eigentum verfügt der:die Eigentümerin absolut. Als Mieterin einer Wohnung darf ich diese noch lange nicht verkaufen – dies steht nur dem:der Eigentümer:in zu.

Der Code Napoléon, auch als Code Civil bekannt, stellte einen bitteren Rückschritt für Frauen in ganz Europa dar, denn viele der von Frankreich kolonisierten und der an den französischen Staat angrenzenden Länder – so auch Deutschland – beginnen, sich ein Vorbild am Code Napoléon zu nehmen und das vorher weitläufig geltende Römische Recht durch Abwandlungen des Codes zu ersetzen. Im Römischen Recht gab es noch keine einheitliche Regelung, was ganze Gruppen, etwa Frauen, durften oder nicht. Es galt das Gewohnheitsrecht, also unterschied sich die Verfügungsgewalt von beispielsweise Frauen vielmehr dadurch, welchen gesellschaftlichen Status sie hatten oder welcher Familie sie angehörten. Im Falle Deutschlands bildet sich die Veränderung durch den Code Napoléon im Bürgerlichen Gesetzbuch (BGB) ab. In ihm spielt das Eigentum als etwas, das – inklusive seiner potenziellen Zerstörung – in den Bereich der Rechte des Eigentümers fällt, eine neue Rolle und löst damit das Römische Recht ab.

Im Code Civil, aber auch in ihm ähnlichen Gesetzgebungen wie dem BGB wird ein Recht aufgegriffen, das sich selbst als Naturrecht versteht. Das bedeutet, dass die Gesetze nicht mehr durch eine Autorität wie eine:n Machthaber:in oder ein Reich verbürgt und in seinen Regeln begründet sind, sondern in der Natur selbst. Und mit ›der Natur‹ kann man nicht streiten, sie ist, wie sie ist.

»Womit ich mich irgendwie ungewöhnlich in der Philosophie mache – und auch in der Tierethik, soweit ich das überblicke –, ist, dass ich mit dem Begriff ›Tier‹ überhaupt nichts anfangen kann. Fast genauso wenig wie mit dem Begriff ›Natur‹. Sobald man aufhört, diese Kategorien nur zur Abgrenzung des Menschen zu verwenden, dann beschreibt man mit dem Wort ›Natur‹ oder dem Wort ›Tier‹ auf einmal nichts mehr. Stattdessen gäbe es da *so* viel zu wissen über die Besonderheiten jeder einzelnen Art.« Diese Art des sich von Tier und Natur abgrenzenden Welt- und Selbstverständnisses des Menschen gründet nicht zuletzt auf dem im 17. Jahrhundert von dem französischen Philosophen René Descartes formulierten Rationalismus: Alles soll fortan durch letzte Prinzipien begründet sein und von der Vernunft geleitet. Getarnt als ›Selbstverständlichkeit‹, die sich an der Natur und der Vernunft selbst ablesen ließe, entstand eine Gesetzgebung, die die Verfügungsmacht über Leben und Tod in die Hände einiger weniger legte – in die Hände der Eigentümer.

Warum aber wählt von Redecker mit ihrer Erzählung vom Stutenberg dann ein Beispiel aus dem Spätmittelalter, wenn sie Eigentum doch als »modern« im Sinne von »seit dem 17. Jahrhundert« bezeichnet? Historische Umschwünge geschehen nicht einfach aus dem Nichts, sie ereignen sich nicht ›Knall auf Fall‹ wie ein Blitz aus heiterem Himmel. Sie kündigen sich zumeist über Jahrzehnte an, treten bereits lange, bevor sie als Zäsur für alle kenntlich gemacht werden, in Erscheinung. In den Geschichtswissenschaften spricht man deswegen auch immer weniger von Epochen, die wie Stufen angeordnet sind und quasi sprunghafte Niveau-Veränderungen verlangen, sondern von einem ›Sich-Überlappen‹ und ›Sich-Anbahnen‹ von Geisteshaltungen.

Bis in Frankreich und dem restlichen Europa Rechtswissenschaftler eine Praxis tatsächlich in einen Gesetzestext gegossen hatten, musste diese sich zunächst halbwegs etabliert haben. Sie musste sich für die mächtigeren Bevölkerungsgruppen bereits als rentabel abgezeichnet haben und letztlich so greifbar und vorstellbar sein, dass sie wie von selbst ›gesetzt‹ wirkte. Eben von der Natur gegeben und von der Vernunft erkannt.

Bevor man Frauen oder auch Schwarze Personen rechtlich als ›Objekte‹ beziehungsweise als Eigentum festschreiben konnte, mussten bereits inoffizielle Praktiken und Narrative existiert haben, die dies in den Rahmen des Vorstellbaren rückten. Im Falle von Frauen zum Beispiel die Verfolgung als Hexen. Zunächst verfolgte die Inquisition vor allem Frauen, die in Gruppen in der Öffentlichkeit auftraten – erinnert sei da an den Hexensabbat, an dem mehrere Frauen ohne männliche Begleitung (jenseits des Teufels) Händchen haltend um ein Feuer flogen. Sobald das Auftreten in Gruppen als böse markiert war, war es kein so weiter Weg mehr, Frauen in das Private des Haushalts zu verbannen und sie schließlich zu einem Eigentumsobjekt *im Haus* zu erklären. Bei der Hexenverfolgung verquickte sich die Ver-Eigentümlichung von Frauen und von Schwarzen Personen auf besonders perfide Weise: Die erste offiziell in Lissabon von der Inquisition verbrannte Hexe war eine Schwarze Frau aus Ghana, die für den

Prozess eigens aus der portugiesischen Kolonie nach Portugal verbracht worden war. Dass Rassismus und Sexismus hier verschmelzen, erzählte bereits Shakespeare in seinem Theaterstück *Der Sturm*, in dem Caliban der Sohn einer wegen Hexerei angeklagten Sklavin ist.

In Bezug auf die Propertisierung, also die Ver-Eigentümlichung von Frauen, aber auch auf die von versklavten Personen spricht man deswegen von einer »Naturalisierung« ihrer vermeintlichen Minderwertigkeit und von einer Verdinglichung, die man erzeugte, indem man sie – und besonders ihre Körper – wie willenloses Eigentum behandelte. Beispielsweise, indem man die Körper der verschleppten Menschen auf dem Markt anbot, sie zuvor mit Ölen einrieb, um ihre Haut ansprechend glänzen zu lassen und sie wie Vieh brandmarkte. Versklavte Frauen wurden sehr häufig Opfer massiver sexueller Gewalt (dies trifft auch auf Männer zu), um »Sklavenzucht« zu betreiben. Oder um es in den Worten eines einstigen Präsidenten der Vereinigten Staaten, Thomas Jefferson, zu sagen: »Ich betrachte eine Frau, die alle zwei Jahre ein Kind zur Welt bringt, als profitabler als den besten Mann auf dem Hof; was sie produziert, ist ein Zuwachs an Kapital.«[207] Jefferson war selbst Eigentümer von 144 Menschen. Nach ihrem Tod wurden die zu Objekten erklärten Menschen häufig einfach wie Abfall auf Müllhalden geworfen.

Die Verdinglichung von Personengruppen durch kontinuierliche Gewaltanwendung, wie sie etwa im systematischen Versklaven und Morden in den Kolonien, der Entrechtung von armen Menschen und Frauen, oder auch den zahllosen grausamen Tierversuchen zutage tritt, wird im Zuge des Rationalismus dazu neu erzählt, in der ›Natur‹ dieser vernunftlosen Menschen und Tiere sei bereits die Notwendigkeit zur Beherrschung und Unterwerfung angelegt. Damit wird verschleiert, dass die sozio-politische Ausbeutung und Unterdrückung einen Entscheidungsprozess beinhaltet und ein expliziter Willensakt von Menschen ist, statt ein sich selbst durchsetzendes ›Naturgesetz‹.

Die Geschichte von der zu Tode gerittenen Stute – die in unterschiedlichsten Ausführungen tradiert wird – kündigt den Übergang der Allmende, jene Flächen, die im Besitz der Gemeinschaft sind, zum von der Feudalherrschaft beherrschbaren und zu missbrauchbaren kapitalistischen Eigentum an. Dazu gehört global betrachtet auch die koloniale Aneignung von Ländern und Menschen, die man als »leer« beziehungsweise »nicht arbeitend« oder »herrenlos« bezeichnete, um sie legal als Eigentum unter die eigene Herrschaft einzureihen – wobei Frauen einen fundamentalen Teilaspekt der Propertisierung der Welt darstellten.

Mit dem Ende der Feudalherrschaft im Spätmittelalter wurden die vormals Leibeigenen zwar zu Freien erklärt, verloren aber mit ihrer Zugehörigkeit zu einem feudalen Gut de facto gleich doppelt ihre Lebensgrundlage: ihren Landbesitz und ihre Lebensgemeinschaft. Das, was ihnen blieb, waren ihre Arbeitskraft und das Eigentum an sich selbst. Es gab natürlich jede Menge Arbeit auf den ehemaligen Allmenden und in den Manufakturen, die überall entstanden. Diese Allmenden wurden nun, als Eigentum der Grundbesitzer, nicht mehr für die Selbstversorgung, sondern beispielsweise für die wesentlich rentablere Viehzucht verwendet. Diese Umwandlung von Land, das von vielen gepflegt wird und viele versorgt, hin zu einer Kapitalisierung in den Händen weniger, nannte Marx die »ursprüngliche Akkumulation«[208]. In dem Moment, in dem ein Zaun aus Land abgezirkeltes Eigentum macht, zu dem vielen der Zugang verwehrt wird, entsteht das, was im modernen Sinne – ähnlich wie die Revolution – »Eigentum« heißt. Das Land, das den Lehnsherren vormals nur zur Verwaltung – also als Lehen – unterstand, war in radikaler Form zu ihrem alleinigen Eigentum geworden.

Doch was taten nun die ehemals zum Frondienst verpflichteten freigesetzten Leibeigenen? Arbeiteten sie klag- und optionslos weiter bei ihren ehemaligen Herren? Den neuerdings Land- und Besitzlosen erschien es sehr viel attraktiver, als Landstreicher:innen die wilden Wälder zu durchqueren und sich dort in organisierten Gruppen eigenständig zu versorgen, statt in den Manufakturen zu darben oder als Rechtlose ohne Möglichkeit zur Mitsprache und Selbstverwaltung auf ihrem ehemaligen Landbesitz zu arbeiten. Dem Vagabundieren wurde jedoch durch drakonische Strafen bald ein Ende gesetzt: Landstreicher:innen wurden mit Brandmalen gedemütigt und als Rechtlose markiert, ähnlich wie man dies mit Tieren und versklavten Menschen tat.

Diese gewaltvollen Repressalien allein hätten jedoch, so von Redecker, vermutlich nicht gereicht, um die Menschen in die neuen Eigentumsverhältnisse zu zwingen. Eine Verlockung, ein Ausgleich für den Verlust der feudalen Gemeinschaft musste her, zumindest für einige. Denn Gruppen agieren meist nur noch halb so effektiv, wenn sie gespalten werden. Und so entstand die »soziale Sachherrschaft«.

Soziale Sachherrschaft bedeutet bei ihr, dass die Besitzlosen auf Kosten der Machtlosen entschädigt wurden. Es wurden massive soziale Gefälle zwischen ganzen Bevölkerungsgruppen errichtet. Macht beziehungsweise Machtlosigkeit wurde dabei in Eigentumsansprüche übersetzt, und zwar ganz konkret in Eigentumsansprüche von Männern gegenüber Frauen und von *weißen* Menschen gegenüber Schwarzen Menschen. »Geronnene Herrschaft« nennt von Redecker das. In unserem Gespräch erwähnt sie, was sie mit dem Wort »geronnen« assoziiert – es erinnert sie an Blut, an die Auslöschung ehemals lebendiger Körper.

Herrschaft lässt Macht in den Institutionen der Ehe und der Warensklaverei gerinnen. Es gab eine neue Gruppe von Herrschenden. Sie waren zwar nicht zwingend so mächtig wie jene, die Eigentümer von Land waren, aber ihnen war das Eigentum an Frauen und Schwarzen Personen gesichert. Frauen wurden samt ihrer Besitztümer, ihrer Brautgaben aus wertvollen Stoffen, Schmuck und teilweise auch Land, zum Eigentum ihres Mannes eingestuft. Und in den Kolonien galten *weiße* Personen durch rechtliche Änderungen in den Kolonien als Eigentümer von Schwarzen Personen und ihnen damit als überlegen. Im 17. Jahrhundert gab es zwar auch eine ganze Menge *weißer* Schuldknechte, doch mit der Einführung diverser Slave Codes oder auch Code Noirs konnten nur noch Schwarze, nicht aber mehr *weiße* Menschen versklavt werden. Der Personenstatus der Versklavung wurde darüber hinaus erblich; Kinder von versklavten Menschen wurden von nun an in die Sklaverei hineingeboren, waren von Beginn ihres Lebens an Eigentum. Aber Schwarze Personen konnten, wenn sie noch frei waren oder sich freikaufen konnten, keine *weißen* Menschen anstellen – und selbstverständlich wurde es beiden Gruppen verboten, über diese neue Grenzziehung hinweg Ehen zu schließen.

In nur kürzester Zeit begannen, insbesondere in den Kolonien, die vorher beide geeint rebellierenden und machtlosen Gruppen sich feindlich gegenüberzustehen. Revolten, zuvor noch gemeinsam geführt, wurden so erfolgreich verhindert – denn schließlich konnten *weiße* Menschen nun selbst als immer noch Eigentumslose, die Gruppe der Versklavten zu einem gewissen Grad dominieren und verachten, Macht ausüben und sich selbst als etwas Besseres fühlen. Die Kompensation für die eigene Eigentumslosigkeit begann bei den nun etwas besser Gestellten zu fruchten.

»Sachherrschaft« bedeutete somit, einem Teil der eigentumslosen ehemaligen Bauern der Lehnsherren neben ihrer eigenen Arbeitskraft wenigstens eines zur Verfügung zu stellen: die soziale Macht über andere Menschen. Diese Spaltung ermöglichte diesen Unterdrückten, in den Genuss der Willkürherrschaft im *ius abutendi* zu kommen und machte sie so zugleich ungefährlich für diejenigen, die tatsächlich Eigentum an Land, Manufakturen und später Fabriken (den Produktionsmitteln von Marx und Engels) hatten.

Das Problem mit der Sachherrschaft, erklärt von Redecker weiter, ist jedoch, dass der Sachherrscher erst wirklich und mit abschließender Sicherheit weiß, »dass ihm etwas wirklich gehört, wenn es tot ist«. Wieder führt sie ihren Gedankengang übers Geschichtenerzählen zu Ende. Dieses Mal ist es das Pferd des vor Wut rasenden Mikolka aus Dostojewskis *Schuld und Sühne*, das unter den brutalen Schlägen von Mikolkas Brechstange vor den Augen aller sterben muss. Hier verdeutlicht sie, dass im Eigentum bis heute – eingeschränkt durch gewisse Tierschutzrechte und, seit der Abschaffung von Sklaverei und dem Erringen von Frauenrechten, nicht mehr bezogen auf nicht-*weiße* und weibliche Menschen – Leben und Tod gleichermaßen dem:der Eigentümer:in übereignet sind. Andernfalls wäre die Fleischindustrie nicht zu rechtfertigen, ebenso wenig wie der industrielle Fischfang oder die Abholzung von Regenwäldern. Eigentum basiert auf einer Gewalt-Relation und entäußert – von der Topfpflanze und dem Regenwurm bis zum Koala und zur Milchkuh – alle Lebendigkeit des Eigentums an den Eigentümer.

Leider ist es so, dass die Abschaffung von Sachherrschaftsrechten – etwa die Abschaffung der Sklaverei oder die Einführung von (recht limitierten) Tierschutzrechten – nicht gleich bedeutet, dass die über Jahrhunderte aufgebauten sozialen Verfügungsstrukturen auf magische Weise aus dem Verhalten aller Menschen verschwinden. Diejenigen, denen das Eigentum an anderen Lebewesen und damit auch die Macht über sie abhandengekommen ist, fühlen diese Abwesenheit wie den Schmerz eines verlorenen Körperteils – als Phantomschmerz. Und so nennt Redecker die psychologischen und alltäglichen Überreste der Sachherrschaft »Phantombesitz«.

Der Begriff beschreibt das, was man sonst etwa als weiterhin bestehende Effekte von Rassismus und Sexismus wahrnehmen würde: Migrant:innen, denen entgegengehalten wird, sie sollten »wieder nach Hause zurückgehen«, verstoßen gegen die Regel, dass Eigentum nicht nach eigenem Willen mobil zu sein hat. Frauen verstoßen mit dem Verweis auf ihr Recht auf körperliche Unversehrtheit dagegen, ihre Körper allzeit als Ressource für sexuelle und reproduktive Bedürfnisse zur Verfügung zu stellen. Stattdessen versucht die Gruppe derjenigen, denen diese Macht traditionell zustand, äußerst erfolgreich, durch Vorwürfe wie das Tragen von zu aufreizender Kleidung, vom eigentlichen Täter abzulenken.

Doch trennt von Redeckers Lebensbegriff das kapitalistisch verwertbare Leben von Menschen nicht vom Verwerten der Umwelt. Nicht nur die Stute fällt mit ihrem Status als Eigentum in der Geschichte vom Ritter und seinem Pferd dem *ius abutendi* zum Opfer. Auch das abgezirkelte Land darf völlig ausgebeutet werden, sobald es in seiner neuen, absoluten Abhängigkeitsbeziehung zum modernen Eigentümer steht. Denn wenn man die eigene Macht daran bemisst, dass »man die Welt als leer und seine Gegenüber als tot behandeln kann«, macht man auch vor der Natur keinen Halt.[209]

Flora und Fauna, Gebirge, Weltmeere und die Atmosphäre wurden so lange als toter Stoff behandelt, dass jetzt nicht nur zahllose Arten vom Aussterben bedroht sind, sondern auch wir selbst. Dinge, die eine Einheit darstellen und in Systeme eingebunden und wortwörtlich gebunden sind – so im von Redeckers aufgeführten Beispiel das CO_2, das im Permafrostboden lagert und sich aus ihm löst, weil die Klimaerwärmung weiterzutreiben lukrativer ist als sie zu stoppen –, wurden aus ihnen herausgelöst und in Wertstoff und Abfall gespalten, um Wert zu generieren. Es scheint egal zu sein, dass Landschaften verwüstet und vermüllt werden und giftige Nebenprodukte zum Vorschein kommen. Doch auf der Rechnung, die der Kapitalismus aufmacht, werden Plastikverpackungen, giftige Schlacken oder Gase nicht aufgeführt. Im kapitalistischen Wertesystem sind sie nicht existent, ebenso wie das kolonial angeeignete Land vor seiner Invasion ›leer‹ war und die verdinglichten Menschen ›unkultiviert‹ darauf warteten, endlich von außen dem jeweiligen Zweck ›ihrer Natur‹ zugeführt zu werden. Was bleibt, ist ein riesiger Berg »aus Müll, Langeweile und Leichenteilen«.[210]

An dieser Stelle kommt in von Redeckers Überlegungen der Aspekt der Zeit ins Spiel, der bereits für Frigga Haugs Theorie des Vier-in-Eins-Prinzips überaus bedeutsam war. Während von Redecker durch verschiedene Innenstädte in Deutschland läuft, wird ihr anhand der Tristesse von Beton und Glas klar, dass alles sie Umgebende von Menschen gebaut wurde. Und dass die Ödnis, die ihr entgegenblickt, letztlich gespeicherte Zeit, Mühe und Überlegungen von Menschen ist. Statt die eigene Arbeit und mit ihr die eigene Lebenszeit in die Verwüstung der Welt und die Vernichtung von Leben und Lebensgrundlagen zu stecken, kann sie auch anders verwendet werden.

In der kapitalistisch definierten Arbeit werden nicht die Körper der Arbeitenden verkauft (selbst in der Sexarbeit nicht), sondern ihr Tätigsein wird in Zeiteinheiten vertrieben. Vielleicht kommt daher auch die große Abscheu kapitalistischer Gesellschaften vor Arbeitslosen. Sie lassen oder können ihre Lebenszeit nicht von ihren Körpern in warenförmigen Zeit-Paketen veräußern. »Ja, warum ist er nicht im Galopp gelaufen?«[211] Es ist, als würde man dem Pferd von Mikolka seinen eigenen Tod vorwerfen, obwohl man genau weiß, dass auch der Galopp es wie im Fall der Stute des Ritters nicht davor bewahrt hätte. Das, was als Faulheit und Arbeitsunwille bezeichnet wird, entstammt einer früheren Entwicklungsstufe des Kapitalismus: Den Vagabundierenden wurde nicht nur Diebstahl am Land, das vor der Erfindung des modernen Eigentums ihre Lebensgrundlage gewesen war, vorgeworfen. Auch das Betteln wurde zunehmend unter härteste Strafe gestellt und endete mitunter am Galgen.

Die Spaltung der Lebenden von den Toten findet sich in abstrakterer Form auch in der frühneuzeitlichen Philosophie – am prominentesten und vielleicht längsten wirksam bei René Descartes, der lange im Exil in der Republik der Vereinigten Niederlande lebte, die dieser Zeit eine der reichsten Kolonialmächte Europas war. Das bekannteste Diktum von ihm ist: *»Cogito ergo sum«* – Ich denke, also bin ich. Sein philosophischer Grundsatz führte dazu, dass in Europa intensiv darüber nachgedacht wurde, was eigentlich ein Subjekt ist –

und was ein Objekt. Die vereinfachte Antwort darauf lautete in verschiedensten Ausformungen, dass ein Subjekt sich durch seine Vernunft auszeichnet. Diese Denkrichtung wird, wie schon erwähnt, Rationalismus genannt, von lateinisch *ratio* – Vernunft.

Auf wundersame Weise wurden Frauen und Menschen, die nicht *weiß* rassifiziert wurden, aber auch allen voran Tiere als zur Vernunft nicht fähig bestimmt. Das ist besonders interessant, da es bis heute kein nachgewiesenes ›Vernunft-Organ‹ gibt. Und doch schaffte man es über Jahrhunderte hinweg, die Illusion zu erzeugen, dass man es Lebewesen ansehen könne, ob diese Vernunftwesen und damit Subjekte sind – oder doch eben nur Objekte. Diese Illusionen sind es, die von Redecker kritisiert, wenn sie von Kapitalismus spricht, sie werden in der Kritischen Theorie als »instrumentelle Vernunft« ausformuliert. Es ist die tödliche Verquickung von Ausbeutung der Natur, Patriarchat und Rassismus. Doch was hat das mit einem Franzosen aus dem 17. Jahrhundert zu tun, der vor allem für seine Vorliebe fürs Zweifeln bekannt ist?

Mit seiner Unterteilung, seiner Spaltung der Welt in *res extensa*, der »ausgedehnten«, materiellen Welt, und in *res cogitans*, einer höherwertigen geistigen Substanz, schuf Descartes nicht nur die Voraussetzung für das, was man in der Kritischen Theorie als bürgerliche Identität versteht: ein Selbst, das zwischen einer herrschenden Vernunft und dem eigenen, aber auch fremden zu beherrschenden Körper eingespannt ist. Von Redecker verweist noch auf eine andere Hierarchisierung als nur die von Geist und Körpern. Dieser Dualismus ist »ein Ebenbild des Eigentumsverhältnisses«.[212] Wenn aber der Geist Eigentümer über die Materie wird, also das Subjekt Eigentümer sowohl seines eigenen Körpers als auch der Körper anderer wird, hat das gravierende Folgen für diese Körper. Diese Folgen verbleiben nicht im philosophischen Diskurs, sondern übertragen sich auch auf die Ebene der Praktiken. Der Körper wird von der Vernunft zum leblosen Objekt erklärt – ganz gleich, ob er bereits klinisch tot ist oder nicht. Die so propertisierten Eigentums-Körper kann man nun im Namen der Vernunft aufschneiden und sich rücksichtslos in ihnen umsehen. Diese Gewaltsamkeit, die bereits im Philosophischen zutage tritt, ist von einer zeitgleichen Zunahme an Autopsien (meist an den Leichnamen von Gehängten oder Verstorbenen aus den Armenhäusern), Tierversuchen und Vivisektionen begleitet: »Die Erforschung des Menschen am Modell der Leiche förderte die Durchsetzung der Annahme, es beim Körper mit einer Art leblosen Maschine zu tun zu haben, die durch die Seele in Bewegung gesetzt würde wie eine aufgezogene Uhr.«[213]

Was auf theoretischer Ebene zweigeteilt wurde, wird auch in der Praxis entzweit: Bei Vivisektionen wird unter der Prämisse, dass Tiere keine Seele, keine Vernunft und damit keinen Geist haben, deren Körper bei lebendigem Leibe aufgeschnitten. Die wahrnehmbaren Lebenszeichen, die den Körpern durch diese grausame Praxis entfuhren – Schreien, Sich-Winden –, wurden als ›Fehler‹ in den für tot erklärten Maschinen-Körpern umgedeutet und die Lebendigkeit dieser Wesen mit einer vermeintlich abwesenden Seele und Vernunft geleugnet. Die eigene Empathie für die körperliche Empfindsamkeit von Lebewesen inklusive des eigenen Körpers wurde so systematisch desensibilisiert.

Mit der cartesianischen Spaltung hatte man sich aber, wie von Redecker im Gespräch darlegt, zugleich ein großes Problem geschaffen. Da ein Teil, der zur Herrschaft befugte

Geist, absolut aktiv sein musste, wurde der andere Teil, der beherrschte, materiell greifbare Körper, zum absolut inaktiven Gegensatz des Geistes. Und was ist inaktiver als der Tod? Der Tod klebte nun in völlig neuer Art und Weise an allem Lebendigen, Körperlichen.

Obwohl Adornos Denken darauf zielt, diese Spaltung in Subjekt und Objekt zu überwinden, setzt er stellenweise doch die Natur dem menschlichen Leben entgegen: »Bei Adorno ist ›Natur‹ in uns immer das Passive, das Zersetzende, die Erinnerung an den Tod. Und diese in ihm selbst verankerte, permanente Erinnerung an den Tod hält das cartesianische Subjekt nicht aus, weswegen es sie immer an einer anderen Stelle unterbringen muss.« Um den Tod in einem Außen unterzubringen, das zugleich immer noch voll und ganz unter der eigenen Verfügungsgewalt bleibt – der Tod darf ja nicht außer Kontrolle geraten –, muss das Objekt, dem der Tod von nun an anhaftet, ein Eigentumsobjekt sein. Und so wird nach und nach eine der Hauptqualitäten des Eigentumsobjekts, dass es offiziell tot ist beziehungsweise wie etwas Totes behandelt werden darf – selbst wenn unsere sinnliche Erfahrung versucht, uns eines Besseren zu belehren. Dann, wenn wir die verzweifelten Schmerzensschreie von Tieren nicht wegrationalisieren können: »Descartes selbst überzeugte sich in einer Reihe grausamer und offenbar obsessiv betriebener Tierversuche davon, dass Tiere, die seiner Philosophie nach keine Seele haben dürfen, auch keinen Schmerz empfänden. Das ist kein zufälliger Spleen. Es entspricht dem Dogma der Sachherrschaft, dass der besitzbare Körper leblos ist.«[214]

Das Problem mit dem cartesianischen Subjekt und seiner inneren Abspaltung des Todes ist, dass Lebewesen generell zwar sterblich sind, aber doch bis zu diesem Moment des

Sterbens noch so viel mehr sind als jene immer schon toten Körper, zu denen sie im Rationalismus erklärt werden: bloße Marionetten der Vernunft, ohne die die Vernunft sich nicht materialisieren kann, aber ihr dennoch zutiefst unterlegen. »Deshalb muss man sich als cartesianisches Subjekt«, so von Redecker, »einen äußeren Punkt suchen, den man wirklich als tot/Tod behandelt – oder eben als absolut unter der eigenen Verfügung stehend. Und die Auflösung dieser unmöglichen internen Selbst-Eigentümerschaft führt unter diesen Umständen in ein pathologisches, herrschaftsförmiges Weltverhältnis.«

Die Revolution beginnt in ihrem eigenen Kapitel nicht laut, nicht bereits als Wissende, mit präzisen Handlungsanweisungen oder mit Parolen, mit Behauptungen oder Versprechen. Die Zäsur beginnt stattdessen zunächst mit einem übermächtigen Gefühl von Verwirrung. Es folgt eine Reflexion auf dieses Gefühl – und wie daraus allmählich ein Erkennen wird: Wir haben kontinuierlich den Eindruck, als würde etwas Unerklärliches mit uns geschehen. All die Katastrophen, die uns in den letzten Jahrzehnten ereilt haben, scheinen zunächst nicht mehr zu sein als jähe, unberechenbare Schicksalsschläge. Doch seit der Moderne, die von Redecker historisch an das Mittelalter anschließt, ist es nicht mehr die Schicksalsgöttin Fortuna, die über unsere Zukunft und das Ende gewisser Herrschaftszyklen abrupt und unvorhersehbar bestimmt und damit auch über unsere Freiheit verfügt. Fortuna hatte man – trotz des vorherrschenden monotheistischen Christentums – zu dieser Zeit in der breiten Gesellschaft noch sehr präsent, wovon beispielsweise das berühmte von Carl Orff vertonte Lied *Oh Fortuna!* aus den *Carmina Burana* zeugt. An Fortunas Stelle tritt in der westlichen Selbstbeschreibung die Revolution, die von handelnden Menschen gemacht wird und nicht von mythischen Erklärungsversuchen abhängt.

Es ist nicht zuletzt diese Frage von Geschichtserzählung und Selbst- beziehungsweise Weltbild, die die moderne Revolution vom mittelalterlichen Schicksal unterscheidet. Und es ist natürlich auch eine Überspitzung der Tatsachen. Aber genau das bedeutet es, sich einem philosophischen Gegenstand in genealogischer Weise zu widmen. Das Narrativ wird zum Instrument der Erkenntnis. Das ist aber nicht nur Eigenart dieser philosophischen Technik (oder gar ein genereller Frevel!). Auch die Geschichtswissenschaften wissen, dass es sich bei ihrem Forschungsgegenstand immer auch um die Frage der Narration, des Erzählens – und des Weglassens –, des Interpretierens und Auslegens handelt. In der genealogischen Forschung als philosophischer Methode wird von Anfang an deutlich ausgewiesen, dass sie aus Eigeninteresse – also aus Interesse daran, wie man den eigenen heutigen Standpunkt zu verstehen hat – in die Vergangenheit blickt. Die Frage, die all ihre Beschäftigungen mit der Vergangenheit begründen, muss dafür klar benannt werden. Bei Eva von Redecker lautet sie: Wie können wir weiterleben?

Die Revolution ist eine radikale Zäsur – wenn wir selbst sie dazu machen. Ihr geht das Erkennen von Herrschaftsverhältnissen voraus und das Erkennen der eigenen Handlungsfähigkeit. Statt aber bei der vereinzelnden Vorstellung eines Subjekts stehen zu bleiben, das die Pflicht hat, sich selbst aus seiner von Kant definierten Unmündigkeit zu befreien (und wenn es dies nicht tut, eben ›selbst schuld‹ ist), stellt von Redecker nicht so sehr die Erkenntnis der eigenen Mündigkeit in den Vordergrund, sondern die der eigenen Verbundenheit zu anderen. Die Mündigkeit wäre noch immer ein relativ vereinzelndes und einsames Unterfangen. Sie aber verweist auf die Freiheit als etwas gemeinsam Geteiltem und auf das damit einhergehende Gefühl: Ihre Freiheit ist eine Erfahrung, genauer gesagt »die Erfahrung, sich gemeinsam einigen und regieren zu können«.[215] Sie ist ein köstliches Gefühl, hinter das es kein Zurück mehr gibt. Damit verliert die Herrschaft ihre Allmacht und verlässt Fortunas Arme. Keine Knechtschaft ist im Licht der Revolution mehr aussuchen.

Vom Hundischen, Pferdischen und dem Fremden in uns

Auf die Frage, warum in ihren Texten so viele Tiere vorkommen – es werden neben Pferden noch Oktopusse, Flundern, Koalas, Dachse und Eichenprozessionsspinner (eine hochgefährliche Schmetterlingsart) genannt –, erklärt von Redecker: »Ich interessiere mich sehr für die Dynamik der Propertisierung, also der Ver-Eigentümlichung der Welt. Und das ist eine Dimension, in der Tiere eine der Gruppen von Lebewesen und Kreaturen sind, die zu Eigentum gemacht werden – eben zu Nutz- und Haustieren, statt Wildtieren.« An Tieren sehe man diese Ver-Eigentümlichung in Reinform – denn in vielen anderen Bereichen der Natur fällt uns das gar nicht mehr auf.

Denn welchen Skandal soll es schon darstellen, dass mir eine Pflanze gehören soll? Jede:r Zweite hat heutzutage eine ansehnliche Sammlung von Sukkulenten oder Basilikumsträuchern zu Hause – vom Blumenkohl im Gemüsefach ganz zu schweigen. Und angesichts der Propertisierung von Menschen sei man es – auch in einer liberalen Ordnung – gewöhnt, jeglichen Verlust von Autonomie und Selbstbestimmung anzuprangern, dass die größeren Prozesse der Propertisierung wieder schwer zu erkennen und nachzuvollziehen sind. »Tiere sind eine interessante Zwischenkategorie, um zu beobachten, wie und in welcher Form menschliche Verfügung durch Ver-Eigentümlichung wirkt.«

Dass Tier nicht gleich Tier ist, sobald man dieses Wort nicht mehr primär als Abgrenzungskategorie für das eigene diffuse Menschsein verwendet, und dass die Unterschiede zwischen den Gattungen so groß sind, dass kaum mehr die Rede von einer großen homogenen Tiergruppe sein kann, illustriert von Redecker anhand eines Beispiels aus ihrer Kindheit: »Wenn ich oft Pferde benutze, um in meinen Texten etwas zu erklären, liegt das daran, dass ich einfach von Pferden miterzogen worden bin. Pferde verstehe ich, ich kann Pferdisch. Und vielleicht noch ein bisschen Hundisch. Wenn ich hingegen über den Oktopus schreibe, geht es mir darum, diese ganze Pluralität und zugleich Spezifizität von ineinandergreifenden und voneinander abhängigen Lebensformen zu zeigen. Ich versuche zu sagen: ›Aber irgendetwas am Oktopus sind doch auch wir!‹«

Sie spricht sich dafür aus, Philosophie von der Sache her zu betreiben – und stellt sich damit in eine Linie mit dem Philosophen Friedrich Nietzsche, auch wenn er nicht so richtig zum inniglich geliebten Kanon der nachkriegsdeutschen Universitätslandschaft gehört. Doch auch auf Adorno nimmt sie Bezug, als sie erläutert, warum ihr der Oktopus, das Pferd, der Hund so wichtig sind: »Mit Adorno kann man sagen: Das Fremde ist wahrscheinlich das Eigenste, weil es die Angst widerspiegelt, die man selbst auf das Andere projiziert.« Dieser Gedankenbogen gewährt gerade im Kontext dessen, mit wie viel Verachtung gewissen Tieren begegnet wird, viel Einsicht. Im Schlachthaus zu Tausenden und Millionen verdinglicht und gequält, findet hier der Tod, den das cartesianische Subjekt unbedingt in etwas ihm Äußeres verlagern möchte, geradezu verlagern muss, um nicht die Illusion der Kontrolle darüber zu verlieren, seine albtraumhafteste Ausdifferenzierung. Und einen festen, unsichtbaren Ort, den wir – nur zu Zwecken des modifizierten Konsums – im Kühlregal aufsuchen und in handlichen Päckchen aussuchen.

Nach der Revolution

Was macht die Revolution in philosophischer Hinsicht aus, wenn sie performativ gedacht und kritisiert wird? Darum geht es im letzten Teil von *Revolution für das Leben.* Was so neu an von Redeckers Revolutionsbegriff ist, ist ihr Unterschied zum mittelalterlichen Schicksalsbegriff. Die Revolution ist anders als Fortuna, die über die Menschen hereinbricht wie eine Naturkatastrophe. Sie ist menschengemacht – ohne dass sie ausschließlich von deren Willen gelenkt werden kann.

Revolution ist also ein radikaler Neuanfang und trotzdem keine Sache von Sekunden, die die Welt wie von selbst völlig verändert. Von Redecker zitiert die Schwarze US-amerikanische Feministin Frances Beal, die 1969 schrieb: »Wir müssen allmählich begreifen, dass eine Revolution nicht nur die Bereitschaft voraussetzt, unser Leben in die Schusslinie zu geben und getötet zu werden. In gewisser Weise ist diese Verpflichtung leicht zu erfüllen. Für die Revolution zu sterben ist eine einmalige Sache; für die Revolution zu leben bedeutet, die schwierigere Verpflichtung einzugehen, unsere alltäglichen Lebensmuster zu ändern.«[216] Revolution bedeutet, sich der Zukunft nach der Revolution zu versprechen. Nach dem Umsturz beginnt die eigentliche Reise.

Die gelungene oder gelingende Revolution bedarf für von Redecker einer Dauerhaftigkeit über den radikalen Kipppunkt hinaus. Sie zeigt sich für sie vor allem in einem veränderten Handeln – genauer gesagt in einer veränderten Beziehung zu dem, was jahrhundertelang als Eigentum galt, Sachherrschaft und Phantombesitz nach sich zog und so Quell großen Leids war. Wieder wählt sie für die Überschriften dieses Teils Verben: retten, re-generieren, teilen und pflegen.

Leben retten. Das ist der erste Punkt, den sie nach der Revolution anspricht, das Erste, was »zu tun« ist. Sie geht dabei auf reale politische Probleme ein, zählt auf. *»I can't breathe«*, der letzte Satz, den der Afroamerikaner George Floyd am 25. März 2020 sagte, bevor er von einem Polizisten ermordet wurde. Die Black-Lives-Matter-Bewegung wird gegründet. Sie nennt den sierra-leonischen Asylbewerber Oury Jalloh, der in einer Polizeizelle in Dessau mit schweren Knochenbrüchen unter bis heute unbekannten Umständen verbrannte. Sie geht auf Polizeigewalt weltweit und den Industrial Prison Complex in den USA ein: »Die aktuelle Infrastruktur des weißen Phantombesitzes bildet das amerikanische Gefängnissystem, in dem gut zwanzig Prozent der weltweit insgesamt Inhaftierten einsitzen, obwohl in den USA lediglich 4,4 Prozent der Weltbevölkerung leben. Zu einem weit überproportionalen Anteil sind die Inhaftierten schwarz«, schreibt von Redecker.[217]

Der Industrial Prison Complex bezeichnet das Phänomen, dass durch die Privatisierung des Gefängnis-Wesens wirtschaftliche Gewinne entstehen, wenn Menschen inhaftiert sind. Das bedeutet: Gefängnisse werden wie Wirtschaftsunternehmen betrieben, zum einen floriert das Geschäft, je mehr Menschen in ihnen eingesperrt sind. Noch mehr Ertrag wirft es mit besonders harten Sparmaßnahmen ab, wenn man die Haftbedingungen möglichst kostengünstig gestaltet: durch schlechte Bausubstanzen, viele Menschen auf wenig Platz, billigste Nahrungsmittel. Zum anderen werden die dort inhaftierten Menschen zu Arbeit ohne oder mit nur extrem wenig Entgelt gezwungen – sie werden in Zwangsarbeit von der restlichen Industrie ausgebeutet, was als Weiterführung der Tradition der Sklaverei verstanden werden kann.

Große Teile über das Retten von Leben widmen sich einer Bestandsaufnahme der Gegenwart, fügen die Worte von Betroffenen zusammen mit denen griechischer mythologischer Figuren wie Antigone. Von Redecker geht es darum, zu zeigen, dass das Retten von Leben durch das Erringen von Freiheit etwas ist, das nicht von ›oben‹ gegeben werden kann. Befreiung steigt auf, sprudelt wie Wasser, sonst bleibt sie in Gefahr, durch ein anderes Unterdrückungssystem ersetzt und umgeleitet, weggeleitet zu werden.

Sie schreibt von Migration und Seenotrettung. Das Motiv des Wassers, der Naturgewalt, die nie in gänzlicher Opposition zu uns selbst gesehen werden kann, da Menschen Teil der Natur sind und keine ihr äußeren Subjekte, zieht sich durch den Text. Menschen sprechen von ihren Erfahrungen, ihren Wünschen und Forderungen. Es ist ein vielstimmiger, ebenso argumentativer wie assoziativer Text.

Auch im Interview dringt diese Verwobenheit ihres philosophischen Denkens mit der assoziativen Kraft von poetischen Texten durch. Sie zitiert eine Zeile aus dem Gedicht *Hope Is a Thing With Feathers* von der US-amerikanischen Dichterin Emily Dickinson: »Die Hoffnung ist das Federding, das in der Seel' sich birgt und Weisen ohne Worte singt und niemals müde wird.« Sie sagt: »Philosophie ist von einer Sehnsucht nach Sprache vor der Sprache oder von Beziehungen, die nicht explizit sind, getragen.« Es sei eben diese Sehnsucht, die sie auch in der negativen Dialektik zu erkennen meint.

Die negative Dialektik stellt eine Art Hin- und Herpendeln dar zwischen den Polen der ›Überwältigung mit Begriffen‹ und dem ›Raum-Geben‹ zur Nicht-Identität. Sie erklärt genauer, dass es der Versuch ist, mit Philosophie etwas auf den Begriff zu bringen, also etwas mit einem Begriff identisch werden zu lassen, das sich uns mit der Leichtigkeit einer Feder entzieht. Etwas, für das es noch keine Worte gibt, vielleicht nie erschöpfend Worte geben wird – und das dennoch weltbildend ist. Also etwas, das unsere Welt und unser eigenes In-der-Welt-Sein erst ermöglicht.

»Diese Idee, dass eine Hoffnung existiert, die eine Melodie ohne Worte ist – das gibt es, denke ich, auch in der Erkenntnis. Eine der Erkenntnis vorausgehende Melodie oder eine Affiziertheit (das bedeutet: ›Beeinflusst-Werden‹ oder ›In-Verbindung-Treten‹, Anm. d. Verf.) von und mit den Gegenübern, die mit einem in der Welt sind und die man dann versucht, in Beschreibungen und Rekonstruktionen einzuholen. Eine Philosophie der Dünnhäutigkeit.« In *Revolution für das Leben* setzt von Redecker nicht nur den Versuch um, Revolution im Sinne einer performativen Kritik zu formulieren und auf den Begriff zu bringen. Sie gestaltet den Text auch entsprechend, indem sie eine mäandernde Erzählweise wählt und in ihren Worten die Sätze anderer erklingen lässt.

Am klarsten benennt sie das Ziel dieses Schreibens wieder mit einem Zitat, dieses Mal in den Worten der Literatur-Nobelpreisträgerin von 2018, der Polin Olga Tokarczuk. Bei der Verleihung in Stockholm beschrieb diese die Stimme in ihren Texten als »zärtliche Erzähler_in«.[218] Sie sei eine Erzähler:in, der es nicht um Einblicke geht oder um eine Draufsicht, sondern um eine neue Binnenperspektive, die sensibel ist für die Verwobenheiten der Welt. Und sie sagte, dass die Welt zu sehen, sie wirklich zu sehen, auch mit einer Verantwortung für dieses, alle Dinge miteinander verbindende Netz zu übernehmen bedeutet.

Später taucht in von Redeckers Text eine weitere Stimme auf, die dieses Netz ebenfalls sieht, die jedoch besonders den Schmerz darin kartiert, aufschreibt, nicht in Vergessenheit geraten lässt. In dem Unterkapitel »Pflegen (Eigentum)« erwähnt sie das, was im westlich-europäischen Kontext als »indigenes Wissen« beschrieben wird und häufig mit viel Argwohn, Unsicherheit und Unverständnis beäugt wird. Indigenes Wissen ist ein Wissen, das nicht zu den Kategorien dessen passt, was man »moderne Wissenschaft« nennt. Die Bedeutung von »modern« ist bereits bekannt – es heißt so viel wie ›menschengemacht‹ und ›rational‹. Indigenes Wissen ist trotzdem keine Esoterik, obwohl es gerne in eine Ecke damit gestellt wird.

Von Redecker zitiert Leanne Betasamosake Simpson, die zum Volk der Nishnaabeg gehört und es erforscht; die Nishnaabeg zählen zu den First Nations von Kanada. Simpson spricht über eine Karte, in der alle Verluste ihres Volks eingetragen wurden, Verluste an Land, an Menschen, Jagdrouten, an Wissen um Nistplätze und Buchten, zeremonielle Orte und Sträucher. Auf ihr eingetragen sind auch alle Kriegsgefangenenlager, in die Angehörige der Nishnaabeg von Kolonisatoren eingesperrt wurden. Alle Internate, auf die die Kinder ihres Volks von Missionar:innen zwangsweise geschickt wurden: Der obligatorische Schulbesuch bedeutete nicht nur einen Bruch mit den Traditionen der halbnomadisch lebenden Bevölkerung, sondern verschaffte den Kolonisator:innen noch mehr Macht über die Kolonisierten. Indem sie die Kinder ihrer Gegner:innen in ihrer Gewalt hatten und sie durch staatliche Anordnung aus ihrem Umfeld reißen durften, waren letztlich auch die Eltern ohnmächtig gegenüber den ständig neuen Restriktionen und Drangsalierungen, die die Besatzungsmacht ihnen auferlegte. »Residential Schools« gab es überall in den Kolonien. Sie sind seit dem Fund eines unmarkierten Massengrabs mit 215 Leichen von Kindern auf dem Gelände der Kamloops Indian Residential School in Kanada 2021 langsam in den Bereich der öffentlichen Aufmerksamkeit gekommen. Bei der Aufarbeitung wurde klar, dass die Kinder nicht nur extremer körperlicher Gewalt und sexuellem Missbrauch ausgesetzt waren, sondern zudem Opfer medizinischer Versuche geworden waren, an Unterernährung starben oder durch die Nicht-Behandlung von Krankheiten wie Tuberkulose zu Tode kamen. Seither gab es viele weitere Funde von unmarkierten Gräbern auf den Geländen von Schulen dieser Art – mit bis zu 750 unmarkierten Gräbern.

Aber in die Karte sind auch alle Überschwemmungen durch Dämme, die von kolonialen Siedlern gebaut wurden, eingezeichnet sowie sämtliche Eisenbahnschienen und Grenzzäune. Die Karte ist ein Hort des Wissens, die aufdeckt, was Menschen, die aus Profitgier Pipelines durch Gebiete mit wichtigen Trinkwasserspeichern bauen, ignorieren: dass das Leben von immens vielen Pflanzen und Tieren von diesen Bauvorhaben bedroht ist, wenn das Wasser verunreinigt wird. Aber auch, dass Nistplätze zerstört oder traditionelle nomadische Routen und die verschiedenster Tiere unpassierbar werden.

Von Redecker zitiert Simpson nicht nur, um alternative Formen der Wissensproduktion aufzuzeigen, sondern verweist auch darauf, dass der Welt anders begegnet werden kann. Man kann in ihr etwas Bewahrenswertes sehen, das niemandes Eigentum ist. Wie aber ist der Raub an etwas anzuklagen, das zuvor kein Eigentum war? Es müsste bedeuten, davon abzurücken, alles in die Raster der Eigentumsform zu pressen. Es bedeutet, dass man der Welt und den vielen Dingen in ihr anders gegenübertreten müsste. Nur wie? Pflegend, respektvoll, indem man sie teilt und erhält, sodass sie etwas bleibt, in dem jede:r sich einrichten kann.

Ihr Ansatz für ein ›Danach‹ der Revolution klingt beinahe romantisierend. Aber diese Romantik ist ein Fehlschluss – das beweist sie, indem sie ebenjene zitiert, die Erfahrung damit haben, die Welt jenseits von Eigentumsbezügen zu erkennen. Es sind Menschen, die trotz der Unterdrückung durch westliche Kolonisator:innen ihre verschiedenen Zugriffe auf die Welt nicht aufgegeben haben. Viel gefährlicher als die vermeintliche Romantisierung einer geteilten Welt, in der es keine Eigentumsansprüche gibt – in der kein Recht mehr dazu existiert, das, was man sein Eigen nennt, zu missbrauchen und zu zerstören –, ist die Romantisierung des westlichen Weltbilds.

Am Beispiel der Epoche der Romantiker (Goethe, Novalis oder Caspar David Friedrich) erklärt sie, inwiefern brutal durchgesetzte Binaritäten – zwischen den Geschlechtern, zwischen *weiß* und nicht-*weiß* rassifizierten Menschen, zwischen menschlichen Tieren und nicht-menschlichen Tieren, zwischen ausbeutbarer Natur und zivilisierter Kultur – zuweilen auch von einer Eigentumsbeziehung in eine Kontemplationsbeziehung verwandelt werden. Hier sinniert die männliche Position hierarchisch unangreifbar mit mildem Blick über das rigide Machtsystem, das sie selbst errichtet hat: »Beispielsweise wird die moderne Geschlechterbeziehung dabei auf ein Podest gehoben, und es wird gesagt: ›Ja, Männer und Frauen sind ganz unterschiedlich – aber Frauen sind auch wunderbar und geheimnisvoll!‹ Und man betet sie an, so wie Goethes Werther seine Geliebte anbetet.«

Ähnlich wie bei der romantischen Naturbetrachtung bleibt das Verhältnis ein rein ästhetisches, ein interesseloses Wohlgefallen. Aber aus einem Verhältnis ohne Interesse, ohne Verbundenheit, entsteht keine Transformation, keine transformierte Zukunft. »In der bürgerlichen Ehe werden Frauen weiterhin unterworfen. Weiterhin ernährt man sich über geschlachtete Natur. Aber es gibt diese Momente der Ästhetisierung, in denen die Frau angehimmelt wird oder das Bild des Weiblichen, das Naturschöne, oder, wie im barocken Stillleben, die Weintraube. Aber es wird immer als etwas betrachtet, das Objekt ist und nicht als ein Gegenüber, zu dem man in Beziehung tritt.«

Doch wie tritt man in Beziehung zum Gegenüber, wenn man es nicht als Eigentum betrachtet oder als einen weiteren Eigentümer? Wie kann dafür Sorge getragen werden, dass alle bekommen, was sie brauchen? Der real existierende Sozialismus ist ein Beispiel dafür, wie es nicht geklappt hat. In der DDR nicht, im Stalinismus nicht, im kommunistischen China nicht. Menschen, die keiner geordneten Arbeit nachgehen wollten, konnten durch den Paragrafen 249 des Strafgesetzbuchs der DDR als »asozial« eingestuft und mit Freiheitsstrafen belegt werden – eine Wiederholung der Geste, mit der das frühe kapitalistische System Landstreicher:innen in die neue Ordnung des Eigentums gezwungen hatte. Arbeitsverweigerung, bei der Arbeit nur eine solche ist, wenn die Besitzlosen ihre Lebens-Zeiteinheiten in den Produktionsstätten der Eigentümer verkauften. Arbeit, die keine Arbeit ist, wenn sie aus dem Aufsammeln von Pfandflaschen besteht – obwohl die körperlichen Mühen dieser ›arbeitslosen‹ Vagabundierenden tagtäglich deutlich sichtbarer Teil unseres öffentlichen Lebens sind.

Statt einen großen staatlich organisierten Kommunismus wiederbeleben und neu imaginieren zu wollen, sind die Entwürfe von Eva von Redecker sehr viel kleiner, bleiben näher bei dem, was wir uns vorstellen können – und auch näher an dem, was wir fühlen können.

Sie spricht beispielsweise über das Schenken beziehungsweise das Geben. Statt tote Dinge als Waren im Kreislauf der Verwertung zu halten, gäbe es die Variante eines bedürfnisorientierten Gütertauschs. Die Haltung der Gebenden ist dabei ausschlaggebend: Eine Gabe, die keine Gegengabe erwartet, unterscheidet das Geschenk vom Tausch. Es ist frei von Verpflichtungen. Und zugleich lädt es zu einem Gegengeschenk ein. Diese Gegengabe kann durch die Haltung der Beteiligten einen Neuanfang des Gebens darstellen, wenn der erste Gebende die potenzielle Schuld des Rück-Schenkens aussetzt. Das kann etwa geschehen, indem die schenkende Person erwähnt, dass sie zu viel von dem hat, was sie schenkt. Indem sie also glaubhaft versichert, dass das Geschenkte für sie selbst nicht mehr zur Befriedigung eines absolut notwendigen Bedürfnisses gebraucht wird. »Die erste Gabe so zu leisten, dass die Gegengabe als ›zweite erste Gabe‹ gelten kann, heißt eigentlich bereit zu sein, immer das letzte Geschenk zu machen. In jeder Gabe ist dann nicht nur das Geschenk der Verbundenheit, sondern auch das der möglichen Abstandnahme enthalten.«[219]

Ein Teilen von Welt und ein gegenseitiges Erhalten von Leben benötigt laut von Redecker also zum einen eine Selbstprüfung. Man muss sich fragen, ob und wie freigiebig man wirklich ist. Und es bleibt auch das Recht auf Rückzug darin enthalten. Der:die andere darf sich auf meine Vorbehaltlosigkeit im Geben verlassen – und ich mich auf die ihre. Ein solches Miteinander würde auf Solidarität ohne Verpflichtungen basieren, statt auf allumfassenden Rechten am Leben. Und es bräuchte auch keinen überbordenden Selbstaufopferungswillen, keinen unendlichen Altruismus – sondern einzig eine Vorbehaltlosigkeit im Geben.

Diese Überlegungen sind ein Versuch, keine finale Antwort.

Ist Revolution feministisch?

Eva von Redecker bezeichnet sich selbst als feministische Denkerin. Was das heißt, zeigt sich in *Revolution für das Leben*. Statt sich, wie man aufgrund der feministischen Selbstbezeichnung erwarten könnte, ausschließlich an einer Philosophie des Geschlechts oder einer Analyse der patriarchalen Machtstrukturen abzuarbeiten, handelt ihr Werk problemübergreifend von Weltzusammenhängen und vom Leben an sich. Es erzählt vom Leben aller, nicht nur vom Leben von Frauen. Ihr Denken umfasst existenziell unsere Lebensgrundlagen, es geht ihr um die Klimakatastrophe und die Zerstörungskraft des Kapitalismus, um das Verwerten, Vermüllen und Vernichten. Es verweist aber auch auf den Protest gegen den immer rasender zirkulierenden Verwertungsstrudel und schließlich auf die Re-Volte – die Umwälzung hin zu einer solidarischeren Gemeinschaft.

Die Kategorie des Lebens wird als universelles, alles einendes Element des Denkens ins Zentrum gestellt, aber ohne daraus eine absolut für immer gültige Lösung ableiten zu wollen oder eine abstrakte Weltformel, mit der vermeintlich alles und jede:r erschöpfend beschrieben und erkannt werden kann. Feminismus sieht in diesem Kontext anders aus, er hat nicht nur jene rosa-hellblauen Halbwelten zu bekämpfen, die ihm gerne untergeschoben werden. Von Redeckers feministischer Begriff vom Leben geht über die Sichtbarmachung der Systemzusammenhänge von Geschlecht, Sex und Herrschaft hinaus – die zuvor von feministischen Denker:innen hart erkämpft worden waren und die Gegenstimmen bis heute immer wieder versuchen, einzudampfen und lächerlich zu machen.

Der Feminismus in *Revolution für das Leben* lässt sich nicht auf Schlagworte, auf Fragen nach dem Gendern, auf den Krieg in den Kernfamilien, auf bedrohte Hetero-Liebesbeziehungen oder undemokratische Frauenquoten verkürzen. In dem Buch geht es um nichts weniger als um das titelgebende Schlagwort: das Leben. Aber das Leben ist doch nicht per se feministisch. Oder doch?

Es ist ja durchaus so: Fast alles menschliche Leben beginnt in einem Uterus (In-vitro-Befruchtungen einmal ausgeschlossen), also in einem weiblichen Genital. Doch – wie Feminist:innen zu Recht nicht müde werden zu betonen – nicht alle Menschen, die schwanger werden können und menstruieren, sind Frauen. Und nicht alle Personen, die keinen Uterus – oder, wie der Vatikan es 2017 nannte: »eine kohabitationsfähige Vagina«[220] haben –, sind Männer. Es gibt Interpersonen, Transpersonen, non-binäre Personen. Es gibt Menschen mit Uterus, die unfruchtbar sind oder in der Menopause. Kurz gesagt: Das Leben beginnt häufig in einem Uterus, ist deswegen aber erstens noch lange nicht ›Frauensache‹ und zweitens auch nicht cis-weiblich. Es ist erst einmal in keiner Weise ein besonderes Spezialgebiet des Feminismus.

In *Revolution für das Leben* bedeutet das Nachdenken darüber, was Leben als feministischer Begriff beinhaltet, zwar auch ein Nachdenken darüber, was es heißt, in einer misogynen Welt zu leben. Aber es endet dort nicht. Dass unsere Welt in den letzten 500 Jahren westlicher Vorherrschaft so für cis-Männer überformt wurde, dass von der Dynamik der Kernfamilie und Unternehmensstrukturen über die Größe von Hosentaschen bis hin zur lebensschützenden Effizienz von Sicherheitsgurten und Airbags alles auf ihr Wohl ausgerichtet ist, hat weitreichendere Folgen als nur das, was man unter Sexismus versteht.[221] Es sind Folgen, die, wenn man sie zu Ende denkt, in einer vollumfänglichen Systemkritik münden müssen. Und das heißt, sie umfassen neben der Ebene des Sexismus auch ökonomische Aspekte, rassistische, koloniale, historische Ebenen, juristische und soziopolitische Zusammenhänge. Eben weil all diese Dinge letztlich miteinander verwoben sind.

Eine solche Systemkritik kann nur unvollständig bleiben und ist dennoch unglaublich wichtig, um nicht in einem kleinen, scheinbar übersichtlichen Karree im Viereck zu denken.

Wagt man – trotz des beinahe erschlagenden Gefühls der Überforderung, das einen dabei überkommen kann – die Teilbereiche zusammenzufügen, wird leider auf all diesen Ebenen sichtbar, dass ›die Frau‹ oder ›das Weibliche‹ als Kategorie nicht nur als Negativfolie für das geschaffen wurde, was ›der Mann‹ eigentlich ist. »Wer oder was ist weiblich?« ist nicht nur eine Frage dessen, in welchen Bereich der Spielwarenabteilung man zu gehen hat, auf welche Toilette, wo auf dem

Formular und im Ausweis der Haken zu setzen ist. Es ist eine juristische und eine ökonomische Frage. Es führt dazu, zu verstehen, dass Misogynie nicht nur einen Blick in die Unterhosen von Menschen wirft und zwischen ihre Beine – sondern dass Misogynie so, wie sie derzeit in mannigfaltiger Weise unsere Welt heimsucht, nicht ohne den Zusammenhang zur Weltwirtschaft und zum Kapitalismus zu verstehen ist.

Von Redecker baut auf den Erkenntnissen des Feminismus auf und bedenkt: Wie kann ein Leben aussehen, das um all diese historisch gewachsenen Strukturen weiß? Ein Leben, das seine eigenen Lebensgrundlagen nicht verschleißt, sondern sich als ihnen verbunden begreift, sie schützt und stützt – sich selbst darin behütet und verteidigt?

»So – und jetzt für Dumme!«

Auf die Frage nach ihrem eigenen philosophischen Werdegang, antwortet Eva von Redecker, sie sei erst recht spät in ihrer Unikarriere dazu gekommen, sich mit der Kritischen Theorie auseinanderzusetzen. Das heißt, die Kritische Theorie als solche begegnete ihr schon früh – allerdings nicht als offizieller Lehrinhalt im Studium: »Ich weiß noch, wie ich mit etwa einundzwanzig Jahren in Tübingen im Grundstudium die *Dialektik der Aufklärung* gelesen habe. Gar nicht im Studium selbst, sondern ich hatte mir das Buch gekauft, weil ich annahm: Das ist anscheinend wichtig, das muss ich jetzt lesen. Ich habe das getan und war völlig überwältigt. Ich dachte die ganze Zeit nur: Krass, das ist ja alles so zutreffend, da muss man doch weitermachen!«

Aufgrund von jugendlicher Naivität – so beschreibt sie es

selbst – und weil das Internet noch Neuland war, habe es eine ganze Weile gedauert, bis sie merkte, dass diese grundlegende Kritik von Horkheimer und Adorno an der Brutalität und Ausbeutung, die unsere Weltbezüge seit Langem bestimmen, natürlich längst weitergeführt worden war. Sie realisierte jedoch auch, dass man durchaus die Frage äußern könne, ob die Tradition der kritischen Theoretiker:innen, die auf die beiden Gründerväter folgte, dieses kostbare Erbe gut gehütet hätte.

Doch bis sie selbst zur Kritischen Theorie im universitären Zusammenhang kam, sollte es noch einige Zeit dauern. Bis es so weit war, dass sie in Rahel Jaeggi in Berlin ihre Doktormutter fand und in den Kanon der Kritischen Theorie eintreten sollte, studierte sie in Potsdam Philosophie bei Christoph Menke. Dieser ist zwar ebenfalls in der Tradition der Kritischen Theorie verortet, unterrichtete aber einen sehr breiten Kanon und während von Redeckers Studienjahren vorrangig Nietzsche und französische Philosophen wie Michel Foucault und Jacques Rancière.

So beschäftigte sie sich bis zu ihrer Ankunft in Berlin vor allem mit Genealogie, Poststrukturalismus, Phänomenologie und feministischer Theorie. Oder wie sie es formuliert: »Ich bin in Berlin bereits mit ziemlich viel philosophischem und methodischem Gepäck angekommen. Mit einem Rucksack voll häretischer Literatur.«

Worauf sie mit ihrer Wortwahl hinweist, ist die immer noch häufig sehr abwertende und geradezu verachtende Haltung vieler deutscher Philosophie-Lehrstühle gegenüber bestimmten Denker:innen. Dies betrifft besonders Theoretiker:innen, deren Werke nicht durch Gruppen von Student:innen bearbeitet werden, die sich dann etwa Hegelianer:innen oder Kantianer:innen nennen. Besonders stark ausgegrenzt und teilweise sogar ins Lächerliche gezogen werden die unter ihnen, die die Fundamente der kanonisierten Denker:innen in Frage stellen, statt sie nur kritisch weiterzuführen. Oder es gar wagen, philosophische Fragen außerhalb des definierten Interessens-Zirkels zu stellen. Abwertungsmechanismen sind dabei, die Philosophien der Diskreditierten einem anderen (natürlich weniger ehrwürdigen) Fachbereich zuzuschreiben, so der Literaturwissenschaft oder der Rassismusforschung. Das hat leider den Effekt, dass sich die Philosophie in Deutschland nicht vor einer ›Verwässerung‹ schützt, sondern den Anschluss an immanent drängende Fragestellungen versäumt.

Nicht von Anfang an auf die Lehren der Kritischen Theorie fokussiert zu sein, war für von Redecker aber im Verlauf ihres Werdegangs kein Nachteil – spätestens dann nicht mehr, seit sie die unausgesprochenen Codes der deutschen Universitätslandschaft durchblickt hatte. Stattdessen stattete sie dies vielmehr mit der Gewissheit aus, dass die Ansätze der Kritischen Theorie nicht die einzigen sind, mit denen sich gute Philosophie machen lässt. Das gewährte ihr eine größere gedankliche Freiheit, einen bunteren methodischen Werkzeugkasten und nicht zuletzt die Möglichkeit, systematischer innerhalb der Kritischen Theorie zu arbeiten als andere, die philosophisch zu nah an der Sache selbst aufgewachsen waren und daher ›den Wald vor lauter Bäumen‹ nicht sahen – oder aus Ehrfurcht nicht zu sehen wagten.

Aber auch ihr Selbstbild war dadurch weniger eingeengt: Sie hatte nicht den Druck, »die beste links-hegelianische Gesellschaftstheorie entwerfen zu müssen«. Entsprechend hatte sie auch nicht das tragische Ziel: »Ich möchte Adorno verkörpern!«, wie dies viele jener vor Augen gehabt hatten, die in Deutschland zu wirklichen philosophischen Größen werden wollten. Ein Klon von Adorno – ein Replikat eines längst vergangenen Geistes werden! Ähnlich wie die Kopie von Adornos Schreibtisch, die mitten auf dem Frankfurter Campus allen Studierenden tagtäglich zur Huldigung anmahnend hinter Glas präsentiert wird. Beinahe konservatorisch hergerichtet, luftdicht verschlossen hinter Panzerglas, den Augen aller preisgegeben und selbst von mahnender Strenge dem Andenken seines Besitzers verschrieben, darf auch er keinen Zentimeter von den Vorgaben der zu ehrenden Erinnerung abrücken. Welch eine Verdrehung des Lebens-Begriffs und des atmenden Kreatürlichen, den Adorno und Horkheimer vehement erkämpften und den von Redecker – anders als das merkwürdige Denkmal in Frankfurt und die Möchtegern-Klone Adornos – leichtfüßig und selbstbestimmt weiterführt.

Auch hierin liegt einer der Gründe, warum Eva von Redecker, die selbst keine Professur innehat und diese derzeit auch nicht anstrebt, mehr von einem breiten Publikum gelesen, mehr im Radio diskutiert und mehr zu Veranstaltungen und Streitgesprächen eingeladen wird als so manch andere:r Philosoph:in.

Von Redecker verschreibt sich der Forschung an der lebendigen Erfahrung – und sie schreibt und spricht darüber in einer Art und Weise, die die Leser:innen und Zuhörer:innen wertschätzt, sie als kritisches und würdiges Gegenüber adressiert, anstatt ihre Gedanken in einer herablassenden Art zu formulieren: »Aha – jetzt für Dumme! Das merken die nie.« Tun sie doch: Laut ihr merken Leser:innen und Zuhörer:innen ganz genau, wenn man sie verachtet. Und ähnlich wie die kapitalistische Verachtung für das Leben in ihren Augen eine Katastrophe für alles Lebendige – für Erde, Pflanzen,

Tiere, Menschen – bedeutet, ist auch die Verachtung der Philosoph:innen für die Öffentlichkeit in Deutschland genau jenes: eine Katastrophe.

Gewiss sind auch von Redeckers Texte nicht jedermanns Kost, bergen Verständnisschwierigkeiten oder setzen zum Teil Kenntnisse voraus. Doch immer wieder bemüht sie sich darum, die Leser:innen in ihre Gedanken einzubinden. Sie teilt ihren Blick, ihre Erlebnisse und Empfindungen, um ihren Gedanken ein erfahrungsorientiertes Fundament zu verleihen – und damit letztlich eine argumentative Tiefe zu erreichen, die jene der ›Fachphilosophie‹ bei Weitem übertrifft.

Sie versuche sich in ihrem Schreiben und Denken von etwas leiten zu lassen, das die Philosophin Hannah Arendt, als *amor mundi* bezeichnet – als Liebe zur Welt und zum geteilten Leben. Und diese Liebe zum Geteilten, zur Welt als etwas, das erst in der Gemeinschaft zu unserem Erleben, Erkennen und zu *unserer* Welt wird, ist es, das ihrer Meinung nach in der Philosophie häufig fehlt oder hintangestellt wird. Sie spinnt diesen Gedanken im Interview weiter und bringt auf den Punkt, was ein erfahrungs- und beziehungsorientiertes Denken im Gegensatz zu einer Philosophie ohne Liebe zur Welt mit sich bringt: »Wenn man es erkenntnistheoretisch radikalisiert, könnte man sagen: Man spricht nicht nur über das Geteilte, man spricht auch die Sprache des Geteilten.«

Das Leben und der Schlachthof

Was von Redecker mit ihrem Entwurf des Lebens anhand dieser revolutionären Bewegungen als verbindendes Moment hervorhebt, ist die letztlich nicht aufhebbare Dissonanz von

Leben und Eigentum. Solange wir unsere Welt und unsere Beziehungen, aber auch unsere leiblichen Bedürfnisse durch Kategorien des Eigentums und des Besitzes an uns heranziehen, wird unser Leben mehr und mehr zu einem Schlachtbetrieb. Es wird zerlegt und zerteilt, wie tote Masse behandelt, die einen Kilopreis erhält und die entsorgt werden kann. Der Müllanteil der eigenen Lebenszeit steigt, je mehr man sich darum bemüht, diese als Nonplusultra der Effizienz zu verwerten.

DIE KNOCHENMÜHLE DES WACHSTUMS MACHT NOCH AUS JEDER LEBENSZEIT SCHWARZE ZAHLEN FÜRS KAPITAL.

Solange die Bereiche unseres Lebens und Handelns nur als von der Welt abtrennbare Bereiche verhandelt werden, bei denen unsere eigene Zukunftsplanung nichts mit der lebendigen Vielfalt zu tun hat – das eine wird in der Finanzberatung und in der Karriereplanung verhandelt, das andere in Forschungszentren, in Chemie, Biologie und Ökologie, ab und zu in Tageszeitungen –, so lange haben wir das Gefühl, alles um uns herum in säuberlich getrennten Kategorien begreifen zu können: mein Haus, mein Urlaub, mein Wald. Aber auch: mein Hund, mein:e Partner:in und – nicht *mein* Problem.

Einer der Bereiche, in denen dieses laute ›Nicht *mein* Problem!‹ erschallt, bevor noch die erste Forderung gefallen ist, ist die Philosophie selbst – genauer, die universitäre Philosophie hierzulande. »Im Vergleich dazu, wie es ist, eine *weiße* Frau in diesem Kontext zu sein, ist der Rassismus das noch viel totalere Ausschlusskriterium in der deutschen Philosophie.« Von Redecker spricht davon, dass bezüglich des Sexismus in den Institutionen hiesiger Universitäten immerhin Zusammenschlüsse gebildet wurden wie die SWIP, die Society of Women in Philosophy, die mittlerweile in den verschiedensten Ländern etabliert ist.

Anders sieht es mit den klassistischen und rassistischen Ausschlüssen in der Philosophie aus. »In Deutschland kommt der Backlash, bevor nur das kleinste bisschen an symbolischer Emanzipation errungen wurde. Es gibt eine wahnwitzige Verteufelung der Critical Race Theory – schon bevor es irgendeine institutionalisierte Rassismusforschung gibt oder eine von einer Schwarzen Person besetzte Philosophieprofessur.«

Bezüglich des Sexismus sei es jedoch auf der theoretischen Ebene auch nicht viel anders: Es gab bereits ein großes Aufbegehren gegen die Gender Studies, da war feministische Philosophie überhaupt noch nicht ordentlich an den Universitäten implementiert worden. Beschäftigt man sich mit feministischen und anti-rassistischen Denker:innen in der philosophischen Landschaft, dann zumeist mit ›Importierten‹. Das heißt, mit Denker:innen, die bereits in anderen Ländern einen Ruf aufgebaut und eine gewisse Strahlkraft über ihre nationalen Grenzen hinaus entwickelt haben. An dieser Tatsache kann man das Problem erkennen, dass damit nicht genug auf die eigenen Traditionen eingegangen wird. US-amerikanischer Anti-Rassismus antwortet auf andere Fragen als südamerikanische Befreiungstheorien. Arabischer und indischer Feminismus kämpfen gegen andere Strukturen, als die in Deutschland existierenden. Und nur weil diskriminierende Strukturen, die in Deutschland – und sogar spezifisch in Deutschland – existieren, darin nicht angesprochen werden, entsteht schnell der Eindruck, man habe gewisse Probleme einfach nicht.

Viele, die die Schulbildung durchlaufen haben, wissen beispielsweise einigermaßen über die Sklaverei und ihr Ende in den USA Bescheid. Kaum jemand weiß nach absolvierter Schulpflicht jedoch, seit wann es Afrodeutsche gibt. Die meisten glauben, dass Schwarze Menschen erst durch die US-amerikanischen Besatzungskräfte nach dem Zweiten Weltkrieg nach Deutschland gekommen wären – wenige wissen, dass es sie bereits viel früher in Deutschland gab. Aufgrund der Kolonialgeschichte gab es bereits im 17. Jahrhundert Schwarze Personen in Deutschland, wie zum Beispiel den Philosophen Anton Wilhelm Amo. Nach dem Ersten Weltkrieg gab es besonders im Rheinland viele Schwarze Personen, da die französische Armee dort koloniale Truppen stationierte. Die hier geborenen Kinder wurden in einer Hetzkampagne als »Rheinlandbastarde« und als »Schwarze Schmach« bezeichnet.[222] Auch afrikanische Seeleute, die nach Deutschland kamen, erweiterten die Community Schwarzer Menschen in Deutschland. Ganz zu schweigen von Personen, die entweder aus deutschen Kolonien hierher verschleppt wurden – um beispielsweise bei Völkerschauen ›vorgeführt‹ zu werden wie Tiere. Oder PoC aus deutschen Kolonien, die die Infrastruktur der Besatzung nutzen konnten, um für eine Ausbildung in das Land der sie Kolonisierenden zu kommen.

Ähnliche deutschlandspezifische Beispiele lassen sich auch für die Bereiche des Klassismus und des Sexismus finden. Und dennoch führt von Redecker zwei wichtige Gründe an, weshalb sie die Praktik des Importierens wichtiger Denker:innen aus anderen Kontexten nicht ganz und gar als Pinkwashing der eigenen philosophischen Denktradition sieht, also als Auslagerung des eigenen Problems, indem man sich anderer Theoretiker:innen bedient, die die eigenen Diskriminierungsformen nicht direkt adressieren.

Zum einen ist sie der Meinung, dass »gerade die Sklaverei in Amerika Auswirkungen auf die Dynamiken der Rassifizierung im gesamten Atlantik-Bereich hatte. Die Rassismus-Theorien aus den USA sind also nicht ›aus einer anderen Welt hierher verpflanzt‹, sondern es ist die gleiche Welt, in der aus dem Hamburger Hafen Sklavenschiffe ausgelaufen sind«. Und sie ist zum anderen der Ansicht, dass diese Theorien, die uns leichter verdaulich erscheinen, weil sie nicht zu hundert Prozent unsere eigenen historischen und aktuellen Gewaltstrukturen enttarnen, häufig von einem gehörigen Radikalismus sind – der sich in Deutschland nur nicht so eindeutig als solcher erschließt, »weil er eine andere Sprache spricht als der Radikalismus zu Hause«.

Doch was passiert, wenn hierzulande brillante Köpfe zu diesen Themen forschen? Sie erhalten keine Anstellung, keine Professur und kaum Anerkennung. Und dann wandern sie ab in Länder, in denen ihre Arbeit wertgeschätzt wird. So die Philosophin und Rassismusforscherin Vanessa Eileen Thompson, die 2020 eine Professur in Kanada an der Queen's University in Kingston angeboten bekam. Von Redecker schüttelt den Kopf: »Die kommt so schnell nicht wieder.« Und zu Recht – warum sollte man sich einem so guten Angebot samt Wertschätzung verwehren? Dann ergänzt sie: »Ich muss auch sagen, ich identifiziere mich nicht in dem Sinne mit der deutschen Universität, dass ich denke: Oh, was für ein Verlust! Ich denke vielmehr: Ja – macht euch nur weiter obsolet.«

Von Redecker würde zwar die Universität als Ort des Philosophierens nicht zwingend aufgeben wollen, aber sie macht sich auch keine Illusionen über diese Institution. Die Qualitäts- und Legitimationskriterien, die innerhalb von ihr so ungeheuer wirkmächtig und bedeutsam erscheinen, schrumpfen – sobald man einen kleinen Schritt aus diesem sehr engen Kreis macht – zu »einer Privatsprache mit ulkigen Kodizes zusammen, die weitgehend ohne gesellschaftliche Wirkung sind. Dafür aber produzieren sie einen irrsinnigen Existenzstress für ganze Generationen hochbegabter, kritischer, engagierter Menschen«. Philosophie wird selbst zur Verwertungsmaschinerie, die Gedanken produzieren lässt, ohne in zärtlicher Verbundenheit auf die Körper zu achten, die dazu verwendet werden.

Revolution in der Philosophie!

Es ist diese der Diversität und Widersprüchlichkeit der Welt abgeneigte konservative Haltung, die sich auch in der personellen Rückwärtsgewandtheit der philosophischen Fakultäten spiegelt: Noch immer sind sie großenteils männlich und in überragender Mehrzahl *weiß* besetzt. Anders als die für ihren Frauenmangel einst berühmten MINT-Fächer kämpft die Philosophie nur schleppend für Veränderung. Während der Zuwachs an Frauen in Informatik, Physik oder Maschinenbau über die Jahre deutlich gestiegen ist, verändert sich in der Philosophie vergleichsweise wenig. Das exponentielle Wachstum der Diversität, wenn man es so ausdrücken will, ist in der Philosophie sehr viel geringer als in den MINT-Fächern – weshalb ohne einen baldigen wirklichen Veränderungswillen die Philosophie in naher Zukunft weit zurückliegen wird. Sowohl in den Inhalten der Lehre als auch in der Besetzung der Lehrstühle.

Von Redecker spricht mit Bedacht über ihre Erfahrungen an der Humboldt-Universität in Berlin und der New School in New York: »Der Vorteil der New School ist, dass dort neben Nancy Fraser noch eine ganze Reihe starker Feministinnen arbeiten – Alice Crary, Cinzia Arruzza, Chiara Bottici. An sich ist nämlich auch diese Universität eine patriarchale Institution, aber es scheint mir, dass es dort einen lebendigeren Feminismus gibt als an den deutschen Fakultäten.« Die Zeit in Berlin beschreibt sie aber als großes Glück: »Ich habe die ganze Zeit in einem Kontext gearbeitet, in dem die symbolische Macht weiblich besetzt war – mit Rahel Jaeggi. Ich war dadurch in der bequemen Situation, nicht ständig beweisen zu müssen, dass Frauen überhaupt Philosophinnen sein können.«

Der Moment allerdings, in dem Frauen mehr Raum an den Universitäten bekamen, sei ihrer Meinung nach auch derjenige gewesen, seit dem den Professuren mehr Service, mehr Dienst am anderen, mehr Fürsorgearbeit abverlangt werde: »Lehre machen, die Lehre ernst nehmen, die verzweifelten Student:innen auffangen. Denen, die Schwierigkeiten haben, helfen und nicht einfach drastisch selektieren. Sich in den Gremien bemühen«, von Redecker hält kurz inne, dann stellt sie fest: »Ja, und daraufhin ließ man auch ein paar mehr Frauen rein.« Wenn man sich die Zahlen innerhalb der Philosophie ansieht, ist bemerkenswert, dass in den vermeintlich abstrakten Fachgebieten wie der Logik oder der Metaphysik immer noch die wenigsten Frauen zu verzeichnen sind. Anders sieht es in der praktischen Philosophie aus, in Fächern wie der Medizinethik, der Sozialphilosophie oder der Philosophie-Didaktik. Auf die Nachfrage, warum das so sei, antwortet sie: »Es ist näher an Kinderstube und Krankenbett. Die ersten Stellen, die mit Frauen besetzt wurden, waren immer die Didaktik-Lehrstühle – also die, bei denen es um ›Nicht-Wissenschaft‹ ging.«

Etwas versonnen merkt sie am Ende unseres Gesprächs noch an: »Seit ich aus dem universitären Betrieb heraus bin, haben meine Bücher plötzlich viel mehr Wert, viel mehr Wirkung. Sie werden jetzt unterrichtet – aber ich unterrichte nicht.« Stattdessen verlässt sie die festen Formen des akademischen Schreibens und Denkens, um ihrer Philosophie den Raum und die Anknüpfungsmöglichkeiten zu gewähren, die eine performative Kritik braucht. Die Freiheit des Schreibens ist es ihr wert. Man kann auch außerhalb der Institutionen Philosophie machen, vielleicht sogar ein bisschen besser.

Das Kreatürliche und die instrumentelle Vernunft

Im Jahr 2022 brachte der Fischer Verlag anlässlich des fünfundsiebzigjährigen Erscheinungsjubiläums der *Dialektik der Aufklärung* von Max Horkheimer und Theodor W. Adorno eine Neuauflage des Werks heraus – mit einem Vorwort von Eva von Redecker. Sie beginnt den Text zu Ehren der beiden Denker mit einem Zitat der französischen Philosophin Hélène Cixous aus ihrem Buch *Meine Homère ist tot …*, in dem diese den Sterbeprozess ihrer Mutter beschreibt. Darin heißt es: »Der Prozess der endlosen Veränderung, der Mutation, das heißt in Wahrheit der virulenten Arbeit des Todes, wird mir mit einem Schlage offenbar.«[223]

In diesem Zitat leuchten gleich zwei Elemente auf, die für von Redecker elementar sind: der Wandel und der Tod als Begleiter des Lebens. Aber hier steht Letzteres in Verbindung mit der Figur der Mutter und der Mutterschaft, die zur Welt bringt, die erschafft und kreiert. Im Interview erklärt sie, was sie damit meint: »Die Kategorie des Kreatürlichen ist bei Adorno und Horkheimer ganz wichtig. Auch im italienischen Feminismus wird dieses Kreatur-Sein hervorgehoben – allerdings für menschliches Leben. Dass wir eine Kreatur sind. Dass wir uns nicht schaffen, sondern Geschaffene sind. Aber eben nicht von Gott – sondern von der Mutter.«

Am Ende ihres Vorworts greift sie Cixous' Buch ein weiteres Mal auf: Das Motiv des Todes – der Erlösung – sei die »Geburt ohne Schmerzen«. Sie kann begleitet werden, erfordert Konzentration und erfahrene Hebammen. Ebenso wie das Sterben begleitet und von erfahrenen Händen geführt werden kann.

Betrachtet man die Philosophie der Kritischen Theorie als eine Art Hebammenkunst des Denkens und des In-die-Welt-Kommens von uns Menschen, ist dieses Gebären und Geboren-Werden jedoch alles andere als ein schmerzfreier Prozess. Ganz im Gegenteil – im Zentrum der Kritischen Theorie steht fest verankert und unverrückbar die unaussprechliche Erfahrung der Shoah. Und ihr Ziel ist es, durch genaues Hinsehen und Nachvollziehen der Vergangenheit in all ihrer Grausamkeit ein Innehalten zu erwirken. Den Menschen soll der unbeschreibliche Schrecken beim In-die-Welt- und Aus-der-instrumentellen-Vernunft-Kommen helfen, und zwar deshalb, weil Horkheimer und Adorno keinen anderen Weg sehen, sich den alles durchdringenden Sinnzusammenhängen der instrumentellen Vernunft zu entwinden.

Philosophie ist hier eine Technik des Aufreißens, ein schmerzliches Offenlegen: »Sie hoffen, dass gerade das überwältigende Grauen eine Lücke aufreißt, durch die hindurch dann die Erinnerungsarbeit schlüpft.«[224] Philosophie als Kritik wird zur Arbeit an und mit der Erinnerung wider der instrumentellen Vernunft und deren Unerbittlichkeit gegen Land, Menschen, Pflanzen und Tiere. Eine Form des philosophischen Praktizierens, die auch Frigga Haug im Kampf für die Befreiung von Frauen aus ihren gewaltvollen Beziehungen zu anderen und zu sich selbst aufnimmt und in eine philosophisch-aktivistische Formgebung überführt.

An die Stelle der instrumentellen Vernunft soll eine weichere Form der Welt-Begegnung treten, schreibt von Redecker und verweist auf die mimetische Vernunft. Anders als die instrumentelle Vernunft sei die Mimesis etwas, das sich der Welt anschmiegt, statt im Gegenüber den eigenen Tod auszulagern. Die mimetische Vernunft lässt das Subjekt entstehen, sobald es sich im anderen zu verlieren versteht, in es überfließt und seine Form erkundet, bevor es schließlich zu sich selbst (zurück)kommt. »Die Idee einer mimetischen Vernunft, die sich im Gegenüber auflöst, unterstellt, dass es eben keine radikale Ausgangs-Fremdheit gibt. Dass es eher ein Sich-Auflösen im anderen ist, aus dem heraus dann ein Wechselspiel des Reflektierens beginnt.« Wieder dienen ihr zur Verdeutlichung der komplexen Überlegungen Horkheimers und Adornos Wesen, die eine andere Art der Weltbegegnung entwickelt haben als die Menschen: Oktopusse. Anders als Menschen interagieren Oktopusse in perfekter Weise mimetisch mit der Welt: »Anstatt wie andere Meerestiere am unteren Ende der Nahrungskette ihre Schalen, Gehäuse oder Panzer weiterzuentwickeln, gaben sie sie gänzlich auf. Oktopusse wurden weich, nahezu flüssig.«[225]

Beide Spezies – Mensch und Oktopus – sahen sich evolutionär vor der Herausforderung, sich in der Welt und ihren Unbilden einzurichten. Sie nahmen dabei unterschiedliche »Abzweigungen«. Der Oktopus entwickelte die Mimesis, der Mensch die instrumentelle Vernunft. Natürlich nicht in einem willentlichen Prozess, sondern langsam und über den Verlauf von mehreren hundert Millionen Jahren. Aber von gemeinsamen Vorfahren aus.

Doch was ist die Vernunft, wenn sie nicht mehr instrumentell ist? Wie soll etwas aussehen, das dem verheerenden Monstrum der instrumentellen Vernunft so nah verwandt ist? Die Antwort liegt für von Redecker beim Oktopus und lautet: eine mimetische Vernunft. Wie wiederum eine solche beschaffen sein könnte, skizzieren Horkheimer und Adorno an verschiedenen Stellen ihres Werks. Und spannenderweise tauchen auch hier vier Verben auf, vier Verweise auf Handlungen – noch dazu körperlich-zärtliche Handlungen –, an denen sich die mimetische Vernunft bereits zu erkennen gibt: »Die von Zivilisation Geblendeten erfahren ihre eigenen tabuierten mimetischen Züge erst an manchen Gesten und Verhaltensweisen, die ihnen bei anderen begegnen, und als isolierte Reste, als beschämende Rudimente in der rationalisierten Umwelt auffallen. Was als Fremdes abstößt, ist nur allzu vertraut. Es ist die ansteckende Gestik der von Zivilisation unterdrückten Unmittelbarkeit: Berühren, Anschmiegen, Beschwichtigen, Zureden.«[226] Mimesis zeigt sich in dem, was die instrumentelle Vernunft als gefühlig und irrational abstoßend findet: in der zugewandten Zärtlichkeit.

Vertreter:innen der nachfolgenden Generationen der Kritischen Theorie wie Jürgen Habermas sahen die feinen Hinweise auf eine andere Welt in der *Dialektik der Aufklärung* kaum. Sie betrachteten sie auch nicht als Grundlagenwerk der Kritischen Theorie, sondern als eine »hemmungslose Vernunftskepsis«.[227] Dass die Ideologiekritik Horkheimers und Adornos das Heiligste der westlichen Philosophie – die Vernunft – so stark problematisierte, sah er als möglichen Dammbruch eines entfesselten Weltverlusts. Er hielt eine derart scharfe Vernunft-Kritik potenziell für eine gefährliche Zersetzung der Vernunft an sich.

Doch die Autoren der *Dialektik der Aufklärung* begehen keine pauschale Verunglimpfung der Vernunft als gesamter – ihr Angriff richtet sich gezielt gegen ein bestimmtes Vernunft-Subjekt: gegen den »Bürger in den sukzessiven Gestalten des Sklavenhalters, freien Unternehmers, Administrators«.[228] Kurz, die Kritik, die Vernunft als instrumentelle zu missbrauchen – oder auch zu instrumentalisieren –, richtet sich nicht gegen jegliches systematische Denken. Sie richtet sich ganz ausdrücklich gegen das männlich-*weiße*, westliche Bürgertum und seine Vernunft-Lust am Kalkulieren, Kategorisieren, Hierarchisieren und Vernichten, welche die Vernunft letztlich zu dem deformiert, was »das Subjekt am wirksamsten bei der Naturbeherrschung zu unterstützen« weiß: Die Vernunft wird zur instrumentellen – und darin zur Waffe.[229]

Eine Vernunft, so beschreiben sie weiter, die sich nicht zur instrumentellen überwältigen lässt und einzig die waffenförmige Selbsterhaltung im Sinn hat, schwankt. Sie umarmt, sie schmiegt sich an, steht nicht stramm wie ein eisernes Gitter aus logischen Drähten, das die Welt durch immer feinmaschigere Löchlein siebt. Sie muss die Welt nicht im Geiste der cartesianischen Zweiteilung zur Fremden erklären, zu einer Welt, die dominiert werden muss. Vielmehr bewegt sich Vernunft, wenn sie nicht instrumentell ist, ständig im Wandel begriffen zwischen zwei Polen: der Mimesis und dem Mythos.

Im Mythos findet das, was seine Subjektform mimetisch aufgegeben hatte, um sich im – nicht zwingend menschlichen – Gegenüber zu verflüssigen, zurück in seine eigene Form. Der Mythos ist die Einbildungskraft. Er verdichtet die Eindrücke, die das Subjekt gesammelt hat. Der Mythos formt das Subjekt durch Sprache, und mittels der Sprache formt das Subjekt zugleich seine Umwelt.

Dabei verweisen Adorno und Horkheimer auf die Entwicklung der Mythenbildung: Ein Mythos ist der Versuch, die Umwelt zu erklären und Dinge, die außerhalb der eigenen Kontrolle liegen, durch Sprache und Einbildungskraft einzuhegen. Statt eines grundlos hereinbrechenden, amorphen und potenziell tödlichen Unwetters, sieht sich der Mensch nun einem Gott der Winde gegenüber. Dieser ist, menschengleich, zwar immer noch launisch und häufig unberechenbar, aber er kann zumindest in Maßen durch menschliches Handeln beschwichtigt werden kann.

Wenn der Mensch jedoch beim Mythos verharrt, bildet sich die instrumentelle Vernunft aus. Die instrumentelle Vernunft entspringt also einem Mythos – und dieser wurde in der französischen Aufklärung erfunden. Anstelle eines Wettergotts oder eines allmächtigen Gotts setzt der Mensch seine eigene Vernunft als Nullpunkt. Während das Verharren des Menschen beim einen der beiden Pole, der Mimesis, die Gefahr birgt, nicht mehr aus der Verflüssigung im anderen herauszufinden, kein stabiles Ich mehr bilden zu können – so ist die Gefahr, im anderen Pol, dem Mythos, zu verhärten, nicht minder groß. Sie bedeutet für das Subjekt, »nicht mehr aus sich herauszufinden. Denn der mythische Pol der Reflexion projiziert das eigene Innere – Ängste, Wünsche und Vorstellungsbilder – auf jedwedes Äußere.«

Wenn Subjekte nicht mehr aus sich herausfinden und ihre eigenen Ängste auf die Gegenüber projizieren, erklärt sie sie zu Fremden und damit letztlich zu etwas, dem durch Herrschaft beigekommen werden muss. Und wie von Redecker am Eigentumsbegriff so eindringlich anschaulich machte – der absoluten Herrschaft über einen Gegenstand kann ein Vernunft-Subjekt sich erst gewiss sein, wenn es vom ultimativen Recht der Zerstörung Gebrauch gemacht hat. Das zum Fremden erklärte Gegenüber lässt die schlimmste Angst des Subjekts erst in dem Moment als gebannte aufblitzen, in dem es diese durchschreitet. Es ist der Moment, in dem es qualvoll stirbt, statt schmerzlos geboren zu werden.

Nachwort – Ein Zwiegespräch

Hinter uns liegen vier Gespräche mit vier außergewöhnlichen Denkerinnen. Ihre Theorien und ihre Leben haben sich vor uns aufgefaltet. Und mit ihnen hat sich für uns eine Dimension der Kritischen Theorie und der Philosophie eröffnet, die wir uns zu Beginn dieses Projekts nicht hätten vorstellen können. Was als einfache Frage nach Denkerinnen in der deutschsprachigen Kritischen Theorie begann, entwickelte sich zu etwas viel Komplexerem als einem simplen Ja.

Anhand von Überlegungen, mit denen sie die Welt und das Leben der Menschen in ihr unermüdlich neu aufrollten, infrage stellten und kritisierten, eröffnete sich ausgehend von den vier Denkerinnen auch für uns selbst ein neuer Blick auf unsere Selbst- und Weltwahrnehmung und das philosophische Denken. Und vor unseren Augen begannen sich die Wege, die wir mit Taxi, Bus, und Bahn oder übers Netz zu unseren vier Interviewpartnerinnen zurückgelegt hatten, auch inhaltlich zu verweben:

Ist Identität ohne Bezug zu unserer Rolle in der Gesellschaft möglich – und ohne, dass diese Identität alles bestimmt, was ein Mensch tut, sagt und denkt? Und ist Moral wirklich etwas, das sich jenseits sozialer Umstände und Bedrängungen frei entfalten kann? Welche Bedeutung haben Fürsorge und Verantwortung für die Moral – und für eine herrschaftsfreie Gesellschaft ohne Ungleichheit und Diskriminierung? Und kann eine solche Gesellschaft nur durch eine Revolution entstehen?

Eine solche Revolution müsste dann selbst einen völlig neuen Weg einschlagen. Einen Weg durch die Praxis, durch die Küche und nicht nur durch die Rationalität der Abstraktion. Sie muss eine Revolution sein, deren moralisches Anliegen es ist, fürsorglich und verantwortungsvoll mit der Welt und den Leben in ihr umzugehen. Sie muss erkennen, dass Frau-Sein, Jüdisch-Sein, Schwarz-Sein, Arm-Sein – dass all diese Dinge miteinander verwoben sind und dass sich die Unterdrückung der einen Gruppe nicht ohne ein Verständnis der anderen auflösen lässt. Um eine Zukunft jenseits dieser jahrhundertealten Herrschaftsverhältnisse auch nur annähernd imaginieren zu können, müssen wir ein Verständnis davon erlangen, wer wir sind und welche Position wir innerhalb dieser Hegemonien einnehmen. Und wir brauchen etwas, worauf wir uns verlassen können. Etwas, das uns auf eine Zukunft vertrauen lässt, die von uns gestaltbar ist – und den Blick wachhält, um jede Veränderung auch weiterhin kritisch zu reflektieren. Mit einer Mischung aus Verstehen, Selbsterkenntnis, Verbundenheit und Handlungsmacht lässt sich das erahnen, was im Rad der Zeit stets vor und hinter uns zugleich liegt: eine gute Welt und eine gerechte Welt, Freiheit.

Philosophieren heißt nicht nur, Texte zu lesen und darüber zu schreiben – es heißt auch, aktiv zu werden, etwas zu wagen, sich in Diskussionen zu begeben und den Austausch zu suchen. Denn philosophieren und denken, sind gemeinsame Tätigkeiten. Sie entstehen im ›Wir‹, im Zwischenraum der Beziehungen, in einer Welt der interessierten und zugewandten Begegnungen. Und für dieses Wir einer möglichen, denkbaren Welt hoffen wir mit diesem Buch einen Beitrag geleistet zu haben.

Anmerkungen

Die Guten und die Gerechten – Vom Geschlechter-Zwiespalt der Moral

1 Norma Haan: »Two Moralties«. In *Action Context*. Washington 1978, S. 287.

2 Carol Gilligan: Die andere Stimme. Lebenskonflikte und Moral der Frau. München 1984.

3 Gertrud Nunner-Winkler: »Zur Entwicklung moralischer Motivation«. In: Wolfgang Schneider (Hrsg.): *Entwicklung von der frühen Kindheit bis zum frühen Erwachsenenalter: Befunde der Münchner Längsschnittstudie LOGIK*. Weinheim 2008, S. 103–123.

4 Marie-Luise Raters: *Das moralische Dilemma im Ethik-Unterricht. Moralphilosophische Überlegungen zur Dilemma-Methode von Lawrence Kohlberg*. Dresden 2011, S. 15.

5 Marie-Luise Raters, a. a. O., S. 32.

6 Lawrence Kohlberg und Richard Kramer: »Continuities and Discontinuities in Childhood and Adult Moral Development«. In: *Human Development* 12, (2), 1969, S. 3–120; zit. n. Marie-Luise Raters, a. a. O., S. 32.

7 Vgl. Immanuel Kant: *Grundlegung zur Metaphysik der Sitten*. Hrsg. von Jens Timmermann. Göttingen 2004, S. 60 ff.

8 Lawrence Kohlberg: *Moralische Entwicklung und demokratische Erziehung*, zit. nach Marie-Luise Raters, a. a. O., S. 13.

9 Annemarie Pieper: *Der Aufstand des stillgelegten Geschlechts. Einführung in die feministische Ethik*. Freiburg 1993, S. 148.

10 Vgl. Karin Flaake: »Carol Gilligan: Die andere Stimme«. In: Martina Löw und Bettina Mathes (Hrsg.): *Schlüsselwerke der Geschlechterforschung*. Wiesbaden 2005, S. 158–177.

11 Gertrud Nunner-Winkler: *Forschungsdaten der Münchner Longitudinalstudie zur Genese individueller Kompetenzen (LOGIK): Moralentwicklung*. (Version 2.0.0). Trier 2012: Forschungsdatenzentrum des Leibniz-Institut für Psychologie (ZPID).

12 Gertrud Nunner-Winkler: »Gibt es eine weibliche Moral?«. In: dies. (Hrsg.): *Weibliche Moral. Die Kontroverse um eine geschlechtsspezifische Ethik*. München 1994, S. 147.

13 Vorlesung aus dem Sommersemester 2005, Vortrag aus der Reihe: »Vernunft und Gefühl im Geschlechterdiskurs.« Videoaufzeichnung der Vorlesung online frei verfügbar unter: https://videoonline.edu.lmu.de/de/node/1046.

14 Beate Rössler: »Gibt es eine weibliche Moral?«. In: *taz*, 13. September 1991; https://taz.de/Gibt-es-eine-weibliche-Moral/!1701472/, zuletzt aufgerufen am 02.06.2023.

15 Anne-Kathrin Weber: »Historikerin zeigt den männlichen Blick auf die Steinzeit«. In: Deutschlandfunk, 3. Januar 2022: https://www.deutschlandfunk.de/gender-archaeologie-maennlicher-blick-auf-die-steinzeit-100.html, zuletzt aufgerufen am 13.04.2023. Vgl. auch Annabelle Hirsch: *Eine Geschichte der Frauen in 100 Objekten*. Zürich 2022, S. 13–17.

16 Max Horkheimer (Hrsg.): *Studien über Autorität und Familie. Forschungsberichte aus dem Institut für Sozialforschung*. Paris 1936.

17 Nancy Chodorow: *The Reproduction of Mothering*. Berkeley 1978.

18 Dieter Geulen: »Jürgen Habermas: Identität, Kommunikation und Moral«. In: Benjamin Jörissen und Jörg Zirfas (Hrsg.): *Schlüsselwerke der Identitätsforschung*. Tübingen/Basel 2010.

19 Christina Hoff Sommers: *The War Against Boys: How Misguided Feminism Is Harming Our Young Men*. New York 2001.

20 Vgl. hierzu: »Andrea Maihofer: Ansätze zur Kritik eines moralischen Universalismus«. In: *Feministische Studien*. Weinheim 1988, S. 32–52. Und: Karin Flaake, a. a. O., S. 158–173.

21 Vgl. hierzu: Karin Flaake, a. a. O., S. 158–173.

22 Vgl. Tyler Stovall: *White Freedom: The Racial History of an Idea*. Princeton 2021, S. 103.

23 Mit dem Begriff ›Intersektionalität gibt die US-amerikanische Juristin Kimberlé Crenshaw 1980 dem einen Namen wofür im Rahmen Schwarzer Bürger:innenrechtsbewegungen seit den Sechzigern gekämpft wurde – dafür, anzuerkennen, dass Diskriminierungsformen sich überschneiden können. Intersektionalität beschreibt etwa, dass Schwarze Frauen beispielsweise nicht nur anti-Schwarzen Rassismus können, sondern auch Sexismus. Es bedeutet, dass auch Schwarze Männer, die Rassismus erleben, gegenüber Frauen und eben auch Schwarzen Frauen sexistisch handeln können. Weitere Dimensionen, die im Konzept der Intersektionalität zusammenlaufen, sind Ableismus – die Abwertung von Menschen mit Behinderung, beziehungsweise die Auslegung des Lebens auf able-bodied Personen ohne Behinderung – Transfeindlichkeit oder Klassismus.

24 Karin Flaake, a. a. O., S. 166f.

25 Dirk Jörke: »Anthropologische Motive im Werk von Jürgen Habermas«. In: *Archiv für Rechts- und Sozialphilosophie* 92, (3), 2006, S. 304–321, hier S. 312.

26 Eva von Redecker: *Praxis und Revolution. Eine Sozialtheorie radikalen Wandels*. Frankfurt am Main/New York 2018, S. 32.

27 Jana Lasser: »Netzdebatte über Wissenschaftszeitvertragsgesetz #IchbinHanna«. 14. Juni 2021; https://www.gew.de/aktuelles/detailseite/ichbinhanna, zuletzt aufgerufen am 02.06.2023.

28 Martina Treiber: »Es könnten ein paar mehr sein ...«. In: Susan Richter:

Wissenschaft als weiblicher Beruf? Die ersten Frauen in Forschung und Lehre an der Universität Heidelberg. Heidelberg 2008, S. 54 f.

29 Gero Federkeil: »Leaky Pipeline« an den Hochschulen besteht EU-weit – U-Multirank startet neuen »Gender Monitor«. Centrum für Hochschulentwicklung; https://www.che.de/2021/leaky-pipeline-an-den-hochschulen-besteht-eu-weit-u-multirank-startet-neuen-gender-monitor/, 17. November 2021, zuletzt aufgerufen am 02. 06. 2023.

30 Jürgen Habermas: *Moralbewußtsein und kommunikatives Handeln*. Frankfurt am Main 1983, S. 64.

31 Hans Jonas: *Das Prinzip Verantwortung. Versuch einer Ethik für die technologische Zivilisation*. Frankfurt am Main 1979.

32 Ebenda, S. 36.

33 Jonas, Hans: »Wie können wir unsere Pflicht gegen die Nachwelt und die Erde unabhängig vom Glauben begründen?«. Vortrag auf dem Katholikentag 1984. In: Dietrich Böhler, Michael Bongardt, Holger Burckhart, Christian Wiese und Walther Ch. Zimmerli (Hrsg.): *Kritische Gesamtausgabe der Werke von Hans Jonas. Bd. 1 Philosophische Hauptwerke. Bd. 2. Das Prinzip Verantwortung. Teilbd. 1*. Freiburg 2015, S. 515–528.

34 Jürgen Habermas: *Die Zukunft der menschlichen Natur. Auf dem Weg zu einer liberalen Eugenik?* Frankfurt am Main 2001

35 Vgl. Carol Gilligan: *Die andere Stimme*, a. a. O., S. 180.

36 Theodor W. Adorno: *Erziehung zur Mündigkeit. Vorträge und Gespräche mit Hellmuth Becker 1959–1969*. Frankfurt am Main 1970, S. 92.

37 Max Horkheimer und Theodor W. Adorno: *Dialektik der Aufklärung. Philosophische Fragmente*. Frankfurt am Main 1988, S. 205.

38 Theodor W. Adorno: *Gesammelte Schriften. Bd. 8. Soziologische Schriften*. Frankfurt am Main 1972, S. 108.

39 Theodor W. Adorno: *Erziehung zur Mündigkeit*, a. a. O., S. 146.

40 Lehrer:innen galten laut Adorno in den Sechzigerjahren bei der Bevölkerung als realitätsfremde, im Grunde genommen machtlose Prügler:innen, deren gedankliche Welt sich nicht über die Grenzen der eigenen Schulmauern und -bücher hinausstrecken könne. Dieses schlechte Standing des Lehrberufs erklärte er aus der Historie des vom Dienstherrn abhängigen Hauslehrers.

41 In den Erziehungswissenschaften wird das »Überwältigungsverbot« genannt. Lehrer:innen dürfen Schüler:innen nicht einfach nur eine einzige Meinung als das wahrlich Wahre präsentieren – und sollen zugleich keine schädlichen Inhalte und Ansichten weitergeben.

42 Gertrud Nunner-Winkler selbst äußerte sich dazu so: »Zu Kohlbergs Rettung: Er unterbreitete den Vorschlag, Schulen als ›just communities‹ – als ›gerechte Gemeinschaften‹ – zu organisieren, indem den Schüler:innen zum Beispiel egalitäre Mitspracherechte eingeräumt werden. Studien belegen, dass in solchen Schulen weniger Gewalt und mehr wechselseitige Verantwortungsbereitschaft zu finden sind.« Im Sinne des moralischen Prinzips, nicht zu schaden, wäre dies als Indiz einer besser ausgebildeten moralischen Kompetenz zu deuten.

Die Selbst-Befreiung der Frau: Eine skandalöse Utopie?

43 Donna Haraway, geboren 1944, wurde bekannt durch ihr 1985 erschienenes *Manifest für Cyborgs*. In diesem erklärt sie Kommunikations- und Biotechnologien zu einem für einen sozialistischen Feminismus unabkömmlichen Thema, da sich hier Herrschaftsfragen hinsichtlich von Geschlecht, Klasse, Race und Spezies neu stellten. Das Manifest ist 2017 zusammen mit anderen Essays Haraways neu aufgelegt und um ein Vorwort von Frigga Haug ergänzt worden: *Monströse Versprechen. Die Gender- und Technologie-Essays*. Hamburg 2017.

44 Eine Variante dieser Form der Erinnerungsarbeit, um die Wehrhaftigkeit gegen das Patriarchat zu stärken, lässt sich zum Beispiel in dem Sammelband *Unlearn Patriarchy* entdecken. In ihm spüren feministische Autor:innen – eigenen – verinnerlichten patriarchalen Denkmustern nach. Lisa Jaspers, Naomi Ryland und Silvie Horch (Hrsg.): *Unlearn Patriarchy*. Berlin 2022.

45 Vgl. Frigga Haug: *Carol Gilligan: Die andere Stimme. Lebenskonflikte und Moral der Frau*. München 1984, S. 294–298.

46 Immanuel Kant: »Beantwortung der Frage: Was ist Aufklärung?«. In: *Berlinische Monatsschrift* 2, 1784, S. 481.

47 Max Horkheimer: *Gesammelte Schriften*. Bd. 4. Frankfurt am Main 1987, S. 190

48 Max Horkheimer und Theodor W. Adorno: *Dialektik der Aufklärung*, a. a. O., S. 79.

49 Ebenda, S. 264.

50 Ebenda.

51 Ebenda, S. 280.

52 Theodor W. Adorno: *Erziehung zur Mündigkeit: Vorträge und Gespräche mit Hellmut Becker 1959–1969*. Frankfurt am Main 2013, S. 91

53 Die Hexenverfolgung, der auch viele Männer und Kinder zum Opfer fielen, fand nicht – wie häufig fälschlich angenommen – im »finsteren« Mittelalter statt, sondern erst seit der vernunftnahen Renaissance.

54 Frigga Haug (Hrsg.): *Historisch-kritisches Wörterbuch des Feminismus. Abtreibung bis Hexe*. Bd. 1. Hamburg 2003, S. 654–679.

55 Frigga Haug: »Opfer oder Täter? Über das Verhalten von Frauen«. In: *Das Argument* Nr. 123. Hamburg 1980, S. 646.

56 Ebenda.

57 Es ist davon auszugehen, dass es schon immer Personen gab, deren Gender nicht mit der heteronormativen Definition von Geschlecht übereinstimmte. Dass diese Personen sich dennoch häufig in heteronormativen Partnerschaften wiederfanden und oder Kinder bekamen, widerspricht der These von der Existenz von Personen, die nicht cis sind, nicht – ganz im Gegenteil.

58 Der Begriff »Hausfrauisierung« wurde ursprünglich 1978 von Maria Mies geprägt. Mies beschrieb damit die kapitalistische Ausbeutung von Spitze produzierenden Arbeiterinnen in Südindien: Ihre Heimar-

beit wurde zu unentgeltlicher ›Freizeitbeschäftigung‹ umgedeutet und entwertet. Daran anschließend wurde der Begriff verwendet, um auch in Europa die Nicht-Bezahlung von Hausarbeit und die systematische Entwertung und Minderbezahlung von öffentlich ausgeübter weiblicher Lohnarbeit zu kritisieren. Ein anderer Begriff für das Phänomen, Berufe schlechter zu bezahlen, sobald sie überwiegend von weiblichen Personen ausgeübt werden, ist die »Feminisierung« eines Berufs. Zum Begriff »Hausfrauisierung« vergl. auch: Frigga Haug (Hrsg.): *Historisch-kritisches Wörterbuch des Feminismus. Abtreibung bis Hexe*. Bd. 1, Hamburg 2003, S. 574–582.

59 Frigga Haug: »Opfer oder Täter? Über das Verhalten von Frauen«., a. a. O., S. 649.

60 Frigga Haug: »Frauen – Opfer oder Täter«. In: *Die Vier-in-einem-Perspektive*. Hamburg 2008, S. 248.

61 Judith Coffey und Vivien Laumann: *Gojnormativität*. Berlin 2021, S. 133.

62 Jessica Jacoby und Gotlinde Magiriba Lwanga: *Was »sie« schon immer über Antisemitismus wissen wollte, aber nie zu denken wagte*. Köln 1990.

63 Mehr Informationen zu den Begriffen »Opfer« und »Täter« bietet beispielsweise Aleida Assmanns Buch: *Der lange Schatten der Vergangenheit: Erinnerungskultur und Geschichtspolitik*. München 2011.

64 Kanzlei Kotz: Mindestlohn für ausländische Pflegekräfte; https://www.arbeitsrechtsiegen.de/artikel/mindestlohn-fuer-auslaendische-pflegekraefte/, zuletzt aufgerufen am 02.06.2023.

65 Zu den ausbeuterischen Arbeitsbedingungen siehe: Patricia Graf und Antonia Kupfer: »Geschlechterverhältnisse in ausbeutenden Arbeitsbeziehungen«. In: Bundeszentrale für politische Bildung; https://www.bpb.de/shop/zeitschriften/apuz/216482/geschlechterverhaeltnisse-in-ausbeutenden-arbeitsbeziehungen/; Siehe auch: Erica Zingher: »Care-Arbeit im Kapitalismus«. In: *taz*, 8. März; 2023, https://taz.de/Care-Arbeit-im-Kapitalismus/!5666757/, zuletzt aufgerufen am 02.06.2023.

66 Frigga Haug: »Auch ich! Zu sagen ist zu wenig.« In: *Berliner Zeitung*, 2. Januar 2018; https://www.berliner-zeitung.de/kultur-vergnuegen/philosophin-frigga-haug-auch-ich-zu-sagen-ist-zu-wenig-li.12819, zuletzt aufgerufen am 17.04.2023.

67 Gail Carriger: *The Heroine's Journey*. ARC Publishing 2020, S. 9 (eigene Übers.).

68 Ebenda (eigene Übers.).

69 Frigga Haug (Hrsg.): *Frauenformen. 2. Sexualisierung der Körper*. Berlin 1983.

70 *Das Argument*; https://www.linksnet.de/organisation/das-argument, zuletzt aufgerufen am 02.06.2023.

71 Diesem Themenkomplex nahm sich jüngst die Autorin Nicole Seifert an, und zwar in ihrem Buch: *Frauen Literatur*. Köln 2021.

72 Roland Barthes: »Der Tod des Autors«. In: Roland Barthes: *Das Rauschen der Sprache*. Frankfurt am Main 2005, S. 57–63.

73 Es ist absolut unklar, ob ›alles besser wäre‹, hätten Frauen die alleinige Verfügungsgewalt in diesen Fragen – denn auch die Gruppe der Frauen ist in vielfacher Weise von weiteren Machtstrukturen untergliedert: durch Fragen der Rassifizierung und der sozialen Schichten, Fragen des Alters und des (Un-)Able-Seins. Die Fragen sollen vielmehr herausstellen, dass Mann-Sein eben auch nur eine Perspektive von vielen ist, die sich jedoch häufig anmaßt, in ihrer Partikularität ausreichend für die ›niederen‹ Belange von Frauen zu sein – und diese Fragen alleine allemal besser beantworten zu können, als im Austausch und in der Zusammenarbeit mit ihnen.

74 Siehe: htttp//www.postwachstum.de/die-vier-in-einem-perspektive-eine-utopie-von-frauen-die-eine-utopie-fur-alle-ist-20110828.

75 Frigga Haug: »Die Vier-in-einem-Perspektive als Leitfaden für die Politik«. In: *Das Argument* Nr. 291. Hamburg 2011, S. 242.

76 Frigga Haug: *Die Vier-in-einem-Perspektive*, a. a. O.

77 Bundesministerium für Familie, Senioren, Frauen und Jugend, Stand 2022.

78 destatis.de, Pressemitteilung Nr. 084 vom 6. März 2023.

79 Frigga Haug: *Die Vier-in-einem-Perspektive*, a. a. O., S. 241.

80 Ebenda, S. 242.

81 Ebenda.

82 https://www.postwachstum.de/die-vier-in-einem-perspektive-eine-utopie-von-frauen-die-eine-utopie-fur-alle-ist-20110828, zuletzt aufgerufen am 02.06.2013.

83 Frigga Haug: *Die Vier-in-einem-Perspektive*, a. a. O., S. 243.

84 Virginia Woolf: *Vom Verachtetwerden oder Drei Guineen*. Zürich 2021.

85 Vgl. zum Beispiel: https://www.berliner-zeitung.de/news/gigantische-kampagne-gestartet-russland-sucht-echte-maenner-fuer-die-front-in-der-ukraine-angst-vor-gegenoffensive-li.342407, zuletzt aufgerufen am 02.06.2023.

86 Virginia Woolf, a. a. O., S. 183 f.

87 https://ceres.uni-koeln.de/fileadmin/user_upload/Bilder/Dokumente/NRW80plus_D80plus/20211214_D80__Kurzbericht_Nummer_2-Einkommen_Hochaltrige_Dez2021.pdf, zuletzt aufgerufen am 03.06.2023.

88 statista.com: Scheidungsquote in Deutschland. Statista Research Department, 26. Juli 2022.

89 BVerfG, Beschluss des Zweiten Senats vom 7. Mai 2013; https://www.bundesverfassungsgericht.de/SharedDocs/Entscheidungen/DE/2013/05/rs20130507_2bvr090906.html, zuletzt aufgerufen am 03.06.2023.

90 Koalitionsvertrag 2021–2025 zwischen SPD, Grünen und FDP, S. 92: Mehr Fortschritt wagen – Bündnis für Freiheit, Gerechtigkeit und Nachhaltigkeit (spd.de); Kai Adler: Steueränderungen der Ampel – Ehegattensplitting, nur anders. In: deutschlandfunkkultur.de vom 30. August 2022; Daniel Schollenberger Ehegattensplitting: Was sich unter der Ampel-Regierung ändern könnte. In: n-tv.de, 22. Dezember 2021.

91 Frigga Haug: *Die Vier-in-einem-Perspektive*, a. a. O., S. 246.
92 Karl Marx und Friedrich Engels: *Werke (MEW)*. Ost-Berlin 1958–1968, Bd. 42, S. 243.
93 Frigga Haug: *Die Vier-in-einem-Perspektive*, a. a. O., S. 248.
94 Ebenda, Fußnote 4.
95 Rahel Jaeggi: *Entfremdung. Zur Aktualität eines sozialphilosophischen Problems*. Frankfurt am Main 2005, S. 31 f.
96 Frigga Haug: *Die Vier-in-einem-Perspektive*, a. a. O., S. 248.
97 https://www.postwachstum.de/die-vier-in-einem-perspektive-eine-utopie-von-frauen-die-eine-utopie-fur-alle-ist-20110828, zuletzt aufgerufen am 03. 06. 2023.
98 Deutscher Berufsverband für Pflegeberufe 2023; https://www.dbfk.de/de/presse/meldungen/2023/Statement-internationaler-frauentag.php; PRO PflegeManagement: https://www.ppm-online.org/pflegedienstleitung/pflegepersonal/lohn-im-pflegewesen/, zuletzt aufgerufen am 03. 06. 2023.
99 https://www.aok-bv.de/presse/pressemitteilungen/2022/index_25853.html, zuletzt aufgerufen am 03. 06. 2023.
100 Bundesministerium für Gesundheit; https://www.bundesgesundheitsministerium.de/themen/pflege/pflegepersonaluntergrenzen.html, zuletzt aufgerufen am 03. 06. 2023.
101 Deutsches Medizinrechenzentrum; https://www.dmrz.de/wissen/ratgeber/pflegemindestlohn, zuletzt aufgerufen am 03. 06. 2023.
102 Frigga Haug: *Die Vier-in-einem-Perspektive*, a. a. O., S. 244.
103 Herbert Marcuse: »Das Ende der Utopie«. In: *Psychoanalyse und Politik*. Frankfurt am Main 1968, S. 9.
104 Vgl. https://bibliobs.nouvelobs.com/idees/20180315.OBS3685/quand-sartre-interviewait-cohn-bendit-dans-l-obs-du-20-mai-1968-un-dialogue-historique.html, zuletzt aufgerufen am 03. 06. 2023.
105 Herbert Marcuse, a. a. O., S. 10.
106 Frigga Haug: *Die Vier-in-einem-Perspektive*, a. a. O., S. 246.
107 Herbert Marcuse, a. a. O., S. 11.
108 Frigga Haug: *Die Vier-in-einem-Perspektive*, a. a. O., S. 246.
109 Ebenda, S. 241 ff.
110 Ebenda, S. 242 und S. 244.
111 Ebenda.
112 MEW, Bd. 3, S. 26 f.
113 Ebenda, S. 28.
114 Frigga Haug: *Lernverhältnisse. Selbstbewegungen und Selbstblockierungen*. Hamburg 2003, S. 105, Fußnote 2.
115 Rosa Luxemburg: Zur Russischen Revolution. In: dies.: *Gesammelte Werke*. Bd. 4. Berlin 1974, S. 359.
116 Frigga Haug: *Die Vier-in-einem-Perspektive*, a. a. O., S. 245.
117 Rosa Luxemburg: »Zur Russischen Revolution«. https://www.rosalux.de/stiftung/historisches-zentrum/rosa-luxemburg/manuskript-zur-russischen-revolution, zuletzt aufgerufen am 03. 06. 2023.

118 https://www.kontextwochenzeitung.de/gesellschaft/389/die-stadt-der-frauen-5340.html, zuletzt aufgerufen am 03.06.2023.
119 Bertolt Brecht: *Flüchtlingsgespräche*. Berlin 2019, 6. Aufl., S. 7.
120 Ebenda.

Unterdrückte Natur. Von Zivilisation, Hass und Selbstzerstörung (und einem Weg raus)

121 Eva von Redecker: Vorwort. In: Max Horkheimer und Theodor W. Adorno: *Dialektik der Aufklärung*, a. a. O., S. XVI.
122 Karin Stögner: »Kritische Theorie und Feminismus – ein produktives Spannungsverhältnis«. In: Karin Stögner und Alexandra Colligs (Hrsg.): *Kritische Theorie und Feminismus*. Berlin 2022, S. 11–36, hier S. 13.
123 Max Horkheimer und Theodor W. Adorno: *Dialektik der Aufklärung*, a. a. O., S. 285.
124 Karin Stögner: *Kritische Theorie und Feminismus*, a. a. O., S. 11.
125 Ebenda.
126 Karin Stögner: »Kritische Theorie und feministisches Urteilen heute«. In: *Zeitschrift für kritische Theorie*, 29. Jg., Heft 56/57, 2023 (bei Druck noch nicht erschienen.)
127 Theodor W. Adorno, Else Frenkel-Brunswik u. a.: *The Authoritarian Personality*. London/ New York 2019.
128 Karin Stögner: *Kritische Theorie und feministisches Urteilen heute*, a. a. O.
129 Ebenda.
130 Karin Stögner: *Kritische Theorie und Feminismus*, a. a. O., S. 20.
131 Regina Becker-Schmidt: »Zur doppelten Vergesellschaftung von Frauen. Divergenzen und Brückenschläge zwischen Privat- und Erwerbssphäre«. In: dies.: *Pendelbewegungen*, S. 77–90, hier S. 77.
132 Karin Stögner: »Kritische Theorie und Feminismus«. In: Karin Stögner und Alexandra Colligs (Hrsg.), a. a. O., S. 20.
133 Karin Stögner: »Kritische Theorie und feministisches Urteilen heute«., a. a. O.
134 destatis.de, Pressemitteilung Nr. 084 vom 6. März 2023.
135 Karin Stögner: »Kritische Theorie und feministisches Urteilen heute«., a. a. O.
136 Eva von Redecker: »Ownership's Shadow. Neoauthoritarianism as Defense of Phantom Possession«. In: *Critical Times* 3, 1, 2020, S. 33–67.
136 Karin Stögner: »Kritische Theorie und feministisches Urteilen heute«, a. a. O.
137 Karin Stögner: »Kritische Theorie und Feminismus«, a. a. O., S. 12.
138 Karin Stögner: »Weiblichkeit und Widerspruch«., a. a. O., S. 97–118, hier S. 97.
140 Karin Stögner: »Kritische Theorie und Feminismus«, a. a. O., S. 19.
141 Karin Stögner: »Weiblichkeit und Widerspruch«, a. a. O., S. 105.
142 Max Horkheimer und Theodor W. Adorno: *Dialektik der Aufklärung*, a. a. O., S. 52.

143 Ebenda, S. 1.
144 Karl Marx und Friedrich Engels: Werke (MEW), Ost-Berlin 1958–1968, Bd. 3, S. 26f.
145 Karin Stögner: Kritische »Kritische Theorie und feministisches Urteilen heute«, a. a. O.
146 Ebenda.
147 Max Horkheimer und Theodor W. Adorno: *Dialektik der Aufklärung*, a. a. O., S. 9.
148 Ebenda.
149 Theodor W. Adorno: »Minima Moralia. Reflexionen aus dem beschädigten Leben«. In: ders.: *Gesammelte Schriften*. Bd. 4. Frankfurt am Main 1997, S. 107.
150 Karin Stögner: »Weiblichkeit und Widerspruch«, a. a. O., S. 106.
151 Max Horkheimer und Theodor W. Adorno: *Dialektik der Aufklärung*, a. a. O., S. 132.
152 Karin Stögner: »Weiblichkeit und Widerspruch«, a. a. O., S. 98 f., Fußnote 1.
153 Karin Stögner: »Natur als Ideologie. Zum Verhältnis von Antisemitismus und Sexismus«. In: Marc Grimm und Bodo Kahmann (Hrsg.): *Antisemitismus im 21. Jahrhundert. Virulenz einer alten Feindschaft in Zeiten von Islamismus und Terror.* Berlin 2018, S. 65–86, hier S. 65.
154 Ebenda.
155 Beauftragter der Bundesregierung für jüdisches Leben und den Kampf gegen Antisemitismus: Was ist Antisemitismus?; https://www.antisemitismusbeauftragter.de/Webs/BAS/DE/bekaempfung-antisemitismus/was-ist-antisemitismus/was-ist-antisemitismus-node.html, zuletzt aufgerufen am 06.06.2023.
156 Karin Stögner: »Weiblichkeit und Widerspruch«, a. a. O., S. 104.
157 Karin Stögner: Kritische Theorie und Feminismus, a. a. O., S. 17.
158 Max Horkheimer und Theodor W. Adorno: *Dialektik der Aufklärung*, a. a. O., S. 285.
159 Ebenda.
160 Karin Stögner: »Kritische Theorie und Feminismus«, a. a. O., S. 19.
161 Karin Stögner: »Weiblichkeit und Widerspruch«, a. a. O., S. 105.
162 Ebenda.
163 Karin Stögner: Kritische »Kritische Theorie und Feminismus«, a. a. O., S. 17
164 Keeanga-Yamahtta Taylor (Hrsg.): *How We Get Free: Black Feminism and the Combahee River Collective.* Chicago 2017, S. 15 (eigene Übers.).
165 Karin Stögner: »Natur als Ideologie«, a. a. O., S. 66.
166 Ebenda, S. 67.
167 Ebenda, S. 70.
168 Ebenda.
169 Ebenda.
170 Ebenda, S. 71.
171 Ebenda, S. 66.

172 Karin Stögner: »Weiblichkeit und Widerspruch«, a. a. O., S. 117 f.
173 Max Horkheimer und Theodor W. Adorno: *Dialektik der Aufklärung*, a. a. O., S. 92.
174 Karin Stögner: »Weiblichkeit und Widerspruch«, a. a. O., S. 117.
175 Gudrun-Axeli Knapp: Im Widerstreit. *Feministische Theorie in Bewegung*. Wiesbaden 2012, S. 13.
176 Karin Stögner: »Weiblichkeit und Widerspruch«, a. a. O., S. 117 f.
177 Ebenda, S. 116.
178 Ebenda.
179 Karin Stögner: »Kritische Theorie und feministisches Urteilen heute«, a. a. O.
180 Ebenda.
181 Ebenda.
182 Ebenda.
183 Homer: *Odyssee*. Übers. von Roland Hampes. Ditzingen 1979, 10:240.
184 Karin Stögner: »Weiblichkeit und Widerspruch«, a. a. O., S. 105.
185 Herbert Marcuse: *Triebstruktur und Gesellschaft*, a. a. O.
186 Sigmund Freud: *Das Ich und das Es*. Leipzig u. a. 1923.
187 Regina Becker-Schmidt: »Wenn die Frauen erst einmal Frauen sein könnten«. In: Josef Früchtl und Maria Calloni (Hrsg.): *Gegen den Zeitgeist*. Erinnern an Adorno. Frankfurt am Main 1991.
188 Karin Stögner: »Weiblichkeit und Widerspruch«, a. a. O., S. 117.
189 Karin Stögner: »Natur als Ideologie«, a. a. O., S. 73.
190 Karin Stögner: »Weiblichkeit und Widerspruch«, a. a. O., S. 107.
191 Karin Stögner: »Kritische Theorie und Feminismus«. a. a. O., S. 19.
192 Hannah Arendt: *Eichmann in Jerusalem. Ein Bericht von der Banalität des Bösen*. München 1963.
193 Karin Stögner: »Kritische Theorie und Feminismus«, a. a. O, S. 15.
194 Lucy Duggan: My father's favourite question at tea: »Would you like a forklift truck for that?« In: *The Catweazle Magazine* 2013, zit. nach: Margarete Stokowski: *Untenrum frei*. Reinbek 2016, S. 194; https://lucyduggan.com/publications/, zuletzt aufgerufen am 06. 06. 2023.
195 Margarete Stokowski: *Untenrum frei*. Reinbek 2016, S. 193 f.
196 Eva von Redecker: Vorwort, a. a. O., S. XIV.
197 Ebenda.
198 Romain Leick: Würde Adorno zu »Fridays for Future« gehen? In: *Spiegel Online* vom 13. September 2019; https://www.spiegel.de/kultur/frankfurter-schule-wuerde-theodor-w-adorno-zu-fridays-for-future-gehen-a-00000000-0002-0001-0000-000165926227, zuletzt aufgerufen am 06.062023.
199 Theodor W. Adorno: *Negative Dialektik*. Frankfurt am Main 1966.
200 Theodor W. Adorno: Brief an Herbert Marcuse, vom 19. Juni 1969. Herbert-Marcuse-Archiv in Frankfurt am Main, Nr. 338, S. 652.
201 Herbert Marcuse: »Brief an Theodor W. Adorno, vom 5. April 1969«. In: Max Horkheimer: *Gesammelte Schriften*, Bd. 18, Briefwechsel 1949–1973, hrsg. von Gunzelin Schmid Noerr. Frankfurt am Main

1996, S. 718–720; https://platypus1917.org/wp-content/uploads/SKM_C554e18020519020.pdf, zuletzt aufgerufen am 06.062023.
202 Karin Stögner: »Weiblichkeit und Widerspruch«, a. a. O., S. 116.

Am Anfang war das Du

203 Eva von Redecker: *Revolution für das Leben. Philosophie der neuen Protestformen.* Frankfurt am Main 2020, S. 9.
204 Eva von Redecker: *Praxis und Revolution. Eine Sozialtheorie radikalen Wandels.* Frankfurt am Main/New York 2018, S. 9.
205 Die DDR und die Sowjetunion sind hierfür besonders markante Beispiele: Statt Gleichheit und Überfluss waren Militärdiktaturen und autokratische Regime entstanden, die die Menschen in ihrer Freiheit einschränkten. Zudem gestaltete sich das, was als Planwirtschaft oder Mangelwirtschaft bezeichnet wurde und den Gegensatz zur freien Marktwirtschaft darstellen sollte, als unzureichend, um die Bedürfnisse der Bevölkerung zufrieden zu stellen.
206 Eva von Redecker: *Revolution für das Leben*, a. a. O., S. 28 f.
207 Ebenda, S. 22.
208 Original: *I consider a woman who brings a child every two years as more profitable than the best man on the farm; what she produces is an addition to capital.* Eigene Übersetzung. Brief von *Thomas Jefferson an Joel Yancey vom 17. Januar 1819. In: Edwin Morris Betts (Hrsg.): Thomas Jefferson's Farm Book: With Commentary and Relevant Extracts from Other Writings.* Princeton 1953, S. 42 f.; siehe auch Iris Därmann: *Undienlichkeit. Gewaltgeschichte und politische Philosophie.* Berlin 2020, S. 20.
209 Karl Marx: »Lohn, Preis und Profit«. In: Karl Marx und Friedrich Engels: *Werke.* Bd. 16. Berlin 1962, S. 131.
210 Eva von Redecker: *Revolution für das Leben*, a. a. O., S. 40 f.
211 Ebenda, S. 63.
212 Ebenda, S. 38.
213 Ebenda, S. 73.
214 Ebenda.
215 Ebenda.
216 Ebenda, S. 131.
217 Frances Beal: »Double Jeopardy: To the Black and Female«. In: *Gayle Lynch (Hrsg.): Black Women's Manifesto.* New York 1969, S. 32 (eigene Übers.).
218 Eva von Redecker: *Revolution für das Leben*, a. a. O., S. 162.
219 Ebenda, S. 123.
220 Ebenda, S. 254.
221 Peter Förster: *Transsexualität und ihre Auswirkungen auf die Ehefähigkeit. Eine kanonistische Untersuchung.* München 2013, S. 80.
222 Vgl. Rebekka Endler: *Das Patriarchat der Dinge. Warum die Welt Frauen nicht passt.* Köln 2021.
223 Nicola Lauré al-Samarai und Laura Lennox: *Neither Foreigners Nor*

Aliens: The Interwoven Stories of Sinti and Roma and Black Germans. University of Nebraska Press 2004.

224 Hèléne Cixous: »Meine Homère ist tot ...«, zit. nach Eva von Redecker: *Praxis und Revolution*, a. a. O., S. IX.

225 Eva von Redecker: Vorwort. In: Max Horkheimer und Theodor W. Adorno: *Dialektik der Aufklärung*, a. a. O., S. XXV.

226 Ebenda, S. XII.

227 Max Horkheimer und Theodor W. Adorno: *Dialektik der Aufklärung*, a. a. O., S. 190f.

228 Jürgen Habermas: *Der philosophische Diskurs der Moderne. Zwölf Vorlesungen.* Frankfurt am Main 1985, S. 156.

229 Max Horkheimer und Theodor W. Adorno: *Dialektik der Aufklärung*, a. a. O., S. 90.

230 Ebenda.

Glossar

Erstellt von Henriette Hufgard

Androzentrismus: Bezeichnet eine Weltanschauung oder Einstellung, die den Mann (griechisch: *andras*) oder das Männliche als Maß oder Norm in ihr Zentrum stellt.
Aufklärung: Eine Denkrichtung, die im 17. Jahrhundert in Europa entstand und die die menschliche Vernunft als wichtigstes Instrument betrachtete, um Wissen über die Welt zu erlangen.
Behaviorismus: Ein wissenschaftstheoretisches Konzept, das das Verhalten von Menschen und Tieren ohne Introspektion oder Einfühlung beobachtet. Er wurde Anfang des 20. Jahrhunderts in den USA durch den Psychologen John B. Watson begründet.
BIPoC: Selbstbezeichnung von Menschen, die rassifiziert werden. Sie steht für Black, Indigenous und People of Color. Damit wird auf Rassismus gegen Schwarze und indigene Menschen und Menschen of Color hingewiesen.
cis: Beschreibt Personen, die sich dem Geschlecht zugehörig fühlen, das ihnen bei der Geburt zugewiesen wurde und als welches sie innerhalb der Gesellschaft gelesen werden. Der Begriff leitet sich vom lateinischen *cis* (»diesseits«) ab.
Class: Fachsprache, um auf die gesellschaftspolitische Kategorie der Klasse zu verweisen.
Determinismus: Eine Auffassung, die davon ausgeht, dass alles – Vergangenes wie Zukünftiges – bereits vorbestimmt

ist. Eine der großen Fragen des Determinismus ist, ob er sich mit dem Konzept des freien Willens vereinbaren lässt.

Dialektik: Bedeutet zunächst so viel wie Gegensätzlichkeit. In der Philosophie ist die Dialektik eine Methode, um Tatsachen zu analysieren, die unvereinbar scheinen. Dadurch versucht man zu verstehen, wie sie trotz ihrer Widersprüchlichkeit zusammenhängen könnten.

Differenzfeminismus: Umfasst feministische Strömungen, die von grundlegenden Unterschieden zwischen Männern und Frauen ausgehen. Diese können sowohl biologischer Natur als auch kulturellen Ursprungs sein. Im Unterschied zum Gleichheitsfeminismus versuchen differenzfeministische Ansätze die Unterschiedlichkeiten aufzuwerten, die als Abweichung von der männlichen Norm als minderwertig betrachtet werden.

Diskurstheorie: Es gibt (nicht nur) in der Philosophie verschiedene Diskurstheorien, die versuchen zu erklären, wie Kommunikation in einer Gesellschaft funktioniert. Die Diskurstheorie des kritischen Theoretikers Jürgen Habermas geht davon aus, dass Diskurse nur möglich sind, wenn alle Teilnehmenden vorweg gewissen normativen Vernunftregeln zustimmen und sich an diese halten. Dann – so die Annahme – setze sich innerhalb eines Diskurses der »zwanglose Zwang des besseren Arguments« durch.

Domestizierung: Häuslich-Machung oder Zähmung. Der Begriff leitet sich vom lateinischen Wort *domus* (»Haus«) ab.

Embedded Self: Der Begriff stammt aus den Feldern der Soziologie, Sozialpsychologie und Ethnologie und bedeutet übersetzt so viel wie »eingebettetes Selbst«. Er beschreibt die Tatsache, dass jede Person in ein gesellschaftliches Umfeld eingebettet ist. Dieses Umfeld reagiert auch auf die körperliche Präsenz eines Menschen, etwa durch rassistische oder sexistische Abwertungen oder deren Ausbleiben. Diese kontinuierliche Erfahrung wird als Körper-Wissen charakterisiert. Sie hat Auswirkungen auf das Selbst einer Person und auf das Wissen, das eine Person von sich selbst erwirbt.

Essenzialismus: In der Philosophie bezeichnet der Begriff die Grundannahme, dass jedes Wesen eine notwendige Essenz hat, die ihr Dasein und ihre Identität garantiert. Ohne sie wäre das Wesen oder der Gegenstand nicht der-, die- oder dasselbe.

Evolutionsbiologie: Sie folgte auf die Evolutionstheorie und widmet sich den zahlreichen Einzelprozessen der Evolution, da es für sie keine allgemeine, für alles gültige Theorie gibt. Die Evolutionsbiologie erforscht die kontinuierlichen Veränderungen des Lebens auf der Erde seit Jahrmillionen. Dabei arbeitet sie eng mit anderen Wissenschaften wie der Geologie, der Molekulargenetik oder der Paläontologie zusammen.

Feudalismus: Gesellschaftspolitische und wirtschaftliche Ordnung in West- und Mitteleuropa seit dem 10. Jahrhundert. Dem Kaiser oder König, dem Adel und der Kirche gehörten die Ländereien, die sie als Lehen mit bestimmten Rechten an Untertanen abgaben.

Fortschritt: Der Gedanke, die Geschichte als Fortschrittsprozess zu beschreiben, entstand in Europa mit der → Aufklärung. Gemeint ist die Vorstellung, dass sich die Menschheit im Großen und Ganzen auf einen immer besseren Gesamtzustand hinbewege – auch durch technische und politische Innovationen. Der Fortschrittsgedanke ist an die Idee der Naturunterwerfung durch den Vernunftmenschen geknüpft und in rassistischer Weise auch auf verschiedene Menschengruppen ausgedehnt, die vermeintlich ›hinterher‹ seien.

Gender: Ein anderer Begriff für das »soziale Geschlecht«. Er bildet das Gegenstück zu »Sex«, einem aus dem Englischen stammenden Fachbegriff, der das biologische Geschlecht meint. Mit Gender oder sozialem Geschlecht wird die sozial erlernte Rolle eines Menschen erfasst. Sie entspricht dem Geschlecht, zu welchem eine Person in der Gesellschaft als zugehörig wahrgenommen wird. Ist eine Person cis, stimmen ihr Gender und ihr Sex, also ihr soziales und ihr biologisches Geschlecht mit ihrer Selbstwahrnehmung überein. Ist jemand jedoch zum Beispiel trans, ist die Fremdzuschreibung von der Selbstwahrnehmung verschieden und kann eine große psychische und emotionale Belastung darstellen.

Generationen der Kritischen Theorie: In der Kritischen Theorie ist von verschiedenen Generationen die Rede, um eine gewisse Übersicht mit all ihren Akteur:innen zu schaffen. Dabei gibt es unterschiedliche Möglichkeiten, diese Generationen zu zählen. Theodor W. Adorno, Max Horkheimer, Walter Benjamin und Herbert Marcuse gelten jedoch immer als Teil der Gründerriege – als erste Generation. Die nächsten Generationen zählen wir wie folgt: Zur zweiten Generation gehört Jürgen Habermas, zur dritten Nancy Fraser und Axel Honneth, zur vierten Christoph Menke und Rahel Jaeggi und zur fünften Eva von Redecker.

Gleichheitsfeminismus: Form des Feminismus, die davon ausgeht, dass Männer und Frauen gleich sind. Alle Unterschiede und Ungleichheiten werden durch Sozialisierungsprozesse und gesellschaftliche Machtstrukturen erklärt.

Halbbildung: Adorno versteht darunter eine oberflächliche Art der Bildung, die nicht dem Streben nach Erkenntnis dient, sondern der Anpassung an die Gesellschaft.

Heteronormativität: Ein normatives Gesellschaftssystem, das davon ausgeht, dass es nur zwei Geschlechter gibt – das binäre Geschlechtersystem mit nur Mann und Frau. Zusätzlich wird angenommen, dass beide Geschlechter sich gegensätzlich aufeinander beziehen. Homosexualität oder jede andere Form von Sexualität, die nicht heterosexuell ist, wird damit ausgeschlossen und als der Norm widersprechend wahrgenommen.

Ideologie: Das Wort leitet sich aus dem Griechischen von *idea* ab und bedeutet so viel wie »Lehre von den Ideen«. Im heutigen Sprachgebrauch bezeichnet man mit Ideologie eine Weltanschauung. Besonders politische oder auch staatliche Ideologien werden häufig kritisiert, wenn sie vereinfachende Lösungen für Probleme anbieten, die ausschließende oder gewaltvolle Forderungen gegen bestimmte Personengruppen beinhalten.

Intersektionalität: Der Begriff ist aus dem Englischen *intersect* (»sich überschneiden«) abgeleitet und beschreibt, dass Personen von mehr als einer Form von Diskriminierung betroffen sein können. Er beinhaltet außerdem, dass Diskriminierungsformen je nach sozialem Umfeld, in dem sich eine Person gerade befindet, variieren können.

Kernfamilie: Konzept des Zusammenlebens, das sich von der Großfamilie oder der Kommune unterscheidet und in den westlichen seit den 1950er-Jahren vorherrschend ist. Es ist eine Zwei-Generationen-Familie, die heteronormativ ist. Das heißt, sie besteht aus einer Mutter und einem Vater, die ein bis zwei Kinder versorgen. Die Kernfamilie ist im Neoliberalismus die kleinste wirtschaftliche Einheit der Gesellschaft: Während der Vater der ›Ernährer‹ der Familie ist und sie finanziell durch Lohnarbeit absichert, kümmert sich die Mutter – zunächst als Hausfrau – um Kinder und Haus und darum, dass der Mann sich im Heim für die Lohnarbeit regenerieren kann.

Klassismus: Form der Diskriminierung, die Personen aufgrund ihres vermuteten oder tatsächlichen sozialen Status abwertet und unterdrückt.

Marxismus: Von Karl Marx begründete Gesellschaftslehre des Kommunismus, die durch revolutionäre Veränderungen eine herrschaftsfreie und klassenlose Gesellschaft zum Ziel hat.
Metaphysik: Teilbereich der Philosophie. Sie fragt nach den Fundamenten und grundlegendsten Strukturen der Welt und des Seins. Fragen der Metaphysik sind zum Beispiel: Gibt es eine unsterbliche Seele? Gibt es einen freien Willen?
Migrantisierung: Eine Form der Diskriminierung, bei der ein »Wir«, das sich zum Beispiel in Deutschland selbst häufig zusätzlich als »deutsch« versteht, gewissen Personengruppen zuschreibt, Einwander:innen zu sein und damit nicht vollwertiger Teil der Gesellschaft.
Misogynie: Frauenfeindlichkeit. Der Begriff drückt die soziokulturelle Verachtung und Geringschätzung von Frauen durch Männer aus und ist ein Merkmal, das das Patriarchat auszeichnet. Er stammt aus dem Griechischen von *misos* (»Hass«) und *gyne* (»Frau«).
Patriarchat: »Herrschaft der Väter«. Im Patriarchat gelten Normen, die sich an Verhaltensweisen und an den Körpern von Männern ausrichten. Was von dieser Norm abweicht, wird als weniger wertvoll betrachtet und als etwas, das von Zugehörigen der Norm beherrscht werden kann und soll – zum Beispiel Frauen, aber auch Personen, die nicht im binären Geschlechtersystem vorkommen.
PoC: Eine Selbstbezeichnung: People of Color. Damit beschreiben sich Personen, die in der Gesellschaft rassistische Diskriminierung erfahren, weil sie als abweichend von der → *weißen* Normgesellschaft wahrgenommen werden.
Prinzip: In der Philosophie eine allgemeingültige Regel, die jede Person aufgrund ihrer Vernunft einsehen kann, der sie zustimmt und an die sie sich hält, als wäre sie ein Gesetz.

Privileg: Zugang zu Ressourcen, auf die Personen aufgrund ihrer gesellschaftlichen Stellung Zugriff haben. Häufig sind diese Vorteile den Privilegierten nicht bewusst, sondern werden von ihnen als selbstverständliche Normalität wahrgenommen.
Produktionsmittel: Der Begriff beschreibt alles, was für die Produktion notwendig ist: Fabriken, Rohstoffe und Maschinen. Er wird für Marx' Theorien sehr zentral.
Produktionsverhältnisse: Im Marxismus wird mit diesem Begriff eine Gesellschaft charakterisiert, die durch die Verteilung von Produktionsmitteln zwischen den Klassen organisiert ist.
Queer: Sammelbezeichnung für sexuelle Orientierungen, die nicht heterosexuell sind.
Race: Begriff aus dem Englischen, der mit »Rasse« übersetzt werden kann. Im Deutschen wird darüber diskutiert, ob »Rasse« und »Race« gleichbedeutend verwendet werden können, da »Race« im Kontext anti-Schwarzen Rassismus geprägt wurde, während der Begriff »Rasse« stark vom Antisemitismus des 19. und 20. Jahrhunderts geprägt ist. Antisemitismus und Rassismus haben Überschneidungen, lassen sich jedoch nicht aufeinander reduzieren.
Rassifizierung: Prozess, wie rassistisches Wissen produziert und wie es lebensweltlich strukturell angewendet wird.
Reproduktionsarbeit: Eine Arbeitsform neben der Lohnarbeit, zu der die Wiederherstellung von Arbeitskraft durch Erholung, Ruhe und Essen gehört, aber auch die Sorge um Kinder – die später wiederum ihre Arbeitskraft in die Gesellschaft einbringen.
Schwarz: Selbstbezeichnung von Personen, die von anti-Schwarzem Rassismus betroffen sind. »Schwarz« wird aus diesem Grund hier immer großgeschrieben.

Sozialismus: Es gibt keine einheitliche wissenschaftliche Definition für diesen Begriff, aber er bezeichnet ein Gegenmodell zum Kapitalismus. Im Marxismus stellt der Sozialismus eine zwischenzeitliche Entwicklungsphase auf dem Weg zur herrschaftsfreien und klassenlosen Gesellschaft dar.
trans: Beschreibt Personen, die sich nicht dem Geschlecht zugehörig fühlen, das ihnen bei der Geburt zugewiesen wurde und als welches sie zunächst innerhalb der Gesellschaft gelesen werden. Der Begriff leitet sich vom lateinischen trans (»jenseits«) ab.
Universalismus: Philosophische Denkart, die das Allgemeine über das Spezifische oder Besondere stellt.
Utopie: Entwurf einer möglichen Zukunft. Ihr Gegenteil ist eine Dystopie, in der eine ausdrücklich unheilvolle Variante der Zukunft erdacht wird.
weiß: bezeichnet, so wie → Schwarz, eine Position innerhalb einer rassifizierten Gesellschaftsordnung. Damit ist kein biologisches Merkmal gemeint, sondern ein Zugang zu politischen, gesellschaftlichen und materiellen Privilegien. Es wird hier klein und kursiv geschrieben.
Zivilisiertheit/zivilisatorisch: ist ein Begriffsfeld, das eine → ›fortschrittliche Lebensführung‹ benennt. Es ist im Kontext der europäischen Kolonial- und Imperialismusgeschichte häufig dafür missbraucht worden, Herrschaftsansprüche, Versklavung und Ausbeutung zu rechtfertigen: Die kolonisierenden Angreifer:innen beschrieben sich selbst als ›zivilisiert‹, die Attackierten als ›unzivilisiert‹ und ihr Tun als ›Zivilisationshilfe‹. Das Begriffspaar ›zivilisiert – unzivilisiert‹ weist in dieser Form der Instrumentalisierung eine große Nähe zum Begriffspaar ›Kultur – Natur‹ auf.

Danksagungen

Dieses Buch ist wie fast jeder Text ein gemeinsames Werk von vielen verschiedenen Personen – nicht nur von uns beiden Autorinnen, Henriette und Kristina. Und daher möchten wir uns bei ihnen allen ganz herzlich bedanken. Es war eine große Freude, dass unsere vier wunderbaren Interviewpartnerinnen, Gertrud Nunner-Winkler, Frigga Haug, Karin Stögner und Eva von Redecker, sich die Zeit genommen haben, all unsere Fragen geduldig und genau zu beantworten. Sie haben uns detailreich und mitreißend aus ihrem Werk und ihrem Leben berichtet und uns vielschichtige Einblicke in ihre theoretischen Welten ermöglicht.

Aber auch hinter den Kulissen haben viele Menschen mit uns an diesem Buch gearbeitet. Daher möchten wir uns ganz herzlich bei Marion Preuß bedanken. Sie war unsere erste Lektorin, ihr war die großartige Idee für dieses Buch gekommen – und sie hat uns stets mit ihren klugen Ideen und innovativen Vorschlägen vorangebracht und sich nie vor einer Diskussion gescheut. Auch Lilly Bandulet und Sita Bertram möchten wir einen herzlichen Dank aussprechen. Sie standen uns stets mit Rat und Tat zur Seite, haben unsere vielen Fragen beantwortet und uns mit sicherer Hand durch den Entstehungsprozess dieses Buchs geleitet. Ganz besonders möchten wir unserer Redakteurin Regina Carstensen danken. Wir wussten unsere Texte bei ihr stets in den besten Händen, und ihre wohlwollende und scharfsinnige Kritik war uns immer ausgesprochen hilfreich.

Henriette
Ich möchte mich außerdem noch bei Katharina Späth bedanken, auf deren Wissensschatz und offene Ohren ich mich so oft verlassen durfte.

Kristina
Ich möchte meiner Familie, meiner besten Freundin, meinem Freund und meinen Kolleg:innen im Medienethik-Fachbereich der Hochschule für Philosophie München Danke sagen, fürs Mutmachen, Lesen und Dasein.

Dieser Text ist durch und mit Ihnen und euch allen entstanden – Dankeschön.

Register